CS 比 较 译 丛 43

比 较 出 思 想

人的经济学

《道德情操论》和《国富论》的启示

HUMANOMICS

Moral Sentiments and the Wealth of Nations
for the Twenty-First Century

[美] 弗农·史密斯　巴特·威尔逊 著
Vernon L. Smith　Bart J. Wilson

郑磊　陈倬琼 译

中信出版集团 | 北京

图书在版编目（CIP）数据

人的经济学 / （美）弗农·史密斯，（美）巴特·威
尔逊著；郑磊，陈倬琼译 . -- 北京：中信出版社，
2024. 10. -- ISBN 978-7-5217-6826-8

Ⅰ . F0

中国国家版本馆 CIP 数据核字第 2024B9B312 号

人的经济学

著者： ［美］弗农·史密斯 ［美］巴特·威尔逊
译者： 郑磊 陈倬琼
出版发行：中信出版集团股份有限公司
（北京市朝阳区东三环北路 27 号嘉铭中心 邮编 100020）
承印者： 嘉业印刷（天津）有限公司

开本：787mm×1092mm 1/16　　　印张：18.25　　　字数：240 千字
版次：2024 年 10 月第 1 版　　　印次：2024 年 10 月第 1 次印刷
书号：ISBN 978-7-5217-6826-8　　　京权图字：01-2020-6362
定价：88.00 元

献给历史学家、苏格兰启蒙运动学者、大卫·休谟
和亚当·斯密的传记作者尼古拉斯·菲尔普森

目 录

"比较译丛"序

    2002年，我为中信出版社刚刚成立的《比较》编辑室推荐了当时在国际经济学界产生了广泛影响的几本著作，其中包括《枪炮、病菌与钢铁》、《从资本家手中拯救资本主义》、《再造市场》（有一版中文书名为《市场演进的故事》）。其时，通过20世纪90年代的改革，中国经济的改革开放取得了阶段性成果，突出标志是初步建立了市场经济体制的基本框架和加入世贸组织。当时我推荐这些著作的一个目的是，通过比较分析世界上不同国家的经济体制转型和经济发展经验，启发我们在新的阶段，多角度、全方位地思考中国的体制转型和经济发展机制。由此便开启了"比较译丛"的翻译和出版。从那时起至今，"比较译丛"引介了数十种译著，内容涵盖经济学前沿理论、转轨经济、比较制度分析、经济史、经济增长和发展等诸多方面。

    时至2015年，中国已经成为世界第二大经济体，跻身中等收入国家行列，并开始向高收入国家转型。中国经济的增速虽有所放缓，但依然保持在中高速的水平上。与此同时，曾经引领世界经济发展的欧美等发达经济体，却陷入了由次贷危机引爆的全球金融危机，至今仍未走出衰退的阴影。这种对比自然地引发出有关制度比较和发展模式比较的讨论。在这种形势下，我认为更有必要以开放的心态，更多、更深入地学习各国的发展经验和教训，从中汲取智慧，这对思考中国的深层次问题极具价值。正如美国著名政治学家和社会学家李普塞特（Seymour Martin Lipset）说过的一句名言："只懂得一个国家的人，他实际上什么国家都不懂。"（Those who only know one country know no country.）这是因为只有越过自己的国家，才能知道什么是真正的共同规律，什么是真正的特殊情况。如果没有比较分析的视野，既不利于深刻地认识中国，也不利于明智地认识世界。

相比于人们眼中的既得利益，人的思想观念更应受到重视。就像技术创新可以放宽资源约束一样，思想观念的创新可以放宽政策选择面临的政治约束。无论是我们国家在20世纪八九十年代的改革，还是过去和当下世界其他国家的一些重大变革，都表明"重要的改变并不是权力和利益结构的变化，而是当权者将新的思想观念付诸实施。改革不是发生在既得利益者受挫的时候，而是发生在他们运用不同策略追求利益的时候，或者他们的利益被重新界定的时候"[*]。可以说，利益和思想观念是改革的一体两面。囿于利益而不敢在思想观念上有所突破，改革就不可能破冰前行。正是在这个意义上，当今中国仍然处于一个需要思想创新、观念突破的时代。而比较分析可以激发好奇心、开拓新视野、启发独立思考、加深对世界的理解，因此是催生思想观念创新的重要机制。衷心希望"比较译丛"能够成为这个过程中的一部分。

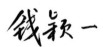

2015 年 7 月 5 日

---

[*] Dani Rodrik, "When Ideas Trump Interests: Preferences, Worldviews, and Policy Innovations," NBER Working Paper 19631, 2003.

前　言▊▊

本书的两位作者一直都在研读和讨论亚当·斯密于1759年出版的著作《道德情操论》，这项工作持续了十年以上。[①] 当然，我们对这部著作的理解依然不够深刻。逐步消化斯密的思想和理论模型需要时间，我们必须承认自己之前的理解是有局限的。经济学教育和传统理论建模经验从一开始就制约着我们。但通过不断思考那些尚未解答的问题，我们的认识也有所提高。20世纪八九十年代，双人博弈的一些实验证据，比如众所周知的最后通牒博弈，揭示了经济学理论中的矛盾，这些矛盾直到21世纪初仍未得到解决。此后还出现了许多重要的实证研究，但经济学家尚未把这些新成果整合到一个令人满意的理论之中。

实证研究给出了两类截然不同的证据。在信任博弈实验里，

---

① 始自弗农·史密斯于1998年在南方经济学会所做的杰出嘉宾讲座"亚当·斯密的两副面孔"（The Two Faces of Adam Smith），后刊于 *Southern Economic Journal* 65（1），第1—19页。威尔逊则是在2006年夏天，带着4个早慧的高中生（其中两名后来取得了经济学博士学位）第一次完整地阅读了《道德情操论》。

匿名配对的受试者明显表现出了人与人之间交往中的关心、利他和相互依赖的特征。信任对方的行动也得到了对方的充分信任作为回馈。在最后通牒博弈里，提议者提出的20美元的慷慨分配方案违反了基于人是自利的假设所做的预测，回应者会欣然接受慷慨的分配方案，却会拒绝经常比一分钱也得不到要好得多的较为吝啬的分配方案。相反，实验市场中的买卖双方则主要表现为自利的、追求自身效用最大化的，且他们的效用最大化只取决于自己的私人收益。

经济学家对人性的这种二分化提出了两种虽被广泛接受但不太令人满意的解决方法。第一种方法是在个人效用最大化表达式中加入其他人的利益。也就是说，最后通牒博弈的提议者和回应者各自的效用中都包含了对自身利益和对方利益的考量。这种循环推理逻辑似乎轻松地挽救了新古典效用最大化模型，使之成为一个普遍适用的理论，前提是你必须恰当地使用纳入了他人利益及其结果的效用表达式。更复杂的实证研究进一步发现了效用最大化理论有待补充完善之处。当某些人发现人们的意图或某些特定情境很重要之后，就沿用历史悠久的托勒密式曲线拟合的传统，在效用函数里添加新参数，以便把这些发现补充进去。但是，并没有更为宏大的未经实验检验的理论框架能够推导或预测出这些实证结果。

第二种方法是承认社会交易只是互惠经济交易的一种特殊形式。在信任博弈实验中，与商品和服务的交易类似，人们在生活中的很多时候互惠互利，也在实验室的信任博弈中相互交换信任。这种解决方法同样属于循环推理，只是给稳健的经验规律贴上了新的标签，即得到善待的人会回报以善行。

以上两种解决方法都没有从更深的根源上重新思考人的社会性。为什么自己的效用函数里会包含其他人的收益？这是怎样发生的？它不可能出现在一个3岁孩童身上，不会出现在反社会人士身上，当然也不会发生在精神病患者身上。换个说法，为什么人们在有机会获得别人的慷慨赠予，且自己的真实身份不会被对方知悉时，却依然会用真诚行动去回馈对方？为什么当你去服装店、超市或通过亚马逊网站购物时，却很少想到要帮助店家，从而购买那些加价最高的商品呢？

《道德情操论》改变了对这一切的思考方式。斯密为人际关系建立了理论模型，这些关系涵盖家庭，也包含更多亲戚、邻居、朋友和熟人，再向外扩展到那些我们不认识的人。在这样的社群中，通用规则决定了我们对社会性的根深蒂固的遵从，而所有实用性服务的交换都发生在社会性主导的人际关系之中。从根本上讲，人类具有的情感（sentiment）、同感（fellow feeling）及合宜感（sense of propriety）等，正是构建人际关系和通用行为规则的基础。同时，它们也是斯密构建的宏大理论的基石。根据定义，这个理论涵盖了我们在实验室中观察到的、行为表现不符合效用最大化理论预测的各种类型的受试者。根据斯密对感激－奖赏或怨恨－惩罚的情感分析，受试者可以被划分为不同类型。在实验室的具体案例中，这些不同类型的受试者（他们可能会在自我克制、情境解读以及自我欺骗等方面犯错）曾经被学者称为利他主义者、有条件合作者、对背叛行为的惩罚者、对不公平报价的拒绝者等等。提出这些分类的目的则是为了让效用最大化理论能继续从表面上解释各种现象。

然而，人们必须通过学习才能习得社会性和通用行为规则。

我们从小并没有这方面的倾向，但天生具备社交能力。父母知道我们的无知，迁就我们不能自我克制的毛病，只是出于安全原因才会稍加约束。到了上学的年龄，我们与自己差不多同龄的伙伴聚在一起，此时正如斯密所说，"没有谁会得到迁就式的偏袒"。孩子们很快就会发现，如果自己能缓和愤怒，就可以更好地与玩伴相处。他们就这样"进入了学习自我克制的大学校"，并开始坚定地走向成熟。

这些行为规则具有一般性，也就是说，这些规则的出现要么基于想为别人做点好事，这会引发对方感激并给予相应回报的冲动，要么基于想对他人做点坏事，这会导致他人的怨恨，并引发对方更强烈的欲望去施加与怨恨成正比的惩罚。前一种情况事关仁慈（beneficence），后一种情况则涉及通过限制和控制不正义感受的机制来实现正义。社会的两大支柱，即仁慈与正义由此得以树立。仁慈构成了我们称颂的那些美德：礼貌、善良、体贴、同情、荣誉感和正直。良好行为的这些特征无法通过强索、胁迫或立法来实现。正义的目的则是将伤害行为扼杀在萌芽状态，惩罚既不过分也不缺失，在对无辜者提供适度保护的同时，为侵害者指明更好的出路。因为如果所有人都陷入毁灭性的相互伤害，社会就无法存续。

斯密在《道德情操论》中提出的观点可以解释前面所说的双人博弈的结果，同时完全符合市场效用最大化分析，标准社会经济学模型则不行。本书将进一步扩展斯密的见解，同时介绍基于《道德情操论》的几项新实验设计，这些实验能够产生与理论预测相符的稳健结果，或者能够根据模型中的误差来源或不确定性，合理地重建结果。

由旧元素构建的新综合理论显示，新古典传统非但没有适度补充甚至还远离了斯密的古典学派的主导思路。这类新的均衡概念对结果的定义过于狭窄，似乎只有在不包含制度的一般均衡市场分析和博弈论的局部均衡分析中，才是不错的替代。在某种程度上，新古典传统甚至把人排除在社会科学的一般研究对象范围之外。《道德情操论》开篇就将整本书的基调定位为关于人的研究，相比之下，在几乎所有研究生层级或中级经济学教科书中，你很少能找到将消费者理论的应用范围定位于人而非黑猩猩或鸽子的内容。只要所做的选择与一套公理相符，则整套理论就能适用于任何物种。与此相反，斯密在1776年出版并广受关注的另一本著作《国富论》开篇就是在谈论人而非任何其他物种。即便是那篇只有斯密研究者读过、其他人很少知道的文章《天文学史》（The History of Astronomy），前20页谈的也不是天文学这门学科，而是关于人以及为何会有这样一门被称作天文学的学科，它源于人类的好奇天性，以及好奇、惊喜和钦佩等情感因素。经济学界此前忽略了对人类行为的社会和经济范围的基本了解，忽视了人与人之间相互吸引的同感共情，也忽视了那些激发人们行动并借以评判自己和彼此行为的情感因素。研究亚当·斯密会使我们对经济学的研究更加人性化，我们希望这对读者会有帮助。将现代均衡分析方法应用于人类的经济和社会行为仍大有可为，但这些行为同时也都包含着伦理道德因素。

致　谢▮▮▮

　　本书能够付梓出版，得益于成书过程中很多人为我们这本书的内容和形式做出了贡献。首先感谢自由基金会（Liberty Fund）组织的亚当·斯密《道德情操论》研讨会，我们有幸参加了很多次。对斯密第一本著作的这些探索性讨论，逐步让我们意识到一个之前不曾想到的结果，即斯密对道德情感的深入研究，可以用来阐释人类行为及其在经济学实验中的表现。在研讨会上，我们见到了不少研究亚当·斯密的学者（比如Ryan Hanley、Daniel Klein、Leonidas Montes、James Otteson、Maria Pia Paganelli、Eric Schliesser、Michelle Schwarze等），他们和其他与会者提出了很多建议。我们还有幸与许多来自乔治·梅森大学和查普曼大学的本科生、研究生探讨了亚当·斯密的思想。他们在阅读18世纪的著作时的热情投入和新颖见解令人耳目一新，这提升了我们共同的学习体验。

弗农·史密斯

瑞安·汉利（Ryan Hanley）邀请我为他主编的文集《亚当·斯

密的生活、思想和遗产》（普林斯顿大学出版社，2016）写一篇文章。我的这篇文章《亚当·斯密与实验经济学：从〈道德情操论〉到〈国富论〉》（Adam Smith and Experimental Economics: *Sentiments to Wealth*，第262—279页）讲述了自己研究斯密的一些体会。我要感谢很多朋友和大学，以及邀请我做有关亚当·斯密的讲座的学术会议组织者。这些经历帮我逐步理解和发展了关于人类社会交往的斯密式思考方法。其中一个这样的机会是布鲁诺·莱奥尼（Bruno Leoni）研究所主任阿尔伯托·明嘉迪（Alberto Mingardi）于2011年10月在塞斯特里莱万斯组织的一场米塞斯研讨会，我选择的题目是"社会规范是如何同时出现的：亚当·斯密、道德情操和财产"。在那里，我有幸遇到了尼古拉斯·菲利普森（Nicholas Phillipson）。他评价说，之前从未听到过有人探讨斯密在这些方面的贡献。如果事实的确如此，这是起因于巴特和我看到了一些尚未回答的问题，经济学家、认知心理学家、实验主义者以及行为学家还没有在相应的博弈实验和结果中考虑此类问题。本书讨论的主要内容正是这些。

巴特·威尔逊

2013年，帕特·林奇（Pat Lynch）邀请我和大卫·阿尔维斯（David Alvis）一起主持自由基金会为期一周的关于亚当·斯密全部著作的学术研讨会。当时那些正式和非正式的讨论让我对亚当·斯密这位思想家和博学家有了深入的理解。皮特·卡尔卡尼奥（Pete Calcagno）曾两次邀请我前往查尔斯顿学院，为"斯密学术周"作报告，让我借此机会在2017—2018年检验和完善了我们的观点。2017年1月，我有幸与同事基思·汉金斯（Keith

Hankins）一起讲授了为期4周的有关亚当·斯密的一门课程，汉金斯帮助我及时了解到新的研究进展。2017年春夏之季，吉姆·墨菲（Jim Murphy）和阿拉斯加安克雷奇大学经济系慷慨地邀请我担任拉斯穆松（Rasmuson）经济学讲席教授，当时我正在集中写作本书的很多内容。没有什么比得上在阿拉斯加诺姆港和乌特恰维克镇的"春游"，让我能够亲自体验和听到人们如何将社会和经济联系交织在一起。

最后，我们两人真诚地感谢加布里埃尔·凯莫拉（Gabriele Camera）、伊冯·达勒姆（Yvonne Durham）、迪尔德丽·麦克洛斯基（Deirdre McCloskey）、安德烈斯·奥尔特曼（Andreas Ortmann）、简·奥斯本（Jan Osborn）和玛利亚·皮亚·帕加利亚（Maria Pia Paganelli）仔细审读本书的初稿和终稿，并给出了详细的修改建议。

第一章

人的经济学

跨越亚当·斯密的社会和经济两个世界

现代人同时活在受不同规则体系约束的两个世界中，因而在生活中常常遭遇各种冲突。在关系紧密的社会群体里，人们首先遵循的是利他规则。核心家庭成员、关系稍远的其他亲属、邻居和朋友都可以算作这一群体。我们了解他们，会做对他们有益的事，尽量不损害他们的利益。就个人而言，我们非常清楚具体该怎样做，能让他们感受到互助、善意和同情。我们知道他们叫什么：坎迪斯和瑞恩、斯蒂芬妮和史蒂夫、卡罗琳和凯尔……就像这些名字一样普普通通，我们对他们知根知底。我们既知道他们的琐事，比如跟哪个朋友能开哪些玩笑，哪些朋友完全开不起玩笑；也知道他们有什么伤心事，比如一位女性朋友刚刚接到噩耗，需要有人陪在身边。我们熟悉他们，珍惜他们，用爱来接纳他们。

对于非亲非故的人，我们无法得知他们的各种具体情况。对于这些人，扩展的市场秩序会以一视同仁的方式对待他们。比如，我们不清楚哪个农场主、批发商、卡车司机和食品商的服务最好，只能引入竞争机制来决定谁将负责把食物从农场送到我们的餐桌上。美国人（无论是威斯康星州还是堪萨斯州人）、加拿大人、墨西哥人、智利人、新西兰人、捷克人乃至法国人都参与竞争，想为我们提供奶酪和小麦、牛肉和番茄、葡萄和猕猴桃、啤酒和葡萄酒等。同样的规则，即不要用偷盗、欺骗和背信弃义伤害他人，也适用于每一个我们不认识的人，其余的就交给他们之间的自由选择，也就是所谓的竞争。谁的奶酪味道最好，价格最公道，谁就能够赚到我们的钱。今天可能是来自威斯康星州普莱思县的雪松林奶酪厂的罗伯特·威尔斯接下生意，下周可能就轮到英国赛伦塞斯特郡修道院家庭农庄的威尔和希拉里·切斯特赚到这笔钱。把网上搜到的各家奶酪生产商的真实名字拼写出来，如果你感到很陌生，那就对了。我们生活中需要的绝大多数商品和服务，在背后有各种各样的生产商，我们其实不知道他们姓甚名谁。

如果出于对本国生产商（我们虽然不认识）的同胞之爱和团结精神，而禁止从他国（例如亚洲和欧洲国家）生产商那里进口商品（我们也不直接认识这些生产商），就会破坏市场的专业化分工能力，不利于创造财富和提高人类福祉。这类冲突常常表现为关于收入和财富分配是否公平的激烈争议。类似的争议还包括：人类通过创新来增加财富，并将创新的益处广泛扩散，这是否导致了不平等，或者说在多大程度上导致了不平等？①

同样的道理，假如我们以"不近人情"的无差别竞争原则对待与我们关系亲近的社会群体，例如"今天我买你的东西，但明天我可能买别家的"，那么，亲友邻居间建立和增强社会联

---

① Piketty（2014），McCloskey（2016）.

系的努力就会遭到破坏。假如我们用对待饭店老板的方式对待这些人,你还能剩下几个朋友呢?不好意思,你对葡萄酒的口味要求和我们这周的晚餐不太搭配。约翰一家人要过来,要不下周再请你吧?经济学家兼社会哲学家哈耶克说过,"正因为如此,我们必须学会同时在两个世界中生存"(Hayek,1988,第18页)。

尽管哈耶克提出了"同时在两个世界中生存"以及由此会引发冲突的观点,但是亚当·斯密早在1759年的《道德情操论》和1776年的《国富论》中就已经清晰地解释了这两个平行世界的起源、实质和运作机制,距今已过去两百多年了。本书构造了一个新的词语"人的经济学"(humanomics),从狭义上指代对同时生活在两个世界中的"人"的基本问题进行研究,这两个世界分别是"有人情味的社交世界"和"不带人情色彩的经济世界"。

亚当·斯密的著作探讨了两个世界在人类生活中的共同起源,使我们能够把它们合二为一来予以理解和分析。在我们看来,他建立的理论范式用统一的社会伦理学将这两个世界做了无缝对接。而我们的目标就是进一步发展、阐述和展示斯密的理论范式,使它与当代社会科学的理论和实践贯通,并发挥更大的作用。《道德情操论》在学术界并不太引人注目,相比之下,《国富论》受到的礼遇要好得多。人们甚至一度认为这两本书中的内容相互矛盾。例如经济思想史领域的顶级学者雅各布·瓦伊纳曾这样写道,"我认为相当明显的是,《道德情操论》和《国富论》在谈到自然秩序特征方面的类似话题时,存在很大的分歧"(Viner,1991,第93页)。他还提到,"许多作者,包括笔者本人在早期研究斯密时,都发现这两本书的内容存在某种程度的不一致"(同前,第250

页）。后来有一篇持历史修正态度的文献纠正了对亚当·斯密的这种质疑，并极大地提高了《道德情操论》一书的地位。[1] 那篇文献比《国富论》晚发表了两个世纪，距离新古典边际革命也有一百多年，但它并没能弥合斯密和现代学者在思考人类行为时的巨大分歧。[2] 我们自己的经历则是，比较偶然地认识到斯密这两部著作蕴含的统一的社会科学原理。这条新研究路径的开启，是受到实验研究提供的出人意料结果的启发。首先，在市场实验中，严格私人信息条件下的标准自利行为模型给出了良好预测，其准确性超越了当代很多经济学家的想象。其次，在简单的最后通牒博弈与信任博弈中采用同样的效用最大化行为模型，却完全无法预测可系统性复现的结果。[3] 我们之所以写这本书，在很大程度上是因为我们希望解释这个不一致的现象。过去很多人的类似尝试都不尽如人意，而《道德情操论》为我们提供了未曾预料的崭新理论框架。

---

[1] 蒙特斯（Montes，2003，2004）考察了这篇文献以及斯密思想的其他方面。

[2] 在《道德情操论》最后一版中，斯密称他在该书第一版中曾说明，自己意在"描述法律与治理的一般原则，以及它们在社会发展不同时期和阶段经历的变革。这些原则不仅涉及正义，还涉及警力、财政收入和军事。只要属于法律约束的范畴，都会涉及。在《国富论》中，我仅完成了这些原则的部分记录，还剩下法学理论。我一直在努力构建这一理论，可到现在也无法继续进行下去。导致我停下来的原因和我无法修订现在这部作品（指《道德情操论》最后一版）的原因相同。我承认，我年纪大了，几乎无法指望自己能满意地完成这部作品的修订。但是，我还没有完全放弃，还希望竭尽所能地继续修订这本书，我就照着三十多年前这本书出版时的样子留着它。我相信，这本书里的内容，最后一定能够变得完整"（Adam Smith，1790）。我们无从得知，假如斯密的这个想法如愿以偿，是不是能把两本书更好地结合起来。假如这样，新古典主义经济学家或许就不必那么雄心勃勃地要把所有人类行为都归结为效用最大化了。

[3] 哈耶克（1945）是个例外。市场实验结果证明了哈耶克对价格在协调经济活动中的作用所做的分析。参见弗农·史密斯（1982）。

社会秩序

很多人觉得，亚当·斯密认为人的行为主要出于自利动机，不管这句话为他带来的是赞誉还是骂名，斯密其实并没有这种主张。即使在《国富论》中，斯密提到的也是"自身利益"（own interest），而不是"自利"（self-interest）。"自身利益"中包含审慎的态度，而且因为要考虑"在他人能够容许的范围之内"而有所妥协。[①] 斯密曾说过一段很出名的话："我们要吃上晚餐，不能指望屠户、酿酒师或者面包师大发慈悲；我们能指望的，是他们关心自身利益。我们解决自己的问题，不是靠着这些人的人性，而是靠着他们的**自爱***（self-love）。我们也从来不跟他们谈我们自己的需求，而是谈对他们的好处"（《国富论》，第26—27页**）。[②] 但是，从个人的"自身利益"出发并不一定要求在商业活动中把自身利益置于他人利益之上，无论在当初还是现在，那样做都属于"自利"的基本范畴。在《道德情操论》中，斯密常用"自私"（selfish）一词来明确指代更狭隘意义上的"自利"。

更深入地阅读《国富论》，就能了解斯密对"自身利益"的界

---

① 值得注意的是，《国富论》第二卷第五册是斯密第一次也是最后一次使用"self-interest"一词。之后，这一表述被用于描述"（罗马）低级神职人员的行当与宗教热忱"（第789页）。

* 黑体为作者所加，以示强调，全书同。——编者注

** 这里给出的是英文版《国富论》的页码，如无特别说明，全书皆是如此。——编者注

② 在同一段中，我们在引用这句话时，发现了与《道德情操论》相呼应的内容："在文明社会中，人总是需要多方面的协作和帮助。如果他一辈子仅仅拥有几个人的友谊，那是不够的。假如一个人只是指望别人的善意，那也是徒劳。"（《国富论》，第26页）

定。依靠屠户、酿酒师或者面包师的自爱，意味着"**在平等、自由和正义的基础上，每个人都能够用自己的方式去追求自身利益**"（《国富论》，第664页）。如果这样还无法说服你，那么请留意斯密之后在谈论竞争时的说法："任何人，**只要不违背正义原则**，都可以完全按照自己的方式去追求自身利益，通过个人努力和资本与任何人和阶层竞争。"（《国富论》，第687页）与政治理论家瑞安·汉利的理解一样，我们认为亚当·斯密在谈论为自身利益而行动时承认要维护所有人的平等与尊严。[1] 因此，假如某些现代经济学家将赤裸裸的"自利"视为经济决策的基础，那就违背了这位经济学科创立者及苏格兰启蒙运动的天才人物的初心。在不带人情味的市场中，其实也有一些道德规范或者正义规则在约束我们的行为。

异曲同工的是，斯密的朋友大卫·休谟在区分"利益性交往"（interested commerce）和"非利益性交往"（disinterested commerce）时，也将市场行为限制在规则范围内；经济史学家道格拉斯·诺思将前者称为"非人格化交换"或"市场交换"，将后者称为"人格化交换"或"社会交换"。[2] 根据萨缪尔·约翰逊1755年出版的《英语词典》，"interest"一词在18世纪有四种意思，第一种意思是"关心的事情、优势、好处"，第四种意思则更符合"利益性交往"中的含义，意指"与私人好处相关"。[3] 在休谟看来，人们之间的"承诺"就是专门为"利益性交往"而发明的，以便"迫使我们同某些行动捆绑起来"（Hume，1740，第335页）。

---

[1] Hanley（2009），Fleischacker（2004）.

[2] North（1990，2005）.

[3] Johnson（1755）.

而在"非利益性交往"中,"对所爱之人或者特别熟悉的人,我们依然会向他们提供'利益性交往'中的服务,却不会期待从中得到好处。他们也会为了报答我们曾经提供的服务,以同样的方式回报我们"。同样的情形不会发生在"非人格化交换"中。我们参与互惠互利的非人格化交换,就是期待从中获得属于自己的那部分好处。只有在对方做出承诺的情况下,我们才会自愿参与这种交换,这些承诺被用于"约束人类的利益性交往"(Hume,1740,第335页)。

"非利益性交往"改善了人类社会福祉。斯密的第一本书《道德情操论》虽然没有《国富论》那么出名,却深入而极富洞见地剖析了这种非利益性交往,并解释了正义的起源。在《国富论》中,我们认识到,使专业化分工和财富创造成为可能,并得以改善人类经济状况的,正是在正义规则约束下对私人利益的追逐。斯密认为,专业化分工与财富创造这两种造福人类的方式是社会经济渐进发展的结果。在此问题上,我们的看法与迪尔德丽·麦克洛斯基更为宏大的叙事不谋而合,她在《资产阶级的平等》*(*Bourgeois Equality*,2016,第203—204页)中指出:

> 斯密有两只看不见的手,都来自"简单直接的天赋自由体系"(斯密在这里的表述有少见的别扭)。其中一只手是市场,其作用在《国富论》中时常被提及。比如,作为斯密在经济学方面最具独创性的贡献,他指出在社会限制和法律规范内,劳动力市场会让苏格兰与英格兰的工资

---

* 本书中文版即将由中信出版集团推出。——编者注

及工作条件趋同，因为人们会从一个地方搬迁到另一个地方，直到这两地的工资水平及工作条件实现平衡，就好像被一只看不见的手牵引着一样。类似地，看不见的手将人们轻轻推出他们自己的唯我之"茧"，让人们开始思考，在交易中他人看重的是什么。"每个个体……既不关心增加公共利益，也不清楚自己增加了多少公共利益"……

另一只看不见的手是公正的旁观者，意指与经济性质的手相对的那只社会性质的手。通过在社会这个舞台上的互动（interacting），我们成了彬彬有礼的社会成员。请注意这个词：互动。在《道德情操论》中，斯密曾说他和自己的老师弗朗西斯·哈奇森（Francis Hutcheson）不同，他并不相信仅靠人类天生的善意就能实现社会和平与繁荣……但他也不相信所谓男子气概的竞争，即贪婪是好事，也就是与伯纳德·曼德维尔（Bernard Mandeville）所说的社会合作完全相反的情形。在这一点上，很多经济学家至今仍对他有很深的误解。

正如我之前所说的，斯密反对人性本善或人性本恶之类的说法，他在《道德情操论》和《国富论》中反复强调，人的一生可能会因社会的塑造而发生改变，也可能受到自身的公正旁观者角色的影响而变化。用一个在学徒制盛行时代的说法，就是人们是"被师傅领进门的"。

斯密写作《道德情操论》的目的是希望弄清楚：在我们较亲

密的群体中，个人的利他或道德行为是如何产生的，为什么会产生，如何得以存续，它们为什么以及怎样构建了人类社会的基础。《道德情操论》是一部试图解释社会互动行为的心理学和经济学著作，而且早在这两门学科成为独立的研究领域之前就已写成。斯密此后撰写了被普遍视为经济学奠基之作的《国富论》。但在《国富论》完成后还要等待125年，心理学才从哲学中分离出来，发展成一门独立的学科。要理解《道德情操论》，我们就必须学习斯密采用的18世纪的用语和概念的含义，这样才能学会顺着他所用语言的含义去思考。这对理解斯密的思想实质非常重要，这也是我们第二章的标题"亚当·斯密所在世界的用语及其含义"的由来。

《道德情操论》预示了新古典模型的失败所在

新古典经济学的方法论基础深深植根于效用最大化原则。从20世纪60年代开展实验市场（experimental market）的研究以来，新古典经济学意外地得到了大量实验结果的强烈支持。[①] 在这些实验中，受试者在一系列交易周期中扮演买家或卖家。在每个交易周期，基于在相应周期内能够或想要购买的商品数量，赋予买方相应的个人效用值。购买更多件商品获得的边际效用值会降低，

---

① 这个简略的说法是由迪尔德丽·麦克洛斯基提出并进一步讨论的。弗农·史密斯（1962）在自己的作品中报告了实验结果。请读者参阅道格拉斯·戴维斯等人（Douglas Davis and Charles Holt, 1993）的作品，其中总结了很多后续实验。弗农·史密斯（2008a，第193—197页）探讨了这些实验结果令人吃惊的原因。

反映了边际效用递减，这是新古典边际革命的主要贡献。① 对买家来说，每购买一单位商品所获的收益等于该单位商品给买家带来的效用值与买家实际支付价格之差。卖家提供的商品的价值则等于向市场供应这些商品的成本，他们的收益则等于销售价格与商品成本之差。因此，买家追求的是低价买入，卖家想要的是高价卖出。在竞争市场的出清价格上，所有买家和卖家同时实现了效用最大化，此时卖家能够有利可图地卖出的商品数量正好等于买家能够有利可图地买入的商品数量。

实验市场中的交易是通过"双向拍卖"程序推进的。这一做法在早期的商品市场和证券市场十分常见。买家竞价购买，卖家宣布出售价格，合同的达成要么是买家接受了最低卖出价，要么是卖家接受了最高竞购价。从最早的实验到今天，每一次都观察到市场快速收敛于竞争市场均衡价格。然而，威廉·斯坦利·杰文斯早就指出，效用最大化的结果只有在买卖双方都掌握了完整准确的供需信息，并在达到市场出清价格时才会出现。这种看法在一定程度上给效用最大化理论在市场上的成功应用抹上了阴影。其实在实验中，每个卖家和买家知道的都只是一些私人性质的分散信息，这些只是全部供需信息中的一小部分，也决定着他们在市场上的角色。但是，实验结果不仅确认了效用最大化理论对市

---

① 在英语世界中，杰文斯在传播供需理论效用最大化计算方面十分有影响力。从理查德·霍利（Richard Howey，1989）处我们得知，1862年，杰文斯将自己的论文《政治经济学的数学通用理论注释》（Notice of a General Mathematical Theory of Political Economy）寄给了英国科学促进协会。这篇论文虽然在会议上被宣读，但是在会议公报上只发表了简短的摘要。非常明确的一点是，这一事件意味着杰文斯是第一个正式提出边际效用与一般均衡理论的人。边际效用和一般均衡理论后来也成为19世纪70年代新古典革命的一部分。十分巧合的是，弗农·史密斯于1962年，也就是杰文斯的理论提出一百年之后，发表了供需理论的实验结果。

场很有效，甚至在比杰文斯提出的条件更弱时依然成立，而杰文斯及其之后的数代经济学家都认为那些条件是必不可少的。

杰文斯与新古典经济学家的错误在于，他们以为市场参与者与采用效用最大化理论计算均衡结果的学者需要相同的信息。事实上，效用最大化理论学者是将他们自己想象的市场模型强加在市场参与者身上。无论在《道德情操论》还是在《国富论》里，亚当·斯密都没有犯过这种错误。斯密的理论建模思路首先是从行为人及其感受、反应和互动的视角出发，其次才是观察这个视角给社会或经济带来的后果。

在新古典经济学里，效用最大化不仅是一个市场理论，更是所有人类决策模型的基础。但是，该模型确实不能准确预测双人互动博弈研究中发现的不同程度的合作现象，其中包括最后通牒博弈与信任博弈，这两种博弈始于20世纪80年代，自90年代以来在实验室实验中十分流行。[1]《道德情操论》则可以解决市场实验与两人互动实验结果不一致的问题，并给双人博弈中观察到的个人的社会性行为提出新见解。斯密并不是新古典效用最大化理论所指的功利主义者，在后文中，我们所说的"功利主义者"（utilitarian）均是从效用的意义出发，而非来自功利主义的哲学理论。在斯密看来，"自爱"必然是我们作为生命存在的核心组成部分，但在负责任的个人不断成长成熟的过程中，其行为会被后天习得的社会秩序中的利他规则所形塑，而这样的规则源自我们和他人相互体谅、相互理解的同感共情能力。

行为经济学家与实验经济学家提出用其他方式来解释效用最

---

① 相关总结参见科林·凯莫勒（Colin Camerer，2003，第1—2章）和史密斯（2008b，第10—12章）。

大化理论未能预测到的结果，如"社会偏好"和"互惠"理论。[1]
由于这两种事后解决方法都不太适合借用斯密的模型，那么我们
就更应该仔细阅读斯密的《道德情操论》，以便了解现代经济学思
想为什么以及怎样与古典主义传统渐行渐远，导致我们难以解释
双人互动博弈得出的颠覆式结果。现代人总以为，之前思想认识
上的概念性突破一定会被继承并融入后续文献中，然而这种想法
其实是错的。事实上，《道德情操论》中的许多洞见是后来被陆续
发现的，其中关于情感的心理学部分更是被单独重新发掘。[2] 我们
从后文将看到，该书采用的理论模型（也就是思想框架）非常独
特，并对21世纪的人文社会科学探索有重大意义。

为人类行为建模

如果要了解斯密的理论模型和思考方式，建议读者认真品味
一下他开篇这句话："无论在我们看来一个人有多么自私，显然，
其本性里一定存在一些原则，这些原则让他关心别人的命运，让
他觉得他人的幸福对自己必不可少，虽然他从中得不到什么好
处，但只是看到别人获得了幸福，内心就会产生愉悦感。"（《道德
情操论》，第 I 篇第 I 章第 I 节，第 3 页*）[3] 对接受了新古典功利主

---

[1] Falk, Fehr and Fischbacher（2008）；McCabe, Ridgon and Smith（2003）.

[2] Kahneman and Sunstein（2005）.

* 此处为英文版《道法情操论》的页码，若无特别说明，全书皆如此。——编者注

[3] 我们对《道德情操论》一书的引用是按照"篇（Part）、章（Section）、节
（Chapter）、页码（Page）"的顺序依次标注的。上述部分章节页码都在文本中清
晰标注出来。有些章节可能提到但并未像原书中那样明确标出，这些部分都以插入
语的形式进行了说明，例如：第 III 篇第 I 章第 VI 节，第 250 页。

义传统训练的经济学家以及受其影响的心理学家来说，"愉悦感"（pleasure）一词自然就意味着"效用"，而对他人命运（或幸福）的关心则属于利他主义。斯密既不是现代意义上的功利主义者，也不是在讨论利他主义（altruism）。"利他主义"一词在他的著述发表约百年之后才出现在英语中。[①] 斯密所说的"愉悦感"指的是对一件事情感觉良好，并非像现代效用最大化理论那样要求对各种选择依次排序。在斯密的模型中，我们互相共情（sympathy），并因此获得愉悦感，这里说的是我们与他人和谐相处，互相共鸣。用现代读者更容易理解的话来说，斯密探讨的可能是互相同理（empathy），而"同理"这个词也是在他之后约150年才进入英语的。这个词指的是，一个人有能力设身处地地想象，假如自己遇到和别人一样的情况，会有什么样的感受。不过，斯密用了"同感"一词来简单直白地传递我们这里想重点表达的意思，我们也会继续借用这个说法。下面是对开头那句话的现代解读，反映了我们对《道德情操论》内容的理解：尽管我们假设人都是自私的，但是我们的同感能力会引导自己学习与所处情境相适宜的行为规则，以便让我们能够与他人和睦相处。

在《道德情操论》一书中，斯密论述的最基本原则就是斯多葛学派的自爱原则，其核心内容是：个人最有资格也最有能力关心和管理自己的事务（《道德情操论》，第II篇第II章第II节，第119页；第VII篇第II章第II节，第402页；第VII篇第II章第III节，第445页）。这一基本原则在现代选择理论中也被称为"非匮

---

① 准确地说，"altruism"一词是在1852年进入英语的。托马斯·迪克森（Thomas Dixon，2008）对该词如何进入英语、相关概念后来如何演变进行了细致精彩的研究。

足偏好"，但它没有促使斯密将个人行为建立在某种版本的效用最大化理论上。斯密为什么能够避免像边沁、杰文斯、萨缪尔森以及现代博弈论那样，采用"非餍足偏好"这一看似明显的新古典主义概念？为什么他没有把人的决策理论构建为基于效用最大化的选择行为？基于我们对《道德情操论》的研读可以推测，在斯密看来，"自爱"这一常识让我们可以根据具体情境来判断某种行为是否以及会给谁带来收益或损害。假如某种行为给别人带来更多的资源（钱、物品或者服务等），那它就是有益的；而如果这种行为减少了别人的资源，那它就是有害的。行为发生的情境十分关键，因为只有在特定情境下，通过比较不同选择可能产生的结果来判断最终的利弊得失才有意义。而对于一个只想着最大化自身回报的人来说，做什么对他人有利，或者做什么会伤害他人，这些信息都无关紧要。行为发生的情境、决策者发出的信号以及其他人对信号的解读也都没有意义。相反，斯密的观点是，我们每个人心里清楚大家都严格地希望多得到一点，不愿意少得到一点，因此，我们会根据一个人在众多可能中做出的选择，来判断其意图是好还是坏。可见，行为本身也传递一种信息，是交流内容的一部分，我们要把它们当作信号来看，并把它们当作信号来回应。在斯密看来，这类交换构成了人类社会性的基础。

在斯密的模型中，当时的具体情境或者条件是互动决策的一类核心特征。回过头来看，这一点确实意义重大。20世纪八九十年代，实验经济学家和认知心理学家观察到在双人博弈（比如最后通牒博弈）中广泛存在不同于自利选择的可复现的行为偏差。后来，这些经济学家和心理学家通过实验设计探索此类行为重复出现的原因，很快发现情境因素在其中起到了非常大的作用。[1] 事实上，相比于不同的回报水平，不同情境对实验中观测到的决策有更大的影响，也更多样化。上述实验结果与《道德情操论》中的模型一致，但斯密的理论框架尚未被纳入我们的思维模式。《道德情操论》采用的社会机制凸显了情境因素的重要性，避免人们盲目根据个人效用最大化原则做决策。在适应社会的过程中，每个人都学会了"少一些由自爱而来的傲慢，让这种傲慢降低到他人可承受的范围"（《道德情操论》，第II篇第II章第II节，第120页）。社会意义上的"成熟"指的是一个人要遵循符合规范或习俗的规则，以此控制自己不管不顾地去追逐自利。以顾及他人的方式行动乃是自我克制的结果。这种自我克制对于构建、支持和维护社会资本十分必要。学习自我克制会被内化为道德意义上的自我管理行为。

斯密所说的"社会化"遵循如下常识："每个人的自爱足以让他判断其行为在社会意义上是否得体，然后追求个人利益。"斯密认为，就已观察到的人类行为而言，追求个人利益（比如金钱）与选择利他行为并不矛盾。个人利益本身就包括与他人和睦相处、遵守道德规范，选择与社会相适应的行为。《道德情操论》为我们提供了一个理论框架，有了这个框架，我们就能仔细检验和研究情境因素，理解社会过程，而不再将关注点只放在结果和收益上。这些结果和收益的意义只有结合情境因素才能明了。虽然思路大为不同，但实验经济学近年来的逐步发展，其关注点也有很多聚焦于人类行

---

[1] 例如，史密斯（2008b）第10章的题目是"情境对行为的作用"（The Effect of Context on Behavior）。这个主题是由实验结果得出的，既不是来自某种理论，也不是来自《道德情操论》这本书。

为的结果。我们认为，《道德情操论》能让我们将现代的思考融为一个更连贯的整体。斯密的模型与现代实验经济学中的发现是一致的，并不需要根据这些结果去做修正。不过在将该书的内容用于解释现代实验结果时，我们还是需要对它做现代的重新诠释。

我们从《道德情操论》中得出的核心信息是：人们在与他人互动时会顾及他人，这是因为我们学到了一些行为规则，它们能让我们与同伴们和睦相处。[①] 至于我们按照这些规则行事对他人有利还是有弊，以及对我们自己有何影响，还得根据具体情况具体分析。人类之所以成为社会化的生物，主要机制就在于我们有"同感"的能力，尤其是相互之间的同感。如果我们没有把这种与生俱来的能力打磨成实用技能，斯密的世界中也就不存在人类的社会性。我们有时之所以不顾及他人，是因为不太想和他人发生社会联系。但是用罗伯特·伯恩斯（Robert Burns）的话说，人类的共情能让我们"站在他人的角度看待自己"。斯密的语言朴实而准确："可能每个人在其内心深处天然地更爱自己，而不是别人。不过，谁都不敢当众承认自己是按照这种原则做事的。"（《道德情操论》，第Ⅱ篇第Ⅱ章第Ⅱ节，第120页）

本书将分析斯密《道德情操论》中的理论框架的逻辑关系，并加以拓展和运用：所有人都知道自己是自利的和局部非餍足的，也即无论以什么作为参照系，多总比少好。这应该是常识，否则我们就不会是有社会生存力的规则遵守者，因为那样将无法意识到自己的行为对谁有好处或者伤害了谁，也不会妥善权衡自己和

---

① 斯密的模型可以在不同文化环境下进行调整，因为他人如何看待自己会受到文化环境变化的影响，即使在欧洲社会以及受到欧洲文化影响的地区也是如此。但这个话题不在本书的讨论范围内。

他人的关系。但对于遵守什么样的规则，我们的判断非常依赖具体情境。情境和行为的利弊一起影响着我们所做的行为选择。这种社会性之所以产生，就是因为我们能够互相同感。与他人相处的经验以及由此在人生发展过程中留下的影响或多或少塑造了我们，若非如此，我们不可能变得越来越成熟。在成长的过程中，我们渴望得到赞扬，渴望自己具备值得他人赞扬的品质，同时避免他人的责备，也不希望带有被他人诟病的缺点。有意为之的善行或不正义的行为会相应地引发感激或怨恨的想法和情绪，而斯密的理论模型可以推导出这方面的若干关键命题。

休谟、斯密与功利主义

斯密在一个重要段落中提及，休谟支持把"效用"（有用性）作为人类情感的一个主要原因。但斯密自己并不认为效用是有意识个体的动机来源，尽管效用确实可能对功利角度的效率产生影响（《道德情操论》，第IV篇第I章第II节，第270—271页）。

那位具有独创性和受人欢迎的作者（大卫·休谟）最先解释了效用使人愉悦的原因。他被这种看待事物的观点所打动，结果把我们对美德的赞许都归结为感受到了这种效用表现出的外在之美。他观测的任何思想品质，除非对一个人自身或他人是有用或适宜的，都称不上美德；而除了那些具有相反倾向的品质，他观测的任何品质也不被贬斥为恶行。确实，天性似乎将我们有关偏好的情感调节得恰到好处，让我们个人和社会都觉得合适。我认为，在经过仔细的考量之后会发现这是普遍存在的状况。① **但我（亚当·斯密）仍然坚持认为，这种关于效用或者损害的看法并不是我们赞许或反对的第一来源和主要来源。**毫无疑问，由效用或损害而产生的对美丑的看法会强化并激活我们的情感。但我依然要说，我们的情感同这种看法在根源和本质上还是不同的。

斯密对行为的解释始终根植于人们的同感。只有在理解自己如何从对方的角度获得体验之后，我们才能探究这种行为对自己和社会的功效。休谟的思想和新古典功利主义传统很接近，斯密却不是。哲学家塞缪尔·亚历山大（Samuel Alexander）在20世纪初曾对休谟与斯密的区别做过精辟总结（1993，第249页），这些精彩内容虽然被人们遗忘了，却是我们要在本书中努力发展完善的：

> 休谟就像很多在他之后的功利主义者一样……最终是从"行为给我们带来的是愉悦还是痛苦"这个角度看待行为产生的影响。亚当·斯密则更为坚定地宣称，决定我们采取还是放弃某种行为的"同感"受行为结果的影响没有那么大，而更多取决于行为实施带来的冲击。**斯密是从行为的出发点而非行为的结果来考虑的。**

---

① 斯密并非不赞同休谟的以下观点：人类行为是追求高效的，趋向于增加效用。但是，这并不能解释人们为什么会选择那样做。人们基于所见及对世界的经验所做出的行为，与人们希望实现更大的目的而采取的行为，这两类行为是斯密想要仔细区分的。这是"看不见的手"这个隐喻的版本之一。人们最后在环境中实现的目的，并非他们的本意，也超出了他们的预见范围。

产权社会秩序由合宜社会秩序演化而来

在现代语境下，财产权意味着所有权，或者说在满足个人或社会目的时，所有者对某物拥有他人无法挑战的排他性处置权。从更根本的层面上讲，"所有权"来源于大家通过共识达成的预期。我们一般认为，财产权起源于政府维持的社会秩序。然而强大的文化传统，包括贸易，要比国家古老得多。而且我们应该相信财产权起源于某些社会规则，比如"人不能偷盗，不可作伪证，不得觊觎他人财物"。偷盗比欺骗更有害于他人，贪婪会破坏我们在自我克制方面所依赖的道德规范。合宜社会秩序（social order of propriety）起源于人类的情感，这一社会秩序的实践规范为财产权利的规则奠定了自然基础。

关于财产权的起源，我们还有必要知道的是，在斯密著作发表之前的一个世纪，财产（property）与合宜或礼仪（propriety）这两个单词在学术著作中是可以互换使用的。propriety 和 property 都是从盎格鲁诺曼语中的 propreté、法语中的 propriété 和拉丁语中的 proprietas 等单词演变过来的。拉丁语 proprietas 则是由古代的副词 proprie 衍生而来的，后者意为"排他地（exclusively）、特定地（particularly）、独特地（peculiarly）、合适地（properly）"。[1] 约翰·洛克虽然在《政府论》的早期版本中使用了 propriety 一词，但在后来的版本中，又换成了 property。[2] 在《道德情操论》一

---

[1] 在爱德华·柯克爵士（Edward Coke）之前，英国律师就财产争端论辩时，proprietas、propriété、property 这三个词可以互换使用。详细内容请参见巴特·威尔逊（2017）。

[2] Buckle（1991，pp.172–173）.

书中，适用于人类行为的规则也规范着个体行为的合宜性，例如《道德情操论》第Ⅰ篇的标题就是"论行动（action）的合宜性"，而举止（conduct）*则是指在共识指导下的行动。斯密经常明确地提到刻意行动的合宜性或不合宜性。政府在维护社会秩序中实施的正义法则（包括财产权在内）是由规范日常行为合宜性的习俗直接演变而来的。如果有人因做出不合宜的行动而伤害到他人，那么他就会遭到怨恨，进而受到报复："恶行越是严重，其伤害越是无法弥补，对施恶者的怨恨自然也会越大。"（《道德情操论》，第Ⅱ篇第Ⅱ章第Ⅱ节，第121页）

因此在社会秩序中，只要违反了正义法则，就会通过惩罚作恶者来维护正义，受害者的怨恨就需要通过报复来消解。[①] 人们通过防范或惩治蓄意的恶行，使正义得到伸张。在斯密看来，"正义法则"是从反方向来界定的，因为它们明确的是不正义的、在触犯时要遭受怨恨和报复的具体行动。也就是说，对于未被列入"非正义"范围的行动，人们拥有极大的自由。可以把社会想象成一个巨大的游乐场：人们在其中自由追逐自己想要的东西、追求各自的事业、实施商业计划。约束他们的规则只限定了不能做什么，以及实施恶行之后应该做出怎样的补偿。但只要没做坏事，任何行动的结果，无论平庸、成功、失败、富有还是令人艳

---

* 本书中多次出现行动（action），行为（behavior）和举止（conduct），除特别解释词意时，其他地方在不影响阅读的情况下没有特别区分，特此说明。——编者注

① 需要注意，对不正义行为的惩罚并非出于功利主义，这是斯密的法律体系和现代法律、行为法则及经济学的区别（Simon，2016）。正如之前引用的亚历山大的话一样，伤害他人的行为之所以出现，是因为刻意违反公平竞争原则，受害者的怨恨（会冒犯他人）也因此必须得到补偿。斯密说，我们遵守的规则强调的正是要惩罚作恶者的怨恨心理与冲动。人与人之间的良好关系，要建立在不作恶、通过公平竞争实现正义的基础之上。

羡，都可以被社会接受。每个人就像参加一场比赛一样，可以展示自己优秀的一面，但不能作弊、欺骗或者在竞赛中恶意冲撞他人。

财产、交易倾向与财富创造

斯密在《道德情操论》一书中构建了理解经济发展的基础。财产（人们互相承认物品归属的普遍习俗）是必要但非充分条件。于是在《国富论》中他又添加了一条重要公理：人类有"互通有无、物物交换和相互交易的倾向"。与非利益性交往构成了社会秩序的基础类似，斯密提出的这条公理只是将人类的社会性延伸到利益性交往的领域。从与关系亲近的人开展的社会交换，到非人格化的市场秩序，本质上都是人际的"交往"。①

按照新古典主义的传统，现代经济模型首先需要偏好、资源和技术等各类分散信息，然后运用效用最大化原则得出价格和资源配置的方案。但在《国富论》中，出发点并非偏好、成本和技术，而是观察到的交易倾向，这种倾向的基础是，双方都希望通过符合社会和道德规范的互动来交换物品，以改善各自的非餍足状况。交易的直接结果是人们获得了新信息，即人们通过自己的亲身经历、观察或者在闲谈中了解到的价格信息。有了价格信息，个人就可以比较现状与未来可能发生的情况。比如生产商知道了

---

① 如果你对此有疑问，可参见词典中针对"commerce"一词列出的意思。《牛津英语词典》中是这么写的：（1a）人与人之间自然产品或艺术产品的交换、买卖；（2a）生活事务中的交流、往来；（2c）与上帝的交流和对话，涉及精神、热情与思想；（3）性交（负面意义多一些），sex 的另一种说法。

玉米和猪肉的价格，就能根据本地情况，判断多养一些猪和少种玉米是否对自己有利。从理论上讲，根据以完美的全排序信息为基础的现代偏好理论，即使没有价格信息，生产商也完全可以做此类比较，只不过，没有价格信息的心理比较和计算会使这个判断过程变得过于复杂：例如到底是种玉米获得的粮食更多，还是养猪再换玉米获得的粮食更多？价格的形成可以让人们通过经验更好地确定偏好和成本，获得与决策和创新相关的信息。从地方市场和全国范围看，这会进一步推动专业化分工，后者正是财富创造的源泉。虽然每个人想的都还是自己的利益，但是，正义法则会使每个人的行动也能够帮助他人和国家创造财富。[①]

无论在《道德情操论》还是在《国富论》中，人的行为都是基于对不确定世界的探索和对未知结果的尝试：在不断重复的社会交往与交易中，人们更好地调适自己，也使他人的状况得到改善。每次我们开展市场实验的时候，实验经济学家都能观察到这一过程。[②] 对于斯密在这两本书中的观点，哈耶克在两个世纪之后做了很好的概括："仅凭规则就可以将扩展的秩序统一起来……在自发秩序下考虑时，任何人都不知道也不需要知道社会追求的所有目的或适用的所有手段。这样一种秩序是自己形成的。"（1988，第19—20页）

---

① 伯纳德·曼德维尔在《蜜蜂的寓言》中利用"自爱"这一人性弱点建立了经济决策理论，他甚至嘲讽、挖苦过斯密，让斯密出丑。尽管如此，他也曾（1705）说过这么一句话："受到正义规则约束时，弱点也会成为优点。"

② Jaworski，Smith and Wilson（2010）.

第二章

亚当·斯密所在世界的用语及其含义

语言的不断进化给我们阅读250年前的文本提出了双重挑战。当时的有些词汇现在人们基本不用了。如果要把亚当·斯密的思想用现在的语言转述，很有可能找不到与原文用词对应的词汇。即使某些词沿用至今，意思可能也已经发生变化，导致人们用这些词在21世纪的含义去理解18世纪的文本。现在的读者要想理解斯密思考社会运行的方式，了解他为社会构建理论模型的方法，那么像语言学爱好者那样掌握一点专业知识会大有裨益。

激情、情绪、情感与感情

三百多年前，使用英语的作者对激情（passion）、情绪（emotion）、情感（sentiment）和感情（affection）这几个词的使用频率和现在差不多，都不太多。但是在18世纪下半叶，这些词汇的使用频率达到了顶峰，无论与1700年还是2008年相比，这些词汇的使用要多出7~9倍（见图2.1）。19世纪50年代，这些词的使用迅速减少。到1920年，"情绪"这一相对中性的词语已经替代了其他几个词语，成为描述心理类型的主要术语，用来描述一个人意识到

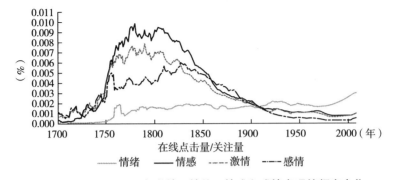

图2.1　1700—2018年激情、情绪、情感和感情出现的频率变化

资料来源：Google Books Ngram Viewer（http://books.google.com/ngrams）。

的由所处情境带来的感受。如今人们很少在日常交谈中用到"激情""情感""感情"这些词汇。不过，"情绪"还是用得比较多。

　　激情、情感、感情这些词在《道德情操论》中出现了很多次。在理解斯密时，千万不要用21世纪的人们使用的"情绪"一词来完全替代它们。要想理解斯密的思想，我们必须留意他的精准措辞。哲学家艾米·施密特说得对，"斯密有时会将'激情''感情''感受'都归为'情感'的类别"（Schimitter，2014，第206页）。[①]但斯密这本著作的书名并不是《道德激情、感情与感受论》。他这本书关注的是情感，而且是一类特殊的情感，即有关道德的情感。[②]在《道德情操论》中，"emotion"（情绪）一词出现了大约80次（包括开篇的第二句话），但跟"sentiment"（情感）出现的次数比起来就相形见绌了，后者有346次，大概平均每页出现一次。

　　对情感一词，同义词辨析领域的专家查尔斯·约翰·史密斯（Charles John Smith，1894，第595页）做了如下解释："它指的

---

① 见《道德情操论》（第I篇第I章第I节，第14—18页）。
② 对于情感，斯密还划分出了另一种类型，指的是好奇、惊喜和钦佩。

是心灵（感性）和思想（理性）方面的东西。"现代用语中讲的"情绪"或许指的是感性方面的东西，但肯定不包括理性方面的东西。在20世纪和21世纪，"情绪"更多是指生理上的，不属于认知范畴，是不由自主的，与理性的认知思想截然不同。我们有情绪也有智力，两者既没有重合之处，也不存在什么东西介乎其间。① 在18世纪，这两者对应的两极分别是激情和理智。但与今天的截然分开不同，斯密与他同时代的人用情感和感情弥补了两者之间的鸿沟。② 如果说智力和理智与思考有关，情绪和激情与感受有关，那么情感和感情则与思考和感受都有关系。③《道德情操论》就是将道德感受和道德思考相结合，并用其解释这个社会。

凯姆斯勋爵（Kames，1762，第311页）将"情感"一词定义为"由激情引发的各种想法"，斯密则没有对该词直接下过定义。他把这项工作留给了读者。不过，对于我们中间不了解18世纪用词和道德心理学的人来说，这项任务可不容易。在那句著名的开篇语之后，斯密继续论述说（《道德情操论》，第I篇第I章第I节，第3页）：

> 怜悯（pity）和同情（compassion）是这样一种**情绪**：当我们看到或者逼真地想象到他人的不幸遭遇时，就能**感**

① 但是可以参阅安东尼奥·达马西奥（Antonio Damasio，2005）的《笛卡儿的错误》（*Descartes' Error*）。这本书努力想改变人的那种思考模式。达马西奥重新回到了斯密的感受-思考一体化的主题。但是，正如我们在本书中多次提到的，他并没有提到斯密。斯密的第一本书对当代心理学和经济学都没有产生影响。

② Dixon（2003）.

③ 《柯林斯COBUILD英语词典》以"释义通俗易懂"著称。该词典将"sentiment"定义为："人类基于自身想法和感受的某种态度。"

受到它。我们常为他人的悲哀而感伤，这是显而易见的事实，无须实例来证明。这种**情感**就像人性中所有其他与生俱来的**激情**一样，绝不只是那些品德高尚、充满仁慈的人才有。只不过他们对于这种情感的**感受**最为敏锐。

从这段话中我们可以看出，斯密所说的"情绪"，应该指的是"怜悯"和"同情"，痛苦则是一种"情感"，像一种原始激情。在上面这段话接下来的一页，他在同一个句子中把这三个词都用了一遍："人类的想法非常容易受到各种**激情**的影响，旁观者会将自己代入类似的情境，想象当事人可能产生的**情感**，并总是以自己的**情绪**做出回应。"（《道德情操论》，第 I 篇第 I 章第 I 节，第 5 页）

人们可以认为斯密的用词只是风格问题，或者是为了让语言表达更丰富。但我们认为，斯密用词是很考究的。他于 1755 年对塞缪尔·约翰逊编写的词典发表了一篇评论。"约翰逊先生编撰的词典的优点是如此明显，"他的开篇颇具经典的英伦式客套，"把大家的眼球都给吸走了，以至于看不到其中的某些不足。"第一处不足是，约翰逊的词典中并没有对"but"这个常用小词的七个意思进行严格区分。既然这样一位道德哲学家会去质疑一个编撰词典且是英国文字研究方面最杰出的人，认为他在"文法上还不够严谨"，那我们可以推测，斯密对自己的用词应当极为谨慎。[①]也许斯密在选择激情、情感、感情和情绪这些词的时候，并不是刻意地根据我们在接下来几段要阐述的理由。可我们依然认为，斯密

---

① 斯密在给约翰·弥尔顿的《失乐园》挑毛病时也毫不客气，例如，"正确的表达应该是 wonder'd，而不是 admir'd"（Smith，1795，第 33 页）。

的写作中包含了某种次序，反映和揭示了他的系统性思考。[①] 斯密提出的若干重要观点能够帮助读者理解本书第八章到第十章要介绍的实验受试者的选择，没有什么比这一事实更能提醒我们，斯密的系统性思考值得认真关注。

我们可以设想，为什么斯密不调换一下词语顺序，说"人类的想法非常容易受到各种**情感**的影响"以及"想象当事人可能产生的**激感**"呢？托马斯·科根在1800年发表的《关于"激情"的哲学论述》认为，这是因为"激情"这个词附带的主要意思是"**被动的，或者说是由冲动激发的**"（Thomas Cogan，1800，第20页）。科根还指出，斯密认为激情是指"当一个重要对象突然而强烈地需要人们关注它的时候，影响思考的那种感受"（第20页）。当斯密写"人类的想法非常容易受到各种激情的影响"这句话时，他指的仅仅是那种感受。在这里就不能用"**情感**"一词，因为我们的大脑此时并不受理性思考的控制，而是被大脑关注的东西引起的突然且强烈的感受控制了。然而，当我们设身处地地考虑当事人的处境时，我们思考的不仅仅是当事人感受到的"激情"，还要思考和感知为什么当事人会有这样的不幸遭遇，其实也就是当事人的"情感"。斯密关于人类社会性的理论模型展示了他对术语的绝佳把控，准确区分了对激情的感受与对情感的思考加上感受。

查尔斯·史密斯（Charles Smith）对"情绪"和"激情"的区分跟亚当·斯密的几乎一致。"**情绪**指的是一种强烈感受，而**激情**是情绪或感受控制了我们的思考时的状态。"（1894，第429页）斯密在描写旁观者看到当事人的情绪状态而引发的兴奋感受时，

---

① 哲学家埃里克·施利塞尔（Eric Schliesser，2017）在其作品中详细阐述了亚当·斯密作为一位系统思考者的各种思想。

用语和查尔斯·史密斯一样精准。"无论任何对象在当事人心里引起了什么样的'**激情**',每个注意到当时情境的旁观者一想起当时的情境,都会产生相似的**情绪**。"考虑到当时的情况,我们能察觉到别人的感受状态(state of feeling),也会激发自己的感受。我们察觉到的并不是他人内心的感受,而是某种感受状态,我们可能会根据自己的经验称之为"爱""感激""怨恨"等。人的感受来自内心的激发,控制我们头脑的感受状态才是他人(从外部根据情境)所能够感受到的东西。很重要的是,这种感受状态包含了我们内心感受在身体上以及在情境下的外化表现(皱眉、微笑、握成拳头的手等等)。①

我们接下来再看一下激情、情绪和情感这几个词在含义上的具体差别。由此或许就能明白,为什么斯密把爱、感激和怨恨既当作激情又当作情感,却很少把它们看作被引发的情绪。

• 爱是一种令人愉快的**激情**;怨恨是一种令人不愉快的**激情**(《道德情操论》,第 I 篇第 I 章第 II 节,第 12 页)。

• 但是,我们与粗暴的人也会有一些共同的"**激情**",比如怨恨、天生的心绪,甚至感激。不过,正是由于这个原因,那些粗暴的人好像也没有那么粗暴了(《道德情操论》,第 I 篇第 II 章第 I 节,第 34 页)。

• 能立刻直接促使我们奖赏他人的**情感**是感激;能立刻直接促使我们做出惩罚的**情感**是怨恨(《道德情操论》,第 II 篇第 I 章第 I 节,第 94 页)。

---

① 在本书第八章、第十章和第十二章研究的信任博弈中,受试者无法面对面得到任何信息用以准确解读对方的情绪和思考。但是他们的行动并不是完全自利和独立的,这意味着,他们从过去的情绪和思考体验中已经形成了些许实践知识。

• 我们对国家的爱似乎并不是出自我们对人类的爱。前一种情感独立于后一种情感（《道德情操论》，第VI篇第II章第II节，第336—337页）。

爱或怨恨需要我们投入注意力。在这样的状态下，斯密说："我们希望朋友能接纳友谊。但对这种接纳的迫切程度，与希望他们与我们有共同怨恨情绪的迫切程度比起来还不到一半。"（《道德情操论》，第I篇第I章第I节，第12页）斯密用来对比愉快和不愉快感情的，并不只是一种强烈的感受，还包括当得到的好处或伤害引起我们的关注以及我们因此还需要朋友的关注时，牵制我们头脑的那些感受。斯密看到，我们预想朋友将如何应对我们的怨恨时会发现，怨恨对我们心灵的冲击力极其强大。虽说爱也能给我们的心灵带来非常强大的冲击力，不过，相比朋友对我们的怨恨感受给出的回应，我们远不是那么关心他们对我们的爱给出的回应。虽然爱和怨恨都既是情绪也是激情，但激情对人头脑的控制，更能解释斯密对爱与怨恨的上述区分。

斯密把爱、感激和怨恨作为情感提出时，其实是将感受与思考融合在一起了。在斯密对功过以及道德奖惩对象的观察中，感激和怨恨的情感居于核心地位。这是因为只有当联想到要采取奖赏或惩罚的具体行动时，感受状态才会促使我们做出相应的奖惩。语言学家安娜·魏兹比卡认为，"（因为Y做了Z）X对Y心存感激"，其中包含三个核心要素：第一，Y做了对X有利的事情Z；第二，Y本来没有必要做Z；第三，X因此对Y有了好的看法（Anna Wierzbicka，1999，第104—105页）。[1] 魏兹比卡还认为，当X想到

---

① 在信任博弈中，情境在人们解读对方行动的含义、合作共赢方面发挥了重要作用。文中提到的这些元素对理解这种作用十分关键。

上述三点的时候，感受到了美好。因为 X 想到了这些，所以出现了这类感受，这就是感激。所以对感激这种情感来说，思考与感受都纠缠于其中。

怨恨是和感激相反的情感，一般被视为负面。我们把上述"（因为 Y 做了 Z）X 对 Y 心存感激"的三个核心要素中的"好"都替换成"不好"，就可以得到"（因为 Y 做了 Z）X 对 Y 心存怨恨"的三个要素：第一，Y 做了对 X 不利的事情 Z；第二，Y 本来没有必要做 Z；第三，X 因此对 Y 有了不好的看法，而且当 X 想到所有这些的时候会感觉很糟糕。魏兹比卡还解释了第三条对怨恨含义的重要性。假如 Y 对我做了一些不好的事，而且我知道他本没有必要这样做，那么我或许还可以宣称，在某些情况下自己心里并没有怨恨。可是，假如我对发生的事情感到很糟糕，并对 Y 产生了不好的印象，旁观者就不会相信我不怨恨 Y 做了 Z 的说法。他们会说，这就是怨恨的意思。

感激和怨恨无论作为激情还是情绪，都不能达到斯密想要它们实现的目的。因为斯密需要的是"能立刻直接促使我们做出奖赏或惩罚"的东西（《道德情操论》，第 II 篇第 I 章第 I 节，第 96 页）。不只是自己感受到了好处或伤害，也不只是对 Y 产生了好的或不好的印象，还需要感激和怨恨的情感促使我对 Y 采取好的或不好的行动。**在激情或情绪的感受与促使我们采取行动之间，还需要某种情感的思考去发挥联结作用。**

在 18 世纪，感情一词与情感、理性感受（reasoned feelings）或充满激情的想法（passionful thoughts）等词汇的意思非常接近，但它同古典基督教心理学的联系还要紧密得多。当时的古典基督教心理学对人们的心理状态做了严格分级：激情是低层级的欲望，感情则是稍高层级的、智力层次的欲望。[①] 比如，爱可以是对伴侣的基础层级的欲望，也可以是将一个人的心灵全部交付给救世主的至高追求。

斯密在使用感情一词时，并非指这个词现在的意思，即喜欢或者尊重。他想说的与同时代的地质学创立者詹姆斯·赫顿一致，意指某种事物在受到影响之后的被动反应状态，例如"折射是光的一种受影响状态"（James Hutton，1794，第280页）。斯密第一次提到这个词是在《道德情操论》的第1页，他将人们的感受与动词"影响"（affect）联系起来，"由于我们无法直接体会别人的**感受**，也就无法得知他们是怎样**受到影响**的，只能猜想自己在类似情境中应该会有何种**感受**"（《道德情操论》，第9页）。请各位读者注意"受到影响"（affected）这个过去分词的被动意义，指已经发生在他人身上的事情。和很多优秀作家一样，斯密尽量避免使用动词的被动意义，但"影响"这个词例外，表示主动的用法和表示被动的用法在其著作中出现的次数差不多。从构词的角度看，这个词的被动意义通常意味着发生在某人身上的事情的原因，"当我们用这种方式判断任何一种**感情**与激起它的原因是否相称时，除了我们自身获得的相应'**感受**'，几乎不可能采用其他的衡量标准"（《道德情操论》，第18页）。"情感"一词的语义网络里并不一定包含原因，也不包含发生在某人身上的某一事件的被动意义。但"感情"一词则包含这两个意思，这在斯密的观察过程中非常重要，因为"近年来，哲学家考虑的主要是感情的倾向性，而很少关注感情与**激发感情的原因**之间的关系"（《道德情操论》，第

---

① Dixon（2003）.

18页）。所以，斯密在任何提到"感情"的时候，都强调引起感情的原因。[1] 这与他对情感一词的使用迥然不同。

如果我们将情感的主动意义与感情的被动意义结合起来，就会发现上文引述的全文别有深意（《道德情操论》，第18页）：

> 当我们用这种方式判断任何一种**感情**与激起它的原因是否相称时，除了我们自身获得的相应"**感受**"，几乎不可能采用其他的衡量标准。假如我们设身处地考虑这种情境，发现这些情感正好与自己的一致，便必然会觉得这些情感与其面向的对象相符；否则我们必然无法认同，会觉得不相符和夸张。

在判断他人的感情时，其中一部分就是判断我们自己在同样的受影响状态下会有什么感受。但影响他人的原因又怎么能同样成为影响我们的原因呢？从事件发生的情境来看，我们既需要明白他人是如何被影响的，又要清楚产生这种影响的原因。通过想象自己也受到了类似的影响，我们可以把注意力集中到情感上，也就是他人在相同情境下的思考和感受，然后考虑是否与我们的思考和感受相吻合。我们对他人的感情以及喜怒哀乐的关注，并没有像对他人情感的考虑那样深入。

本书的目的之一是告诉大家，斯密关于感受的更加缜密的心理学和生理学框架如何启发我们思考现代经济学的发现。行为经济学重新将人的感受纳入经济学模型，是非常明确的现代探索案

---

① 埃里克·施利塞尔（2017）在自己的作品中详细说明了触发对象（triggering objects）在其对斯密的激情进行分类时的重要性。

例。行为经济学的主要倡导者科林·凯莫勒（2003，第101页）说，这门学科的主要目的是"运用关于效用的心理直觉，去寻找简洁的效用函数表达式，此类效用函数需要同时解释很多现象，也能够做出新的预测"。在经济学的话语中，效用函数把人们的偏好表达为从一堆事物到某个数字的映射。比如有两种方案可供选择：其一是给自己40美元，朋友弗兰克一分钱也得不到；其二是给自己25美元，把15美元分给弗兰克。经济学家伊芙琳在两种方案中选择了前者，那么效用函数就会给前一个方案赋予更大的值。如果我们用 $U_E(e, f)$ 来表示伊芙琳的效用函数，其中，e 代表伊芙琳得到的金额，f 代表弗兰克得到的金额。此时，$U_E(40, 0)$ 的值就要大于 $U_E(25, 15)$ 的值。假如经济学家伊芙琳只关心自己带回家多少钱，这个说法应该是合理的。

我们来看另外一种情况。假如弗兰克处在做选择的位置，他担心两人所得的金额差异过大，觉得自己可以少拿一些钱，让伊芙琳也拿点钱回家，而不是让她两手空空。那么，行为经济学家该怎样改动伊芙琳的效用函数，来解释弗兰克愿意少拿一点钱这个偏好呢？行为经济学家可能会给伊芙琳的效用函数里加一些东西，使得（给伊芙琳15美元，给弗兰克25美元）的效用值高于（给伊芙琳0美元，弗兰克独得40美元）的效用值。我们可以把增加的东西称为"弗兰克对不公平的厌恶"，表示为 $I_F(e, f) > 0$。于是弗兰克的效用函数将变为：$U_F(e, f) = U_E(e, f) + I_F(e, f)$。经济学家把弗兰克的这种情况描述为"对公平的偏好甚于对多拿钱的偏好"，以此来解释为什么他宁愿少拿些钱，而不愿意拿太多。我们的疑问在于：改变一个效用函数（且不论是否简洁）能否真正解释这位朋友的选择，还是只把需要解释的东西当成了假设。我们认为该做法属于后一种类型。我们还想告诉大家，斯密对道德情感的看法以及为人类社会关系建立理论的方式，如何可以用来解释和预测人们那样做的真实原因，而且这些预测是可以验证的。

共情

"共情"（sympathy）这个概念由来已久，在生理学、天文学和心理学等不同领域都被用来解释各种现象。亚里士多德曾用共情来解释动物一起排尿的欲望。[①] 在男性主导地位弱一点的时代，他说不定可以用共情来解释住在一起的女性出现月经周期同步的现象。普罗提诺认为，天体的运动和地面上发生的事件是按照共情来运转的。[②] 斯密则秉承了休谟的思想，用这本道德心理学论著的前两章来阐述共情这一概念。

哲学家埃里克·施利塞尔一针见血地指出，不同时代使用的"共情"一词具备五个共同特征：

- 可以解释远距离发生的行动。
- 在相似的事情中发生。
- 原因不可见。
- 影响可能是瞬时的。
- 具有双向性。

---

① Brouwer（2015）.
② Emilsson（2015）.

《道德情操论》里提到的共情都具备上述五个特征。这个词也是少有的几个斯密给出了精准定义的词之一："共情最初的意思可能是指相同的，但是现在，人们可能也会用它来描述我们对任何激情产生的共同感受，这并无多大不妥"（《道德情操论》，第 I 篇第 I 章第 I 节，第 5 页）。共情解释了为什么我们在观看悲剧或浪漫戏剧时，会"和主角一样，对忠诚的朋友很感激，而对那些伤害、抛弃和欺骗主角的叛徒感到怨恨"（第 5 页）。我们把剧中的主人公当作和我们一样的人，并共情他们。请注意斯密的措辞。我们并不是对一种情绪有共同感受；而是同感于他们的激情，即控制主人公头脑且可观察到的感受状态。我们从这些角色身上看到的，或者从他们口中听到的，在不知不觉中让我们参与到他们的感受状态中。并没有任何可见的物质把演员的激情和我们的共同感受以因果方式联系起来。无形之中将演员和观众这两个独立实体联系起来的，是一种自然而然的、不证自明的现象。此外，我们并没有深入思考刚刚看到了什么，一波共同感受的浪潮就席卷而来。是的，随着戏剧的情节展开，同感就立刻出现了。①

共情是双向的。在《道德情操论》第 I 章第 II 节"论相互共情的愉悦"中，斯密曾表示，我们因为朋友被他人伤害而产生怨恨的激情时，朋友会通过与我们的同感，对我们因为他也产生怨恨情绪而感到焦虑。我们与朋友间的因果联系虽然看不见、摸不着，却存在着反馈回路。我们和朋友因为"同感"而互相影响。**人能够与他人同感，就是斯密道德理论的第一条关键公理**。虽然我们

---

① 可以和本书第六章流浪汉的故事做对比，那些叙述最后转化成了感受、思考和理解。

看不到也听不到共情的力量在发挥作用，但是它们的确存在。人类不由自主地相互共情，这是我们的本性。

合宜感

"合宜"（propriety）也是个曾在18世纪末流行但现在已经不再广泛使用的说法。事实上在1750年之前，人们也不怎么使用这个词。《牛津英语词典》中为该词的第七个词义"与普遍接受的行为或道德标准相一致"给出的最早例子可以追溯到1753年。为该词的第六个词义"与某一规则或原则规定的环境条件相符或一致"给出的最早例子则可以追溯到1612年。塞缪尔·约翰逊参考洛克的说法，将该词简单地定义为"准确性和正当性"，之后便马上转入对"propt"一词的讨论。斯密之前以及同时代的学者在道德哲学中都没有把"合宜"当作核心概念，如沙夫茨伯里勋爵、伯纳德·曼德维尔、弗朗西斯·哈奇森、巴特勒主教、大卫·休谟以及亚当·弗格森等人。然而我们认为，斯密非常倚重合宜这个概念，而且更为注重对"合宜"的感知。要理解斯密的道德理论，读者必须对此有深入认识。

安娜·魏兹比卡（2010）曾给出过如下大胆判断：（1）感觉（sense）一词是"英语中最常见的抽象单词之一"；（2）也是"整个英语中最重要却不易被人察觉的概念化特征之一"。在过去的75年中，这个单词在谷歌书籍数据库中出现的频率比"爱"还要高。其实，魏兹比卡的第二个判断更能帮助我们理解斯密的"合宜"这一关键概念。《道德情操论》第I篇的标题就是"论行动的合宜性"，第一小节是关于"合宜感"的。这两个标题对生活在20世纪

60年代以后的人而言，感觉有几分古雅，更像是维多利亚时代的文学主题，而不像一般的道德理论。因为《道德情操论》中所说的合宜感不仅仅是指在性方面有所收敛和顾忌，也不仅仅是严格的社会行为规范，所以我们有必要花些时间来熟悉一下人的"合宜感"到底是什么意思。

和人的"五大感觉"中的意义一样，"感觉"这个词的核心含义植根于身体的本能。我们用身体的器官去嗅、尝、摸、听和看。在每种感觉发挥作用时，身体都在当时和当场发生着某种变化。鼻子在嗅，舌头在尝，指头在摸，耳朵在听，眼睛在看。我们的身体一旦受到环境影响，感官就会把对外界的感知通过神经传导给我们的大脑，由此得到的知识是经验性的。比如，孩童时期，我们就把某个时刻从隔壁房间传出的特定颗粒物集合形成的雾状物和气体称为烟雾。我们的感觉不仅来自身体的感受，它们还属于我们身体中发生的一个个"事件"，传递着关于我们所处时间与空间状况的经验知识。

魏兹比卡认为，英文中的"sense"这个词既可以作为动词，也可以作为名词，用法虽多，却都跟其核心含义相关。我们能感觉（sense）到他人对孩子的爱，但无法感受（feel）到他们对孩子的这种爱。尽管无法体会他人的感受，但他人在流露爱意的同时会做出动作、发出声音，我们可以观察到这些情形，并借助大脑的经验知识，感知他人对孩子的情感。我们看到的、听到的，确确实实引起了身体内部的变化，但我们受到的影响远不止于此。通过经验，我们也对当时的情形有了一定的了解。

类似地，魏兹比卡（2010，第169页）解释道，"英文中常常用感觉作为名词来描述类似经验知识的东西"。比如，当人们说

"我有一种感觉"的时候，指的并不是"我有一种感受"。当我们说"我感觉到她对那个提问者有些反感"的时候，我们知道当时发生了一些事情。或许刚刚发表评论的人在质疑演讲者谈话内容真实性的时候，我们也在现场，或许我们观看过油管（YouTube）上的视频。而假如我们并不在事件现场，只是别人告诉我们发生了什么的时候，我们是不能用感觉这个词的，但可以用感受。对某件事有感觉，不仅意味着有感受，还意味着对当时的情形有所了解。而其他语言，例如德语和法语，则没有类似感觉和感受这样的区别。"英语中的这种思维习惯可以解释，与某些思想相伴而生的准身体感受为何也算一种潜在知识来源，可以与通过感觉获得的知识相提并论。"（Wierzbicka，2010，第171页）

感受可以作为关于某些情形的潜在知识来源，因为感受是由环境中正在发生的事情引起的。感觉则是指对情形的了解加上感受，它既融入了人们的神经生理系统，又因为人们有同样的生理构造，所以一个人对某种情形的感觉，他人也可以感受到并获得了解。不过，感受和感觉都是非常私人化和个性化的，大家能共同体验的其实是对某种情形的感觉，感受则是无法共享的。我的身体感受到的是我自己的感受，你的身体感受到的是你自己的感受。用斯密的话来说，"我们无法直接经历他人的感受"（《道德情操论》，第I篇第I章第I节，第3页），但是，我可以和大家分享自己从对某个情形的感觉中获得的知识，你也可以。

感受是主观性的，感觉却是交互主观性的。我们从经验中获取的知识能够把某种内心的感受和外部世界中的某样东西联系起来。于是我们可以利用这种交互主观性的能力，通过与他人达成一致意见，从而对世界的客观性做出判断。比如，第一个闻到烟味的人通常也是第一个向周围求证他的判断是否正确的人。他可能会问："你们有没有闻到烟味？"类似于闻到烟味这种感觉，正是我们对客观世界做出判断的基础。而且，感觉作为对知识的表述也会出错。我闻到的烟味可能是起火产生的，也可能来自烤焦的面包。

我们大致可以认为，斯密的"合宜感"指的就是：**在具体的时间地点，对什么是合乎道德规范的认识，而且这种认识不是通过理性思考，而是通过身体感受来获得的**。但合宜感不仅仅是一种来自身体内部的感受：它还能将人与外部世界联系起来，因为我们是通过别人才知道怎样做是合乎道德的。这种合宜感是利用我们身体的感受、我们的所见所闻以及过往经验，来判断我们应该如何行动。合宜感和其他感觉一样，也是交互主观性的。我们运用合宜感对外部世界的客观性做出判断，对世界中真实存在的东西做出判断。比如，有人在鸡尾酒会上从刚刚听到的话中感受到了恶意，他会悄悄向周围的人求证："你们有没有觉得刚刚的话有点刺耳？"当我们根据经验发现某句话有恶意的时候，就是判断世界上真的发生了一些事情。提问者确实针对演讲者有所行动。

感受是斯密对道德考察的核心。共情、情感以及合宜感都涉及感受。共情指的是无意识中在人们之间共同和来回传递的感受。我们的感受并非自己一个人的事情；我们也参与到他人的感受状态中。请读者注意，我们说的是"参与到感受状态中"，但不仅仅是"参与到感受中"。之所以这样说，是因为想要强调：我们能够共情的是他人所处的能被观察和感知的情形，这些情形是支配那个人的内部感受的外在表现。

虽然感受是斯密道德理论的核心，但如果你把斯密的理论简单理解为一种有关情绪的理论，那就错了。情感与合宜感在他的理论中同等重要。**斯密用情感把思考与感受联系在一起，用合宜感将理解与感受联系在一起**。他对道德的考察是建基在感受、思考和认识之上的。正是借助这三个全人类共有的表达内心动作的词，《道德情操论》在首次发表250年后，仍能为我们思考经济学提供启示。① 后文会让大家看到，现代经济学的实验结果将说明，这三个词的组合如何在《道德情操论》中发挥作用。

---

① 另外三个表示心理的谓语动词也深深根植在斯密的观察结论中。一提到感激和怨恨这样的道德情绪词，我们就会对某个人产生好的或不好的联想。基于合宜感，我们通过看和听能感受并获取一些认识。魏兹比卡（1996）认为，这六个表示感情动作的谓语动词，在语义方面，就像原子一样，是所有语言中都有的。我们不能把它们的语义再切分，并用其他概念再定义。无论人们说着哪种语言，他们说这几个词的时候，都很清楚自己表达的是什么意思。

第三章

社会宇宙中的举止

举止（conduct）是比情感或合宜还要典型的 18 世纪末期的用词。当然，这个词现在依然有人使用：我们在中学生的成绩评价单上会看到这个词，在涉及白宫椭圆形办公室总统绯闻的重大事件的新闻报道中也会听到。但很多时候，"举止"并不是我们首先会想到的词，特别是在标准的科学分析中。现在人们多选择"行为"（behavior）一词，如行为化学、行为生态学、行为物理学、行为政治学、行为社会学，以及行为经济学等。自 19 世纪末以来，"行为"这个词可以被用在任何有生命或无生命的事物上，包括船只、蝴蝶、水、股市和化学物质。《牛津英语词典》对该词的第五个释义是："某事物在特定条件或环境下，或在涉及其他事物时的行动方式。"

塞缪尔·约翰逊的词典为"行为"一词列出了不同学者给出的六种不同释义，但没有一条和《牛津英语词典》的第五个释义相近：

1. 一个人表现自己的方式，无论好坏。（来自 Sidney）

2. 外在形象。（来自 I Samuel xxi）

3. 仪态、行动方式。（来自 Hooker）

4.举止的优雅、得体。（来自 Sidney）

5.举止、一般实践、生命过程。（来自 Locke）

6.谨小慎微，这是一个常见短语，指一种需要非常小心的状态。（来自 L'Estrange）

在18世纪，行为的每个意思都是指人以及人与人的互动方式，特别是上面第五个解释：举止、一般实践、生命过程。亚当·斯密在《道德情操论》中使用"行为"一词约有80次，而使用"举止"一词却多达309次，与"情感"的次数大致相当。"举止"在节标题中出现过两次，在非常重要的第III篇的标题中出现过一次："论我们评判自己的情感和举止的基础，兼论责任感。"而行为一词从未在标题中出现过。"X和行为"这个组合出现了17次，其中X位置上出现的词有举止、特征（character）、情感以及表情（countenance）。另外，他还有7次提到整体行为（whole behavior）的表述。对于相关的近义词，查尔斯·史密斯一如既往地为我们做了准确的区分（1894年，第159页）：

> "行为"既指那些允许其他人观察的动作，也特指针对他人所做的动作。"行为"主要指动作，"行为举止"（demeanour）则侧重举止（行动方式及其体现出的情感态度）。换句话说，行为举止侧重某个人自身，行为侧重他人……行为属于社会的微道德层面，而举止则涉及个人生活中更重大的问题。一个人的举止可以从智力和道德两个层面考量。一个人的外在行为有好有坏，一个人的举止表现也有好有坏，可能较为干练，也可能效率不高。行为需要得当，举止则需要明智。我们谈起一个人的行为时，

是从他的社交圈的角度；谈起一个人的举止时，则是从他的家庭、生活以及公民身份的角度。好的举止是高尚且值得称赞的，好的行为则既可能是自然发生，也可能是刻意而为的。人的举止与生活中的地位或者所处的环境有关。良好的举止既包含好的外在行为表现，也涉及自然而然从中流露的合宜感和情感。

请注意，在18世纪，"利己行为"（self-regarding behavior）是一种前后矛盾的修辞，"利他行为"（other-regarding behavior）则是有点前后重复的多余表述。一个人表现出的行为一定是发生在社会群体中的，能被他人看到，也是针对他人的。换句话说，如果周围没有别人，你的所作所为便不属于行为。这里的行为指的是，一个人如何自然而然或者刻意地将自己的行动纳入约束人类交往的规则。我们可以感觉到自己或他人的行为得体或者不得体，相容或者格格不入，合宜或者不合宜，好或者不好。而且，由于我们会考虑到这些行为的合宜感，便能感受到自己身上发生的变化，进而了解自己的境况。

现代经济学中的行为

19世纪实证主义兴起以来，科学研究中的行为便不再指人体的感受，而是指我们能通过理性和逻辑去解读的东西。实证主义者不相信人体的模糊感受，因为在他们看来，一旦与"触及、感受的东西"有关，往往是不可靠的。要想了解外部世界，人的感受并不可靠，因为既无法测量也无法比较。将身体感受从行为研究中剔除的好处之一是，人们对行为的了解不再局限于人体生理学范畴。我们可以开阔思路，将行为概念应用在外部世界的几乎任何事物上。19世纪以来，行为不再仅仅指人如何行动，也包括船只、蝴蝶、水、股市和化学物质在特定条件或环境下如何变化。简言之，实证主义去除了行为的人性化特征，同时也就放弃了《道德情操论》提出的研究人类举止的"感知－思考－理解"的思路。

当代经济学者和认知心理学者保留了实证主义传统，并将边沁式功利主义融入其中。而且，从莱昂内尔·罗宾斯（Lionel Robbins）开始就不再考虑规范伦理学的那些令人麻烦的因素。经济学中的效用是一个测度，用函数将一个具体行动与由此产生的后果（无论人们是否愿意看到这样的结果）联系起来。它假定个体在面临众多选项时，会选择使其效用最大化的选项。功利主义偏好函数被广泛用于构建各种人类决策模型：在心理物理学评估中的孤立个体、面对不确定概率前景时犹豫不决的个体、在双人博弈或小群体公共品和共有财产博弈中做互动选择的个体等。自威廉·斯坦利·杰文斯、卡尔·门格尔和里昂·瓦尔拉斯在19世纪引领边际革命以来，"效用"得到的最广泛应用就是分析供需市场中的参与者，这是每一位经济学专业的学生都会学到的。

哈尔·范里安在他的中级微观经济学教材中这样定义消费者问题："假如一个消费者喜欢一件商品胜过另外一件，那就意味着，给他一个机会，他会选择前者而放弃后者。因此，'偏好'（作为名词）这一概念的基础就是消费者的'**行为**'"（2006，第34页）。下面我们再看看"偏好"（作为名词）这个概念。一般来说人们会这么使用作为动词的"偏好"："与鸡肉相比更偏好牛肉"

（Dictionary. Com）、"与茶相比更偏好咖啡"（American Heritage Dictionary）、"与阅读相比更偏好运动"（Merriam-Webster）等。此外还有："与住酒店相比一些人更偏好露营""我们更偏好露宿"（WordNet）等。想必大家已经发现，偏好这个词很常见的一个用法是："相对于 b，X 更喜欢 a。"a 和 b 之间的差异可能是由质量或类别的不同引起的。牛肉和鸡肉均为家养动物肉类，但红肉和白肉的味道有本质的差异。同样的道理，咖啡和茶喝起来味道也有差别；运动和阅读则是分别能够刺激身体和大脑的午后活动；躺在星空下睡一晚，享受的那种舒适以及视野中的景色，与在喜来登大酒店的床上睡一晚肯定不一样。

那么，经济学家又如何使用作为动词的"偏好"呢？比如，1 个苹果 2 美元，1 个橘子 1 美元。一位名叫伊芙琳的顾客，愿意买 2 个苹果 2 个橘子，而不是 1 个苹果 4 个橘子。为什么呢？因为在 6 美元的预算内，相比买 1 个苹果和 4 个橘子，她放弃 2 个橘子而多买 1 个苹果所获得的效用更大。用经济学的表述就是，对伊芙琳来说，1 美元换取的苹果的边际效用要比 1 美元换取的橘子的边际效用大。请注意，对经济学家来说，a 与 b 之间的差异是可以量化的，而非定性的。我们不仅可以比较 a 和 b 的大小，还可以拿 $a=$（2，2）（括号内第一个数字代表苹果的数量，第二个数字代表橘子的数量）减去 $b=$（1，4），得到 a−b=（1，−2），将其定义为 a 和 b 的差异。那么，味道的因素又体现在哪里呢？可能 2 个苹果 2 个橘子的效用排序要高于 1 个苹果 4 个橘子，但这并不代表实物方面的差异。在这两种情形下，消费者都品尝到了苹果和橘子。味道这一模糊的感官体验，已经被经济学定义的消费者问题剔除了。

味道并不是现代价值理论需要解决的问题。斯密虽是天才，面对价值悖论也困惑不解。为什么人们愿意花高价购买那些对生存毫无用处的钻石，而不愿意为水这一生命必需物质支付高价？最后，斯密针对这一悖论给出的解答是，"价值"有两方面的含义："使用价值和交换价值。使用价值最大的东西，往往几乎没有交换价值。与之相对，交换价值最大的东西，往往几乎没有使用价值。"（《国富论》，第44页）

杰文斯、门格尔和瓦尔拉斯等人分别提出了"边际效用""主观价值论"来解释价值悖论。边际革命忽略了不同种类商品在有用性上的差异，将视角从消耗的价值总量转移到每多使用一单位商品所得的边际价值。在价格变动后，人们会购买不同的商品组合，那么经济学家又如何解释这一现象呢？人们对商品的偏好是相对固定的，而且预算有限。若价格变动，消费者会调整每种商品的购买数量，直到每种商品所耗金钱带来的边际效用相同，这样就能实现效用最大化。经济学家对消费者还有另外一个重要假设：消费者具有局部非餍足偏好的特性。在同类物品中，人们总觉得越多越好，也就是说，3个苹果比2个苹果好，3个橘子比2个橘子好。效用就像个人内部使用的货币，将苹果和橘子以及其他物品联系起来，而且在个人定价与外部价格之间形成了一种固定不变的平衡。经济学家面对的问题是要解释：在给定价格和预算约束时，人们为什么会表现出一致的行为方式。

经济学家的问题并不是："为什么伊芙琳更喜欢 a，而不是 b？"没有什么理由，伊芙琳就是更喜欢 a。经济学家也不会问为什么弗兰克更喜欢 b 而不是 a，那是市场营销部门该操心的事情。

弗兰克就是有着不同的偏好，需要一个不同的效用函数去定义。在商品价格和预算给定的情况下，人们的行为就是如此，至于他们心里是怎么想的并不重要。苹果的价格是橘子价格的两倍，即便如此，伊芙琳依然觉得2个橘子和2个苹果吃起来要比1个苹果和4个橘子好。至于为什么是这样，并不重要。当然对经济学家而言，伊芙琳在一般情况下会觉得苹果越多越好，橘子也是越多越好，这点很重要。如果没有这个前提假设，我们便不能理解伊芙琳的行为。在经济学中，行为与选择有关，而选择反映了偏好。选择了 a 而没有选择 b，那就意味着对 a 的偏好胜于 b。选择必然会反映偏好。而且在通过选择表达偏好时，人们具有局部非餍足的特征。

20世纪90年代初，世界各国的研究人员都发现，在实验室实验中，当另一个现成的替代方案可以大幅改善人们的物质福利时，他们却经常选择导致自己所得现金更少的方案。有时候是自己的现金收益减少，另一个人的现金收益也减少；有时候则是自己的现金收益减少，他人的现金收益增加。[1] 面对实际选择表现出的"偏好悖论"，经济学家本能地像斯密解释"价值悖论"时一样提出了新的假设："偏好"应该有两层含义。其一是个人偏好，其二是社会偏好，后者表现出来的选择与前者不同。有三篇重要的研究文献从"社会偏好"的角度解释了上述悖论：

---

[1] 另一个人收益减少的案例，参见 Güth, Schmittberger and Schwarze (1982); Forsythe, Horowitz, Savin and Sefton (1994); Hoffman, McCabe, Shachat and Smith (1994); 他人收益增加的案例，参见 Camerer and Weigelt (1988); Fehr, Kirchsteiger and Riedl (1993); Berg, Dickhaut and McCabe (1995)。

- 社会偏好函数平衡了人们两方面的需求：一方面想要更多钱，另一方面想报复那些不公平对待他们的人，报答那些公平对待他们的人，或者说想实现公平（Camerer，2003，第11页）；

- 社会偏好的正式理论模型假定人是自利的，但同时也关心他人的收益（Charness and Rabin，2002，第817页）；

- 人们表现出了社会偏好，这意味着物质上的自利并非人们行为的唯一动机，他们也会从积极或者消极的角度考虑相关人士的物质收益（Fehr and Fischbacher，2002，第C1页）。

为什么要通过区分个人偏好和社会偏好来扩展效用函数呢？一方面，有67%（这个比例很稳定）的人更偏好25美元给自己、15美元给别人的方案，而不是40美元给自己、0美元给别人的方案。但在另一个实验中，也有充分的数据表明，97%的人更偏好40美元给自己、0美元给别人的方案，而不是（40-m）美元给自己、m美元给别人的方案（0<m≤40）。[①] 为了解释这两个互相矛盾的结果，经济学家认为，对于像伊芙琳这样的人，在她选择40美元给自己、0美元给别人，而不是25美元给自己、15美元给别人的时候，局部非餍足公理完全可以直接适用，无须调整。没有什么新的现象需要解释。那么，对于像弗兰克这样选择了25美元给

[①] 这两种情况的案例，可参见McCabe and Smith（2000），Cox and Deck（2005）重现了他们的研究结果；以及Cherry, Frykblom and Shogren（2002），Oxoby and Spraggon（2008）重现了他们的研究结果。

自己、15美元给别人，而不是40美元给自己、0美元给别人的人，经济学家又是如何解释的呢？这些人的行为似乎违反了人们对金钱的局部非餍足公理。为使效用最大化理论依然成立，我们可以假定，就像不同类型的水果消费者一样，弗兰克必然有着不同的效用函数，比如，附带有"不公平厌恶"的效用函数 $I_F(e, f)$。但这种人际关系中存在一个关键差异。与不同类型的水果消费者相反，对于那些选择25美元给自己、15美元给别人，而放弃40美元给自己、0美元给别人的人，我们非常关心他们在决策时考虑的深层的个人或社会因素。弗兰克的行为不只是一种行为，他心里思考的内容才是关键所在。经济学家在假设存在社会偏好的同时，也在询问和探求弗兰克为什么会偏好 b 而不是 a。

效用函数在偏好与行为之间建立起映射关系，它是第三方用来分析市场消费者行为的一套工具。它探索的问题的本质，是为现代社会科学中的行为一词量身定制的，即在特定条件或环境下，某个事物表现出来的行动方式。在上述选苹果和橘子的案例中，要研究的是一个人。涉及的特定条件和环境则是：（1）这位消费者知道自己的预算，也清楚橘子和苹果的价格；（2）这位消费者认为多一点总比少一点好。[①] 至于消费者是通过怎样的感受才知道在所处环境下促使自己采取何种行动，经济学家则完全不关心。

个人的社会互动，显然不同于我们在本科生和研究生课本中看到的消费者面临的一般问题。像弗兰克的不公平厌恶效用函数那样的社会偏好是将第三者角度的分析方法应用在当事人身上，

---

① 也有某些研究针对其他事物而不是人，比如 Kagel，Battalio，Rachlin and Green（1981）作品中的老鼠，还有他们在实验中用的鸽子。

分析弗兰克当时的感受。但这个感受其实我们无法了解。经济学家无法体会弗兰克（或者伊芙琳）当时的感受。弗兰克和伊芙琳在社会环境中如何感受的问题，本质上并不适合用效用最大化的工具来分析。简而言之，就解决弗兰克和伊芙琳在个人社会互动中面临的问题而言，只针对结果的效用最大化方法既不充分也不适用。

本轮还是有序轨道？

就在《道德情操论》于1758年出版的前一年，斯密还写过一篇论文，题为《天文学史》。这篇文章直到斯密去世后，才于1795年正式发表。我们如何知道这篇文章是写于1758年之前呢？因为斯密就一颗预计于1758年回归的彗星写过一条注释。[①] 他还在脚注中做了更新，提到自己之前所做的论述，而且补充说"彗星的回归确实和之前的预测一致"。斯密指的是哈雷彗星，这颗彗星每隔75~76年出现一次。该预测变成现实，沉重打击了那些在18世纪仍对牛顿的理论持怀疑态度者。1758年的哈雷彗星回归是人们第一次证实有行星之外的天体在环绕太阳运行。

在伊巴古和托勒密的天文学理论体系中，彗星被当作原始的离心体。地球确实偏离了彗星运行轨道的中心。在哥白尼的天文学理论把行星轨道中心认定为太阳之后，彗星运动仍然不规律且难以预测。只有借助牛顿物理学所说的看不见的引力，才能解释

---

① 斯密受牛顿的影响很大，特别是在理解可观测世界中那些人类感知不到的力量方面。这一点在斯密的第一批手稿中非常容易看出来，这个话题我们会在第七章中再讨论。

彗星环绕太阳的有规律运动。斯密明显被牛顿的理论所折服，这个理论居然能给物理世界的观测现象提供有序统一的解释，于是斯密也想为社会道德基础创建一套这样的体系。①

《道德情操论》就展示了受规则约束的体系的力量，这种力量通过人类的理智产生作用，也像星体绕轨道运行一样，界定了人与人之间的关系。这个体系认为，个人从出生起就和一些社会群体不可分割地联系在一起，这些社会群体以核心家庭成员、其他亲戚、朋友和邻居为基础。而这些社会群体又可以为个人提供帮助，使他接触上述圈子以外的社会，获得日常生活经验。在斯密看来，正是这个世界最先确定了社会性的内容与意义，定义了社会环境中的个体。

在苏格兰启蒙运动中，斯密及其拥护者一边寻找他们所研究的复杂现象背后的规律，一边敏锐地观察着他们最关注的各个领域。用来解释个人社会互动的效用最大化思路从根本上背离了《道德情操论》中的模型框架。斯密观察人类社会性的落脚点是举止。即使这个词可以根据需要变为形容词，却永远不能用它来描述化学、物理学和生态学。归根结底，举止这个词说的还是更为丰富的人类生活的问题。对于狗或者牛这样的动物，可以说它们表现得好或不好，但我们不能用举止这个词来评价它们。只有对人类才可以谈"举止"的好坏。斯密的模型没有将行为的后果及其效用考虑在内，也没有考虑社会偏好。他的出发点是把人的行动理解为遵从规则的举止的信号。斯密的理论是人的社会性理论，致力于理解人的道德行为，即履行生活责任的实践。

---

① 瑞安·汉利（2017）用自己独到的见解向我们展示了亚当·斯密思维的综合性，无论在天文学、语言、道德哲学还是政治经济学方面，亚当·斯密都有涉猎。

从来没有经济学家发表论文去解释：为什么伊芙琳这类人会选择40美元给自己、0美元给别人，而不是25美元给自己、15美元给别人。大家只是理所当然地认为，非餍足就足以解释他们在面对弗兰克这类人时以自我为中心的行为。而弗兰克这类人的行为"轨道"，至少在经济学家看来是反常的。[1] 他的行为并非以"自我"为中心的，因此需要进一步的解释。[2] 个人的某些内部因素必须是局部餍足的，才能够解释他的这种选择。我们或许可以用不公平厌恶函数来代表社会偏好，以此来解释弗兰克的行为。但在下一章我们将会看到，这绝非自然科学研究所鼓励的方法。进一步深究时，经济学家无法用社会偏好去回答一些非常基础的问题。例如到底在什么情况下，弗兰克这样的人才会选择25美元给自己、15美元给别人，而不是0美元给自己、40美元给别人？还是说，弗兰克始终会选择25美元给自己、15美元给别人。在这些问题上，效用最大化理论无法给出答案。另外，像伊芙琳这样的人在什么情况下会以自我为中心？还是说我们应该假定，像伊芙琳这样的人，无论在什么情况下都会以自我为中心？效用最大化理论同样无法回答。这是为什么呢？因为托勒密式的效用最大化理论将弗兰克当成了一颗偏离中心的彗星，而把伊芙琳当成了一颗可预测的行星。在经济学家的"偏好"这个太阳系里，不存在将"行星"和"彗星"的运动统一起来的"引力"。效用最大化理论本身缺失了人的感受的隐含力量，而它本可以用来解释为什么

---

[1] 从这一点我们可以看到经济学家是如何解决他们在人类行为中发现的问题的。不过，当一些普通人做出不那么"普通"的行为时，经济学家的办法更能够说明问题，这时他们会创造一个与之相关的概念。

[2] Pia Paganelli（2017）.

伊芙琳们在某些情况下会做出自利的选择，而弗兰克们在某些情况下会做出利他的选择，以及为什么伊芙琳也会经常做出弗兰克那样的行为，而弗兰克同样会经常做出伊芙琳那样的行为。社会偏好就好比托勒密天文学说中的"本轮"，难以用经济学家的局部非餍足去解释弗兰克的选择。与之相反，《道德情操论》则可以用斯密自己开创的"引力"理论同时解释伊芙琳和弗兰克的行为。

感受+思考+理解

贯穿斯密的社会性理论体系的最主要原则是与他人的同感。人类并非唯一会产生共情的动物。狗、大象和各种灵长类动物都高度社会化，都能和同类获得同感。同感这种能力，至少在牛、狐獴、袋鼠等群居哺乳类动物身上没有那么明显。它们并不经常互帮互助，尽管在落单的时候也不舒服。灵长类动物要比其他类动物更喜欢同类的陪伴。[1] 不过，我们和杰出的灵长类动物学家弗朗斯·德瓦尔是怎么知道它们的感受的呢？[2] 又怎么知道它们喜欢彼此陪伴呢？我们是从它们与同伴的互动中看出来的。我们自己也是灵长类动物，卷尾猴的一些感受我们体会得到，我们借助自己与人类互动的经验，就能理解这些动物与同类的互动。这种由同感支持的社会冲动在哺乳动物中并不罕见，但也不算是特别普遍的现象。只有10%~20%的哺乳动物会在交配季节和养育后代之外的时间里群居。[3]

---

[1] Hockett（1973）.

[2] Waal（2009）.

[3] Jarman and Kruuk（1996）.

共情是对社会冲动起支持作用的传导机制，是将社会冲动转化为实际行动的隐形手段，但它还不足以解释群体中的个体在受到其他个体影响时的行为。同感并不能规范和约束各种人类的交流和互动。在激烈冲突之后，获胜的大猩猩会拍拍失败大猩猩的胳膊以示安慰。[①] 这一举动可以减轻失败者的挫折感，确保失败者和胜利者的社会关系不会完全破裂。解释大猩猩的这种惯常表现，也就是要解释社会冲动是如何实现的，在这个例子里是胜利者分担失败者的挫败感。

　　我们看待大猩猩拍胳膊的举动，就像我们看待人与人之间发生类似事件之后的行为。我们人类也会拍拍对方的胳膊，表示无论之前有什么嫌隙，都已经过去。问题已经解决，两人可以重归于好。不过，除了胜利一方的这种原始的同感，人类对于激烈冲突还有多得多的惯常行为模式。**在人类社会中，会通过旁观者来评价冲突双方的情感和激情是否合宜**。借用塞缪尔·亚历山大的话来说，我们不仅会考虑情感和激情本身，还会赋予其价值判断。[②] 在同感的过程中，我们不仅会考虑人们如何表达情感和激情，还会站在他们的立场感受这些情感和激情。

　　对于胜利者的疯狂报复，我们可能赞同或者不赞同。对于失败者的沮丧，我们会想到与胜利者的冲突，也可能赞同或者不赞同。斯密在描述这种对情感和激情的"赞同"时用了"赞许"（approbation）一词。这个词要比现代意义上的"赞同"（approval）在感情上更强烈也更正面。同样，他的"不赞许"（disapprobation）一词也要比"不赞同"（disapproval）在感情上

---

① Waal（2009）.
② 参见Alexander（1933，第7页）。

更强烈也更负面。"赞许"不仅仅是指认为一件事是好的，而且坚信这样做会产生积极影响。这个词传递的不仅仅是一种情感，还包括思考和观点。或者用查尔斯·史密斯的话说，"'赞许'就是赞同表达出来的情感。我们心里的感受是赞许，表达出来的是赞同"（Smith，1894，第111页）。[①]

"赞许"和"不赞许"这两个词是18世纪独有的，也是斯密道德理论的核心。谷歌Ngram显示，这两个词的使用在1800年达到顶峰，而"赞同"和"不赞同"在当时只是零星出现（参见图3.1并与图2.1比较）。斯密完全没有使用过"赞同"和"不赞同"这两个词，而"赞许"和"不赞许"平均每一页都会出现一次。这又是当代人不使用也没有对应词汇的两个核心概念，我们必须熟悉。

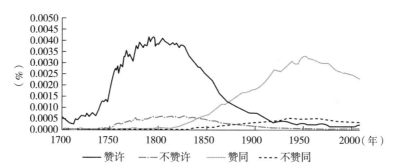

图3.1　1700—2008年赞许、不赞许、赞同、不赞同出现的频率变化

资料来源：http://books.google.com/ngrams。

斯密在书中较前面的行文中就说明了"赞许"和"不赞许"这两个词（《道德情操论》，第Ⅰ篇第Ⅰ章第Ⅲ节，第15页）：

---

① 例如在2016年美国总统大选中，很多默默对特朗普的声明表示赞许的人，在民意测验时都没有表态赞同他。

一般认为，赞同或者不赞同他人的意见，就是指得出与他人相同或不同的看法。其实，在对待他人情感或激情的问题上，赞许和不赞许的含义也是一样的。

判断他人的情感是恰当或合宜的，并认为这样的情感有积极影响，意味着认同这种情感与我们的思考和感受相一致。对于某种情感的"赞许"本身则是一种复合的情感，是对他人情感的情感，即我们认为他人的情感在其所处环境下是合宜的，并认为这种情感具有积极影响。不过，我们是怎么知道他人的情感在其所处环境下是合宜的呢？这来自我们的合宜感。我们从自身的情感和经验出发，去判断他人的情感是否合宜。当他人的情感与我们自身的情感产生呼应时，我们就判断是恰当或合宜的。同感是我们之间的隐形联系，但构成我们惯常道德行为模式解释根基的乃是我们对赞许这种情感的感受和思考，以及对自己的合宜感的感受和理解。人类会判断他人的情感和激情，这是斯密道德理论的第二公理。人们会不由自主地对他人的感受和想法是否适合当时的情境做出判断。我们可能不会说自己正在评价对方的感受和想法，但事实上我们就是那样做的。

社会宇宙中的"引力"

《道德情操论》第I篇给出的前提是，我们通过伴随着行动的感受和观点的合宜性，来判断"后续行动"的合宜性（《道德情操论》，第I篇第I章第I节，第17页；第II篇第I章引言，第93页）。合宜或不合宜被认为是人类举止的品质的体现（第II篇第I章引言，第93页），也是赞许或不赞许的对象。此外，还有另外一种截然不同的赞许或不赞许，涉及行动的另一种截然不同的品质，即功劳或过失。这是《道德情操论》第II篇的主题。

某一行动虽然合宜，却未必值得奖赏。同理，某一行动或许不合宜，但可能也没必要对它施加惩罚。《道德情操论》第II篇解释了行动应得的奖赏或惩罚是由什么构成的，开篇就是**斯密道德理论的第三公理：能立刻直接促使我们奖赏他人的情感是感激；能立刻直接促使我们惩罚他人的情感是怨恨**（《道德情操论》，第II篇第I章第I节，第94页）。斯密提到，有很多"与感激和怨恨不同的激情，能够将我们带入他人的幸福和痛苦中"，比如爱、自尊、仇恨和厌恶，但感激和怨恨是"最能直接刺激我们的"激情（《道德情操论》，第II篇第I章第I节，第94—95页）。作为控制我们思想的感受状态，感激和怨恨对我们的刺激最大。但促使我们实施奖赏或惩罚他人行动的，是突然直接吸引我们的注意力所引发的思考。有一种兴奋感控制着我们的头脑，还有一些需要我们做些事情的想法，促使我们以善报善，以恶对恶。

斯密并没有解释感激和怨恨的力量从何而来。我们就是拥有这些力量，好像是"自然赋予我们的"（《道德情操论》，第II篇第II章第I节，第113页）。感激和怨恨作为情感的组成部分，可以对人施加影响，改变人的动机，从而引发行动。我们虽然看不到导致行动中的人和我们自己采取行动的力量，但就像地球和月亮之间的引力一样，这种力量是存在的，可以解释它们的运动。把赞许或不赞许的情感与感激和怨恨结合起来，就可以得出斯密解释人类举止正常"轨道"的主要力量。在斯密的原理中，道德情感就是社会宇宙中的"引力"。

我们之前提到过，贯穿斯密的社会性理论体系的主要原则是同感。那么我们怎么能保证，这一原则不是为了从理性角度解释各种形式的人类行为特意为社会偏好等人类内在动机构造的另一种表现形式呢？这是因为仅凭内在的同感，我们无法预测具体情境下的行动。人们之间的合宜感，即感受加上理解，对于将斯密的模型与外部世界联系起来十分关键。《道德情操论》加上其他公理以及衍生出来的原则，共同构成了一个社会性理论体系，并能够提出一些具有实证或预测意义的命题。早期的最后通牒博弈和信任博弈的结果都可以纳入上述预测范围。这些博弈实验的结果与效用最大化理论的预测不符，产生了"社会偏好""互惠"等事后解释，但它们并不独立于观察到的结果，且都缺乏社会理论框架的支持。与效用最大化理论类似，这些解释认为行动产生结果，而结果对行动者意味着效用，又或者类似于从交换中获取的好处。与之相比，借助斯密在《道德情操论》中提出的命题，我们可以设计出信任博弈和最后通牒博弈的一些新变体，它们具有可检验的预测。而对于最后通牒博弈和信任博弈结果的其他事后解释来说，这样的实验设计变体是无法想象也难以预测的。

第四章

弗兰克・奈特的先发制人

在被称作"行为经济学"的理论出现的80年之前，弗兰克・奈特（Frank H. Knight）就思考过以科学方法处理人类行为数据面临的局限性。约翰・华生（John Watson）的行为主义方法论在20世纪前二十年改变了心理学，强调观测人们的行为和相关的外部事件。[1] 作为社会心理学家，同时也是经济学理论家，奈特对社会科学的这一思想浪潮持批评态度，1924年，他写了一篇题为《经济学的科学方法的局限性》（The Limitations of Scientific Method in Economics）的文章，收录在莱克斯福德・塔格威尔（Rexford Tugwell）主编的《经济学趋势》一书中。请注意，奈特在文章标题中给"局限"一词加上了定冠词，而没有给"科学方法"加上定冠词。

无论在当时还是现在，经济学研究中采用的科学方法首先都是建立个人行为的数学模型，再将它作为效用最大化问题来处理。为了解释人们看似古怪的选择，现代经济学家构建了利他偏好模型，比如不公平厌恶，并将其纳入个人效用函数。[2] 有人把对他人

---

[1] Watson（1913）.

[2] Levine（1998），Fehr and Schmidt（1999），Bolton and Ockenfels（2000）.

意图的认知纳入效用函数。[1] 还有人将意图和利他偏好混杂在一起。[2] 较新的研究文献将行为（从来不是举止）解释为对声誉的偏好[3]，或者将它构建为符合某种习俗的偏好。[4] 科学方法的第二步是解决具有这种偏好的两个或更多人在互动时会做什么的问题。由于伊芙琳的行为会影响弗兰克的效用，而弗兰克的行为也会影响伊芙琳的效用，所以问题就变成了找到一种均衡状态，使两个人的效用都实现最大化，此时一方对另一方的反应不会再做出任何改变。比如，假设弗兰克做了$Z_{弗兰克}$，伊芙琳可通过做$Z_{伊芙琳}$使自己的效用最大化，同时如果伊芙琳做了$Z_{伊芙琳}$，弗兰克可通过做$Z_{弗兰克}$使自己的效用最大化。在这种情况下，我们就说弗兰克和伊芙琳处于均衡状态。由于根据对方所为，己方已经获得最大效用，因此这两个人都不会再改变自己的做法。这就是约翰·纳什（John Nash）的"美丽心灵"的思想精髓。

行为经济学研究方法的一个例子

为了说明奈特提到的经济学科学方法的局限性，我们需要找出一个有说服力的例子。此处需要提醒读者："前面有数学出没。"不过，下面的讨论不一定要求大家完全理解数学推导过程。实际上，我们敦促读者更多留意模型中的动机和数学所代表的动词。

---

① Rabin（1993），Dufwenberg and Kirchsteiger（2004）.

② Charness and Rabin（2002）；Falk and Fischbacher（2006）；Cox，Friedman and Gjerstad（2007）.

③ Bénabou and Tirole（2006）；Andreoni and Bernheim（2009）.

④ Cappelen，Hole，Sorenson and Tungodden（2007）；López-Pérez（2008）；Krupka and Weber（2009，2013）；Kimbrough and Vostroknutov（2016）.

我们也要提醒读者，这个理论包含一些典型的经济学建模术语。

专栏4.1　嫉妒理论

我们认为嫉妒是以自我为中心的对不公平结果的厌恶和规避。对不公平结果的厌恶意味着人们愿意放弃一些物质收益，以换取更为公平的结果。如果人们不关心其他人之间的嫉妒，而只关注自己相对于其他人在物质收益上的差距带来的嫉妒，这种对不公平结果的厌恶就是以自我为中心的。

下面我们把注意力放在经济学实验中的个人行为上，所以需要对受试者群体及其可能出现的主要结果做一些假定。在实验室里，受试者感受到的无嫉妒分配的定义通常要简单得多。参与实验的受试者被看作完全相同的个体且互不相识。实验者随机把不同的角色分配给他们。因此我们可以很自然地假定：进入实验室的那些受试者包含了他们的参照组，而公平的结果就是他们的参照点。更准确地说，我们有如下假定：第一，除了那些非常自利的受试者，还有一些受试者不喜欢不公平的结果。如果在实验里，他们遭受了比其他受试者更大的损失，就会产生嫉妒心理；如果他们得到的结果比其他受试者更好，也会感受到来自他人的嫉妒。[1] 第二，尽管如此，我们假定一般来说，受试者在利益受损时因为嫉妒心理所受的伤害，要比得到更多收益、遭受他人嫉妒时所受的伤害更大。我们考虑两个实

---

[1]　大量示例参阅Schoeck（1966）。

验参与者的情形，分别记为 $i \in \{1, 2\}$，且令 $z = z_1, z_2$，代表他们的货币收益向量。参与者 $i \in \{1, 2\}$ 的效用函数为：

$$U_i = z_i - \alpha_i \max\{z_j - z_i, 0\} - \beta_i \max\{z_i - z_j, 0\}$$

其中 $i \neq j$ 且假设 $\beta_i \leq \alpha_i$，$0 \leq \beta_i < 1$。

U_i 中的第二项度量的是在自身不利的情况下，嫉妒他人带来的效用损失，第三项度量的是在自身有利的情况下，遭受他人嫉妒而致的效用损失。对于自身所获的货币收益 z_i，参与者 i 的效用在 $z_i = z_j$ 时达到最大值。不利情况下（$z_j > z_i$）造成的效用损失要大于参与者 i 比 j 的收益更高时（$z_j < z_i$）造成的效用损失。另外，假设 $\alpha_i \geq \beta_i$ 的含义是，参与者在己方不利的情况下，因嫉妒而造成的损失更大一些。请注意，$\alpha_i \geq \beta_i$ 意味着受试者在做社会比较时是损失厌恶的：相对于参照收益的负偏差带来的影响比正偏差更大。有大量文献提到其他领域也存在损失厌恶现象。[1] 所以，损失厌恶会影响人们的社会比较是较为自然的设定。[2]

我们还假定 $0 \leq \beta_i < 1$。$\beta_i > 0$ 意味着我们排除了那些喜欢比别人更占优势的受试者。尽管我们知道存在 $\beta_i < 0$ 的受试者，但在这里还是做了这样的假定，理由是在这种情况下，$\beta_i < 0$ 的个人不会对均衡行为产生实质性影响。为解释 $\beta_i < 1$ 的设定，我们可以考虑参与者 i 的货币收益比参与者 j 更大的情况。在这种情况下，$\beta_i = 0.5$ 意味着参与者 i 认为自己留着 1 美元与把它送给参与者 j 是无差异的。而如果 $\beta_i = 1$，则参与者 i 准备完全放弃

---

[1] Tversky and Kahneman（1991）.

[2] 在《道德情操论》里，损失厌恶是人类社会经历和社会比较的一个显著特征，参见本书第五章的原则 3 和原则 4。

1美元，以减少他相对于参与者j的优势，这看上去非常不可信。这就是我们没有考虑$\beta_i \geqslant 1$的原因。反过来，我们没有理由为α_i设定上限。为了理解这一点，可以假设参与者i得到的货币收益比参与者j少，在这种情况下，如果可以让对手j损失$(1+\alpha_i)/\alpha_i$美元，则参与者i愿意从他们自己的货币收益里放弃1美元。比如，如果$\alpha_i=4$，意味着如果可以使对手的收入减少1.25美元，则参与者i愿意放弃1美元。

我们用这个模型来讨论一个著名的简单讨价还价博弈，即最后通牒博弈。大量实验证据表明，在最后通牒博弈中，收益是相对公平的。用我们的模型取代标准的自利模型（$U_i=z_i$），就可以解释这种"不嫉妒"的实验结果。在最后通牒博弈里，一个提议者要和一个回应者讨价还价，以确定如何分配一笔固定的盈余。在不失一般性的情况下，我们把用于讨价还价的盈余设定为10美元，增幅以1美元为单位。回应者的金额记为m美元，则提议者的金额就是（$10-m$）美元。讨价还价规则是由提议者向回应者建议，支付金额$m \in \{0, 1, \cdots, 9, 10\}$，回应者既可以接受也可以拒绝这笔金额$m$。如果接受了，则提议者获得的货币收益为$z_1=$（$10-m$）美元，此时回应者的收益是$z_2=m$美元。如果拒绝，则两人的收益都是0。自利模型预言，回应者会接受任何的$m \in \{1, \cdots, 9, 10\}$，并且对于$m=0$来说，接受还是拒绝是无差异的。所以，此时存在唯一的子博弈完美均衡，即提议者建议$m=1$美元，而回应者会接受。[①]

[①] 子博弈完美均衡是对序贯博弈的精炼，此种情况下，任何一个人都不会改变其行为，因为根据另一方在博弈中每一步的行动，各方的效用已经实现了最大化。

来自不同国家、不同待分配金额和不同实验程序的大量实验研究明确证伪了这个预测。[①]实验得出的如下规律可被看作可靠的事实：（1）几乎不会出现提议分配金额多于5美元的情况；（2）在所有的实验结果里，大部分（占60%~80%）提议的分配金额是4美元或者5美元；（3）几乎没有出现提议分配金额少于2美元的情况；（4）低分配金额的提议经常被拒绝，m越大，被拒绝的概率越小；（5）当待分配的金额很大时，前面四个规律仍成立。

我们的模型能够在多大程度上解释最后通牒博弈发现的这些典型事实呢？为了回答这些问题，假定提议者的偏好为(α_1, β_1)，而回应者的偏好为(α_2, β_2)。下面这个命题可以将均衡结果用这些参数的一个函数表示出来。

命题1 回应者的占优策略是接受任何金额$m>5$的分配提议；对于其他金额m的建议，如果$m<m'(\alpha_2) \equiv 10\alpha_2/(1+2\alpha_2)<5$，则拒绝；如果$m>m'(\alpha_2)$，则接受。[②]

如果提议者知道回应者的偏好，则他们将有如下提议：

$$m^* \begin{cases} =5, & \beta_1 > 0.5 \\ \in \{m'(\alpha_2), \cdots, 5\} & \beta_1 = 0.5 \\ =m'(\alpha_2) & \beta_1 < 0.5 \end{cases}$$

---

① 参见Roth（1995）和Camerer（2003）。在本书第九章，我们将使用《道德情操论》的一个命题重新从勒索者角度解释最后通牒博弈。我们基于自愿参与做了新实验，发现支持均衡行为的比例要比现有文献报告的更高。斯密为情境建立了模型，对于理解社会关系而言，通过这个模型研究情境变化，要比在特定情境下选用正确的效用函数更有帮助。
② 当一个策略（行动）最大化了某个人的效用时（无论另一方如何做），则称之为占优策略（行动）。对于这个离散博弈，$m'(\alpha_2)$的值四舍五入到最接近的整数值。

> **证明:** 参见费尔和施密特（Fehr and Schmidt, 1999, 第828页）。
>
> 命题1表明, 不会出现金额多于5美元的分配提议, 提议为5美元总是会被接受, 金额低的分配提议极有可能被拒绝。简而言之, 利用嫉妒的偏好可以解释最后通牒博弈实验中观察到的典型事实。

如果有人觉得这个理论看上去很眼熟, 那是因为其数学公式和说明文字都是摘自费尔和施密特于1999年发表在《经济学季刊》上的文章。他们的目的是构建一个效用最大化模型, 使它不仅能够解释或重新表述最后通牒博弈实验中观察到的典型事实, 而且可以给出一个 "能够解释这个令人疑惑的事实的**简单通用原理**"（Fehr and Schmidt, 1999, 第817页）。正如凯莫勒和洛温斯坦解释的那样, 这就是行为经济学更普遍的目标, 即 "通过为经济学提供更现实的心理学基础, 来增强其解释力"（Camerer and Loewenstein, 2004, 第3页）。他们接下来指出:

> 行为经济学的核心是如下信念: 加强经济分析的现实心理学基础, 以改善经济学, 使之得出新的理论见解, 对现实问题做出更好的预测, 以及提出更好的政策建议。这个信念并不意味着全面反对基于效用最大化、均衡和效率的新古典经济学方法。新古典经济学是有用的, 因为……它提出了很多可以被证伪的预测。

在上面介绍的模型中，简单通用原理就是嫉妒心理。[①] 但是这个简单通用原理来自何处呢？答案是来自我们自己，且先于我们对最后通牒博弈实验结果的了解：是我们这些社会科学家从个人经验中得出了用于解释最后通牒博弈的可靠事实的原理；是我们这些社会科学家了解同感，并将它引入最后通牒博弈；也是我们这些社会科学家在最后通牒博弈中，利用了嫉妒概念去解释提议者和回应者的行动。这个实验本身并未在讨论嫉妒的社会意义，而是我们这些社会科学家在讨论它。

费尔和施密特引入了一个不同的事后原则，即公平，以此"来构建……以自我为中心的不公平厌恶模型"（1999，第819页）。用他们自己的话来说，"假定"这是最后通牒博弈要解释的现象，即"如果人们的境遇更糟，就会感受到不公平"，也是他们引入了"人们以一个公平的结果作为参照点"这一假设的（第822页）。

公平和嫉妒被带入效用最大化公式之后，都可以被视为不公平结果造成的负效用。但公平和嫉妒是一回事吗？远远不是。我们可以试试用嫉妒替换公平，看看效果如何。例如，我们说累进所得税是与嫉妒（原本为"公平"）有关的议题。不，那样做肯定不行。在弥尔顿的诗句里做反向替换的效果呢？"当他说话的时候，各种激情浮现在脸庞，继而因为愤怒、公平（原本为"嫉妒"）和绝望而变得苍白。"除非公平是恶魔撒旦的特征，否则上面这两种替换做法都不会管用。

那么，由谁来判定谁对最后通牒博弈的解释是正确的呢？是我们还是费尔和施密特？如果由社会科学家来做选择，我们的原

[①] 我们采用 "enviousness" 一词，而不是 "envy"，以便把嫉妒的感受状态（控制大脑的激情）同嫉妒的情感区分开。参阅本书第二章关于激情和情感差别的讨论。

理解释可能不够简单，也不够有一般性，甚至可能完全算不上科学解释。观察一下构建效用最大化模型的做法，理论家首先会描述性地解释博弈参与者的动机和感受，即"公平"，但涉及比较的数学推导要比具体故事更具一般性。这样的模型也适用于其他的叙述情形，在上述例子中是嫉妒。

对20—21世纪行为主义方法的斯密式理论回应

奈特的文章以悲观的论调开始。生活中有多少时候是"用给定方式去实现给定结果"？换言之，当作最大化问题去求解（Knight，1924，第97页）？他的答案是：少得可怜。所以将自然科学方法用于经济学研究时，遇到的"首要和最大的局限"在于，生活要求去"探索"和"发现"价值，而不是"极尽一切可能"去生产和享受价值（1924，第97页）。真正的问题不是通过选择去最大化某个目标，而是努力探求和发现生活的价值，即我们用来描述什么是好、什么是真，以及什么是美的三项原则。

奈特提出，无论人类还是人类社会，都"不能从适应特定目的的临时方法所衍生出来的类别概念的层面加以解释"（1924，第101页）。换言之，我们不能从一个典型的带有约束条件的目标（所谓的偏好）最大化问题的角度，去理解人们的价值观和他们所生活的这个世界。然而凯莫勒、洛温斯坦、费尔和施密特等人表明，行为经济学的假设恰恰认为我们确实能够通过最大化效用函数的（单一）选择，去了解人们的价值观（他们的感受、想法），知道该做什么事情。这里的问题是，奈特否定的假设并没有在行为经济学中被当作假设，这种假设在任何模型中都需要受到审视和质疑。相反，效用最大化在行为经济学中被当作一种无可置疑的工具。我们是以做计算的方式在做经济学研究：找出一个最大化问题，求解答案，不断重复这个过程。这也是新古典经济学的主要研究方法，只不过这两种方法使用的效用函数在形式上存在差异。

从自然科学的角度看，这样的尝试是客观的，人类生活是一种"纯粹的机械性活动"，即奈特所说的基于力或位移发生的身体行为以及对环境产生的后续影响（1924，第97页）。但他认为不可能用"纯粹客观的术语"讨论人类生活。正如自然科学领域的歌德式学者昂立·博尔托夫（Henri Bortoft，1996，第17页）的雄辩解释：

> 科学认为自己是客观的，但本质上是主观的，因为证据必须回答的问题**正是科学家自己提出来的**。科学家从未留意其中存在的循环逻辑问题，因为他们听到"自然界"的声音在说话时，并没有意识到这其实是他们自己声音的变调回声。

对奈特而言，社会科学家自己声音的变调回声是"将价值的常识概念当作我们的研究出发点"（1924，第97页）。对一些人来说，这可能是指嫉妒；对费尔和施密特来说，则是公平。经济学采用科学方法的第二个局限是，科学时代更关注研究的结果，即哪些是我们可以宣称的对这个世界的认识，而不是为何我们想要了解这个世界，后者是一种价值观（对什么是真的寻求）。而用奈特的话说，科学研究的态度"摧毁了科学研究过程的价值观……

强调的是结果的量化方面"（1924，第99页）。

以行为经济学家为例，他们关注最后通牒博弈的量化结果："测量人们对如何在自己和他人之间分配金钱的感受"（Camerer，2003，第9页），而不是为什么他们想通过最后通牒博弈了解这个世界，或者说他们为什么对这样的结果感兴趣，觉得其有意思和令人惊讶。我们不仅仅是指，经济学家为何会对结果与虚构的经济人假设不符感到惊讶，还包括他们自己为什么会用那些方法去思考和解释实验参与者的行为，比如，借助公平或者嫉妒或者不公平厌恶等概念。行为经济学家把最后通牒博弈当成一个"用最清晰的方式检验博弈论原理的简单博弈"（Camerer，2003，第9页）。然而，最后通牒博弈果真简单吗？行为经济学家如何知道公平或嫉妒可以解释结果呢？将结果归因于公平或嫉妒，会不会是行为经济学家自己的变调回声呢？

当18世纪的苏格兰植物学家罗伯特·布朗（Robert Brown）发现花粉在水中移动时，他的第一个想法是这些颗粒是活的。[1] 基于对生命世界的体验，他给那些似乎在飘浮而没有下沉的颗粒赋予了生命的意义。布朗在一块石英石里发现了被困几百万年的水珠，从而避免了其想法的变调回声。这样一个不受其生活经验影响的样本提供了另外一种无生命的环境，来检验他用生命去解释颗粒运动的命题。当布朗在同样条件下观察到有生命和无生命的物质颗粒出现了相同的运动现象时，他就不会坚持用生命现象去解释布朗运动了。可是行为经济学家工作的本质决定了他们不会得到这类生命之外的样本，以便将自身的人性与研究隔离开，去

---

[1] 参见Mayo（1996，第7章）。

客观地检验他们的理论。在研究我们自己的时候，你无法避开自身人性的变调回声的干扰。

奈特把自然科学解释为预测"在同样条件下，**相似**事物如何有相同表现，或者说对某个类别中单个成员的真实结论如何可以适用于整个类别"（1924，第104页）。他接着指出，预测的条件是事物的可分类性、分类的客观性以及客观测量的可能性。例如，石英石里包含的水滴中的微粒和花粉颗粒中的微粒是相似的，可以划分为同一类悬浮在液体中的颗粒，而且都可以用显微镜观察到。

将自然科学方法应用于行为经济学中的个人社会互动又有何种效果呢？奈特问道："在这种情况下，是否存在与不同可能的事件有一致联系的客观可识别特征？"（1924，第115页）对于行为经济学，奈特和我们的回答都明确否定了这种可能性。奈特解释说，"有很多关于思维现象分析的不严谨讨论，与分析一词很不相称；一般来说，这些现象无法有效地分开或者合并，其中的元素或混合物都没有可识别的一般标志"（1924，第107页）。人们无法进一步从公平、嫉妒或不公平厌恶里分解出要素，并通过数学或实验的方式加入多多益善的基本偏好里去考量，因为这些个人的内在感受状态没有我们可以客观识别的一般标志。当然，公平和嫉妒作为感受状态，确实带有我们可以观察到的标志，就像脸上的微笑、怀疑的眼神，或者均分一笔横财的期望，但是这些一般性的标志都不能客观地表达像公平或嫉妒那样的内在感受状态。

在最后通牒作为刺激物和受试者做出的反应之间，存在着人们的双重感受：受试者对任务的感受，以及行为经济学家对"受试者对任务的感受"的感受。这种关于什么是好的感受，就是奈特所说的"对价值观的常识概念"，它会将日常生活中的"常识性"预测和自然科学的预测区分开。公平和嫉妒就属于价值观的常识概念。我们自身能够感受到某些事物，因而知道人们一般会从价值体验中去了解这些事物。常识性预测不会客观对待人类，不会将人类当作物品，或者当作埃伦迈尔烧瓶中的分子，而是会"将行为与感受联系起来"，也会连接内在心理状态（1924，第111页）。需要说明的是：我们能识别动机，可以清楚表达这些动机，但是我们不能说清楚如何推断出这些动机，"除非在非常表面的层次"（1924，第112页）。我们的举止取决于自己的过往经历和"当时情境的细微差别"（1924，第114页）。

我们被教导和学习如何解读他人的动机，但是没有人教过、我们也没学过如何客观而清晰地总结人们的动机，也没有学过如何客观地去识别人们的动机。正如奈特强调的，"有可能对人性做出良好判断，以形成有关个人或群体在所观察条件下可能做什么的高度有效的判断……但这些都不是通过科学研究的方法做出的"（1924，第117页）。他继续指出，"有可能……**在事后**说明，在任何情况下得到的结果，正是本应该从发生作用的那些'力量'中预测到的。但是，如果这些'力量'无法被识别和测量，简单来说，**除了等待本应该被预测到的结果出现，没有任何其他方法去做识别和测量**，那显然没有希望做出成功的预测"（1924，第121页）。然而行为经济学的做法很天真，就像是存在做出这种预测的希望。行为经济学的办法是将诸如公平这种看不见的力量，既当作引发行动的原因（它的解释），又当作行动造成的影响（它的定义）[①]：

---

① Wilson（2012）.

"为什么提议者建议分给回应者5美元？"

"因为那样做是公平的。"

"最后通牒博弈的公平结果是什么？"

"提议者建议分给回应者5美元。"

　　然而，公平、嫉妒和类似的感受不可能用任何其他方法识别和测量，只能等待预期造成的影响出现。"在我们需要做出预测的大部分行为中，'刺激'包含了其他人的'反应'（比如感受、思考、理解），因此相当难以分类，而且基本上是不可知的"（1924，第123页）。奈特在这里说的难以分类和不可知是什么意思呢？

　　哈耶克的解释是，我们有能力感知人们的某种行为模式，但这未必意味着就能非常清楚地描述它。[1] 我们的感知模式分为三类：（1）可以感知且能明确描述的；（2）无法感知但可以明确描述的；（3）可以感知但不能明确描述的。例如，在第一种情况下，我们可以感知一个五边形，就像⬠这样，而且可以描述它的形状。描述中包含了这种形状的完整特征。而在第二种情况下，我们无法感知蜜蜂摇摆飞舞时的六维模式，但数学家芭芭拉·希普曼（Barbara Shipman）可以清晰地将这些模式投射到可感知的二维平面的旗流形上，并完整地描述出来。[2]

　　人类行为基本上属于第三类模式。我们能够明显感知某种行为模式，但这是一种可能犯错的、无法具体描述的模式。我们可以识别一个人的行为及其背后的动机，如公正、公平或者平等，

---

[1]　Hayek（1963）.

[2]　Frank（1997）.

以及仁慈、善良或人道等，但是我们无法说出同一规则模式的所有认知元素（例如正义但不公平的正义感，仁慈但不人道的仁慈感）。我们对行为的感知包含了伦理道德以及美学的影子和微妙之处，不能精确表示为一组数学表达式，如 x_i 和 $U_i=\{x_1, \cdots, x_n\}$，$i=1, \cdots, n$。所以在1922年，奈特才会在《经济学季刊》发表的文章中指出，"人的行为就是在各种可能选项中做选择，这样的说法并没有多大的启发性"。[①] 人类的行为并不像一个可感知的五边形，或者像蜜蜂在不可感知的六个维度中摇摆飞舞那样，可以被明确地描述出来，而是属于完全不同的感知模式。我们不能针对别人的行为清楚地说出我们的公平感或嫉妒心，因为我们的这些感受不是客观的。我们对公平和嫉妒的感知是交互主观性的。我们作为社会科学家，重要的是避免如下错误：在受试者的行动中观察人类的行为模式时，将我们自己对行为和偏好之间一一对应关系的感知当成科学解释的要素。

当然，否认我们自己对行为的感知可以被明确地当作科学解释的合理要素，并不意味着否认我们实验中的受试者从对方的行为中感知到某些无法描述的模式，进而采取行动。我们的受试者这样做，肯定给研究提供了数据资料，也构成了《道德情操论》的基础。

用模型打败模型

因为经济学家可以事后在效用函数里加入新变量，所以一

———————

① Knight（1922）.

般都能够"解释"人们的选择，尤其是那些怪异的选择，有人质疑对行为科学的斯密-奈特式限制（Smithian-Knightian limitations），认为我们忽略了大量文献已经把遵从社会规范的偏好纳入正式理论。以厄林·克鲁普卡和罗伯托·韦伯的著作为例，他们如何看待自己的研究？[1] "我们力图把马（规范）放在马车（行为）前面，通过引入一种新的激励方法来区分社会规范和行为。我们用这个方法来测算几种经济选择情境中的社会规范，然后用得出的规范结果去预测和推断行为。"（Krupka and Weber，2013，第496页）克鲁普卡和韦伯的想法是正确的。在收益之外，加上对公平或嫉妒的偏好这一影响因素来解释人们的选择，这种做法过于简单了。人们在实验中会带入他们对社会风气的合宜感，在了解了实验情境之后，决定自己该做什么。然而假定某种规范是行为的解释原因，而且很容易被客观衡量，这种做法同样过于简单。如果某人遵循了一种规范，我们只有一种（必要但不充分的）方法可以识别，就是通过对行为的观察，看他是否遵循了那种规范。个人心中的规范不可能在现实世界中被单独识别出来。[2] 奈特于1925年发表在《经济学季刊》的另一篇文章直击要害："显然，一种感受（包括遵循规范的感受）不是一个'观察到的事实'，它是从行为本身推断出来的，或至多是'被报告'的内容，也就是说，它是从报告中推断出来的，报告本身才是被观察到的行为事实"。（1925，第375页）

例如，我们可以说"电闪雷鸣"，但是电闪雷鸣并不是用来解

---

[1] 之所以选这篇文章，是因为它非常清晰地阐述了作者的思路。这个观点也适用于其他文献，包括 López-Pérez（2008）；Kimbrough and Vostroknutov（2016）。

[2] 例如，参见 Wilson（2010）。

释天空发出电光的原因。这种发光现象本身就是闪电。要将某些可观察到的闪光现象称为闪电，我们必须首先看到闪光（当然仅此还不够充分），正如没有闪光就没有闪电一样，没有行为也就谈不上规范。克鲁普卡和韦伯实验中的一组受试者给行为贴上了"适合做"或"不适合做"的标签，这个事实并不意味着有一种特定规范会引发或预测其他人那样做。他们关于决策合宜性的报告只是一个事实。即便将这些从受试者中收集到的事实转化为数据，并放到回归方程式的右侧，用来解释另一组受试者的实际决策，这也不是因果判断或预测，能反映出来的只有相关性。这样的回归分析只是对已报告事实的相关性分析。实验程序和训练规则的结合，共同打造了一个没有依据的解释因果关系的故事。我们没有丝毫贬低克鲁普卡和韦伯报告的事实的意思，但他们的实验本身并不支持效用最大化模型可以解释人们在实验室实验中的行为。

那么，现代社会科学意义上的功利主义行为模型与斯密式的人类行为理论的脱节之处究竟在哪里？它们的差别在于以下几个未经检验的现代假设：（1）行为与结果一一对应；（2）当且仅当人们的偏好遵循行为规范或利他模式时，才会出现遵循规范的行为或利他行为。而在《道德情操论》里，（1）社会情境（结果和收益是其中的组成部分）和行为之间也存在这种一一对应关系；（2）存在一种非功利主义的选择模型。实验经济学家发现了这一点，在做博弈实验时，效用最大化模型失效了；他们探求原因，发现人的意图具有重要作用。但这种观点是《道德情操论》早已提出的核心内容，书中的原理和命题可以破解社会语境里表达的意义。为了解读人们在社会语境中的行动，个人需要掌握如下常识：更多的善（或更少的恶）对每个人都有利。这样每个人就都知道什么行动对何人有益或者有害。如果缺乏这种个人非餍足性（自我中心主义）的常识，就无法判断和选择能被社会接受的行动。在最后通牒博弈里，只有在知悉弗兰克具有局部非餍足性时，伊芙琳才能明白为什么弗兰克会拒绝分到2美元的提议，而会接受分到4美元的提议。她的行动已经反映了由规则控制的社会情境，以及我们对他人偏好的理解（通过我们的合宜感）。

弗兰克的行动可以通过修改后的偏好函数来"解释"，这个函数是根据他分配最后一块馅饼的日常经验确定的，但这样做无法深刻揭示支配他根据规则采取行动的那些原理。《道德情操论》则提供了这样的理论框架。如果这些理论是20世纪八九十年代经济学传统的一部分，那么博弈实验的结果就是可预期的，随后的结果也表明意图和合宜感的重要性。下文将介绍，在博弈中增加或减少节点会改变人的行为，因为这样会改变人们对可能出现的行动的感受，进而改变人们的经历；增加或减少节点还会改变人们对行动含义的解读。但是个人偏好，即希望得到更多的奖赏、厌恶更少的奖赏，并没有改变。斯密的这个先见之明也早于现代心理学，值得重新去领悟。

自然科学的研究方法没有向我们阐明如何推断和预测别人将会怎样做。行为经济学从这个意义上讲并不是一门科学，而是做人的艺术。正如奈特强调的，"确实，这些通常可以被我们发现，并在**事后**描述出来，但那样做……仍然算不上是科学"（1924，第119页）。我们可以在事后说，提议者分给回应者5美元和回应者拒绝分到2美元的原因是公平或嫉妒，又或者是遵循规范，但那样的解释不是科学，只不过是人们对自己日常经验的表述而已。奈特总结道："针对人类同胞相处的实际问题，我们必须主要采用一种与自然科学方法十分不同的方法，即对常识加以发展和完善的方法，而这将把我们引入美学的领域。"（1924，第139页）塞缪尔·亚历山大则认为，其中至少包括了伦理和真相。

"第一步……是认识到人与同伴的关系完全不同于人与自然界客体之间的关系，并放弃用能够成功解决一类问题的方法去解决完全不同的另一类问题的天真想法，除非是在已被认可的极窄范围内。"（1924，第139页）奈特表达了他对经济学研究使用静态均衡概念引起"不必要混淆"的担忧，这种概念在力学上有着精确的含义，但在人类行为上完全不准确（1924，第133页）。因为虽然我们可以在事后"解释"人的行为，也就是说，我们可以识别同胞所做的事情赋予我们自己的意义，但是我们不能在事前预测任何特定个体（我们不认识的人）会在实验室里做出什么选择，这和我们可以在实验室里预测水波运动不一样。人会对意义做出反应，而意义只能是"暗示而不是明示的"（1924，第126页）。意义"不能被先分解再组合起来，将意义用于分析我们的想法是对'分析'一词的误用，这与其他自然科学方法在其领域的误用是一样的"（1924，第127页）。为什么呢？因为我们不能指出或者无法清楚地描述与公平或嫉妒之类相似的具体感觉的特征。

行为经济学家可能会说，结果公平是我们都需要的。但不同的情境也很重要，例如人们如何达成决策的过程。公平、嫉妒和不公平厌恶的意义，取决于我们对情境了解多少，人们是否自觉自愿参与博弈，角色是否随机分配，公平的结果还有哪些替代选择，等等。换言之，这些情境蕴含的意义对人们行为的影响是难以准确描述的。

据称，经济学就是关于选择的科学。但在基于他人的回报、意图或遵循规范等偏好来做选择时，人的因素被简单（或许并不那么简单）地排除了。在个人的社会情境中，人的情感、思考和理解等各种心理作用不能只归结为 $m=5$ 美元之类的选择，也不能在事后据此来做出有意义的科学解释。如果我们谦虚地承认，人们对于什么是良好行为的感受、思考和理解同样在结果和行为之间建立起了一一对应关系，那么，人的行为和结果之间的单向对应关系的假设也就不复成立了。[1] 客气一点说，经济学家不愿意放弃在社会情境中适用效用最大化理论。经济学的实证主义信条是"需要用模型打败模型"。《道德情操论》通过自己的公理和命题，已经建立了关于人类社会生活的双向模型。《道德情操论》就是人的经济学模型。

无论是奈特的批评意见，还是我们将他的思想应用于最后通牒博弈和信任博弈，都与供求理论在实验室中获得的成功预测结果不矛盾。后者的成功是指市场经济总量结果模型与有关个人感受、思考和选择的模型无关，也不能在微观层面上预测个人的行为。[2] 然而，在实验室环境中对情绪的研究即便不能提供预测，也是有用的。基普·史密斯和约翰·迪克哈特报告了一项关于"情绪与选择行为"的实证研究，对英式拍卖和荷式拍卖过程中受试

---

[1] 同样的问题在计量经济学中就是用最小二乘法来估计包含内生变量的方程组的结构参数。

[2] 在本书第一章，我们提到亚当·斯密批评大卫·休谟混淆了人的行为结果的效率和人的行为动机。

者的心率进行比较，并把这个指标当作测量个人情绪状态的代理指标记录下来。换句话说，这里记录的情绪与行为的相关性，就是受试者的心率与他们的决策反应之间的相关性。该研究得到的结果是，"相比荷式拍卖，英式拍卖中的个人选择，与情绪因素的关系更小"（Smith and Dickhaut，2005，第332页）。

第五章
理解人类举止的公理和原理

我们总结了亚当·斯密对人类境况的理解，这些境况界定了约束人们举止的规则，并表现为个体的行动选择。当今的经济学家和心理学家称之为决策或决策理论，并构建了比斯密理论狭窄得多的模型。在斯密眼中，个体是社会体系不可分割的一部分。

斯密并没有专门在《道德情操论》中的某处集中讨论我们挑选出来讨论的特定议题，但这无损其严谨性。斯密关注的是，通过他那个时代的读者容易接受的大量例子和说明，给出一种逻辑一致并有说服力的理论阐述形式。对斯密来说，道德理论关乎我们遵循的规范，它必须对人类社会活动的日常现象提供逻辑一致的解释。

对斯密和他之前的休谟而言，"实验"就是观察，即案例、示例和描述等，理论体系必须与这些观察证据相符。[①] 因此休谟认为，一门关于人的社会性的科学必须建立在实验之上，而这样的实验是通过仔细观察人们与他人相处的行为之后筛选的，包括正式场

---

① 和牛顿一样，人们可能认为休谟和斯密走得太远，他们开始思考或者认为自己是从观察中直接推断出结果（假说）。但无疑他们认识到观察在系统化地处理社会科学理论中所起的作用，这一点非常重要。参见弗农·史密斯（2008，第13章）。

合的互动和日常互动。他希望用这些经过"明智地收集和比较"的案例来支持一门有用的科学。[①]

休谟和斯密认为，我们要对社会性构建系统而抽象的理解，实验通常是一种重要的方法。同样重要的另一面是，实验提供了特定类型的经验，有助于塑造人们在社会群体中遵循的各种规则并决定它们的适用性。

斯密极力强调，我们最初关于举止的道德认知是建立在理性基础之上的观点是错误的。即使在某些通用规则直接来自我们的经验并成为一种新兴秩序的情况下，这一观点也是错误的。因为规则依据的那些感受和经验虽然是我们头脑的产物，却不是理性思维的结果：

> 通过各种各样的例子，我们发现某种举止总是以某种方式令人愉悦，另一种总是令人不快，我们由此形成了道德的通用规则。而理性本身不会使任何特定事物让人感觉到愉悦或者不快。（《道德情操论》，第 VII 篇第 III 章第 II 节，第 470 页）

让我们仔细分析一下斯密这段话的意思。某种举止令人感到愉悦或不快，对我们来说，就是对它的感受是好或是坏。对于某个人的举止，我们的感受可能是纯粹私人性质的，但我们对它的理解并非如此。某个人的举止之所以有某种价值，我们察觉到别人也知道其好坏，是因为他人作为人类的一员，同样会与我们有

---

① 参见休谟（1740，第6页）。

类似的感受。某个人的举止讨人喜欢还是不讨人喜欢，取决于它能否取悦于人。但是借用休谟的话来说，它是按照"一种特定的方式"让人喜欢。[1] 对一个人的举止好坏的感觉发生在人们的头脑中，他知道他人对相同举止可能有同样的价值标准。斯密断言，我们并不是出于逻辑上的思考去做任何令人愉悦或不快的行为；理性思考无法让头脑感受到某个人的善行或恶行带来的愉悦或不快。

公理

我们确定了斯密发现的若干公理，因为根据我们对其思想的解读，斯密正是依靠这些基本论述来建立更高层次或派生的原理和命题，以构建其人类社会性理论模型。这些论述被当作公理，还因为它们是基本的、不言而喻的并且被人们普遍体验过的真理。

公理0　人类是非餍足的（斯多葛学派的自爱理论）。

斯密认为人是天生自爱的。用现代术语来说，他对行为的系统性研究的最基本公理就是非餍足，这是众所周知的常识，即对每个人来说，有价值的东西（金钱或可交换的物品）越多越好，越少越糟。然而这并不表示，如新古典经济学和传统博弈论所说的，在人类交往中，我们只关心增加自己的收益或避免自己的损失。从出生之时起，我们就被塑造成具有社会性的人，但我们也

---

[1] 休谟（1740，第303页）："我们不会因为一种品质令人愉悦，就认为它是高尚的；但是，当我们觉得它以这样一种特定的方式令人感到愉悦时，我们确实感到它是高尚的。"

是促进这种塑造的工具。社会性就是关注他人，即在多边共识的范围内，要考虑他人在回应我们的行为选择时的感激或怨恨情绪。也许因为斯密认为这是显而易见的，所以他似乎没有在书中任何地方提到这个精辟的公理在理解人类社会性方面起到的深刻作用。然而，斯密对自爱公理的运用，以及有关自爱的常识，在他所举的例子和命题中无处不在。他对这个公理的论述是相当明确的。

- 毫无疑问，每个人生来应首先爱自己，主要关心自己；而且，因为他比别人更适合关心自己，所以他这样做是恰当和正确的。（《道德情操论》，第 II 篇第 II 章第 II 节，第 119 页）
- 所有动物都天生符合自爱的原则……（《道德情操论》，第 VII 篇第 II 章第 II 节，第 402 页）

而且，他还语带讽刺地进一步引申说：

我们不怀疑任何人都存在自私方面的缺点，但这并不是人性的弱点，或者我们会去怀疑的缺点……粗心大意和大手大脚一般是不受赞许的，但这不是因为缺少善心，而是缺乏对自利目标的恰当关注。（《道德情操论》，第 VII 篇第 II 章第 III 节，第 446 页）

为什么斯密的模型需要公理 0 呢？如果不知道所有人都是自利的，斯密所说的行为人就不知道在特定环境和机会下的行动，相对于本可以采取的其他行动而言，其结果是有益还是有害，以及对谁有益或有害。斯密的整个理论体系源于如下判断：当一个人的行动影响到另一个人的时候，相对于其他选择，他会从这个行动中获得怎样的收益或伤害。如果没有公理0，便不能指望个人知道什么是有益的，什么是有害的。一个行动让你受益却让我受损，而在当时的情境下本可以采取另一种让双方都受益的行动。所以，多比少好这个影响每个人的常识，是让我们做出合理判断的一个组成部分，对我们实现人类社会性的同感基础来说是必要的。为了形成使我们具有社会性的利他规则，普遍的自爱是一个输入条件（input）。

现代行为理论家坚持采用新古典功利主义传统，认为行动产生结果，并增加了效用，反之亦然：当且仅当结果能增加效用时，人们才会采取行动。[①] 所以，当且仅当存在利他效用 $U_{自己}$（$x_{自己}$；$x_{他人}$）的时候，社会偏好才是支持利他行动的。我接受了你开展合作的提议，却放弃了更多，是因为我从你得到更多中获得了效用；也就是说，我隐含地相信你喜欢得到更多。但是如果你一直遵循利他效用的原则，就可能与你自己的偏好发生冲突。互惠的交换在社会化的自爱者的环境中行得通，他们会感激这样的行为，但在其他方面却可能造成矛盾。

商品与服务的贸易和市场是人类社会性的延伸，我们对他人提供的商品立即付款或按照合同规定付款，同样，对于我们提供给他人的商品或服务，我们也希望以类似的方式得到回报。出于

---

① 例如，费尔等人（Fehr and Fischbacher, 2002，第C1页）认为："许多人展示了社会偏好，意味着他们不仅仅受到个人物质收益的激励，也会或多或少关心相关行为人的物质收益。"另外，凯莫勒（2003，第43页）表示："数据搞错了参与者最大化个人回报的假设，显然，实验数据能够……也确实是测量社会偏好而非深入检验策略性思维的一种快速有效方法。"

自愿的这个结果（在没有欺诈、误解、虚假陈述和虚假标识的情况下）是无害的，并且不依赖延续到未来的感激之情（例如跨时期发生的互惠交换）。经济学上讲的所有这类交易都是礼尚往来的交换，即每个人为了得到就必须付出。因此：

> 把我想要的给我，你就能得到你想要的，这就是每个这样的提议的意义所在；正是以这种方式，我们相互从对方那里得到了自己需要的大部分帮助。(《国富论》，第26页）

市场交易将社会性扩展到了我们不认识的人和可能永远不会认识的人。所以如果得到商品，就应该马上回报以商品或金钱，而不是像对待朋友或邻居的恩惠那样，只说一句"我欠你（一个人情）"就可以了。后一种情况的交换是跨期的，感激之情会留下记忆痕迹，有助于维持互惠关系。与陌生人的交易靠的是外部强制执行的产权规则，其替代了人与人之间的信任，有助于我们防范欺诈。因此，我们不必完全依赖与自己紧密联系的社区规则和惯例，也可以用一种有序的方式从更广泛的人际网络中获益。从这个意义上说，斯密的公理0奠定了社会和经济改善的基础，我们的个人利益得到行为规则的保障，这些规则防止伤害他人，并鼓励对他人施以恩惠。

虽然用民法中的财产权取代信任和可信赖性有助于促进非人格化市场的发展，但如果每笔交易都需要执法部门的密切关注，那么执法成本有可能减少乃至冲销交易带来的收益。所以，斯密的自我克制原理也非常重要，它为那些可以轻松脱离外部监控的交易提供了某种内生的支持要素。这让我们想起遍布美国乡村的路边蔬菜摊，通常无人看管，但有一个现金箱，你可以把钱放在那里，取走想要的东西。

我们这里重新表述一下本书第二章和第三章已经提到的另外三条公理：

公理1 人能够与他人同感。

公理2 人类会判断他人的情感和激情。

公理3 感激和怨恨是能立刻直接促使我们奖赏或惩罚他人的情感。

然后我们再增加一个假说：

假说1 如果对于$\varepsilon\in\{$好；坏$\}$，行动Z^ε是情感$\sigma(\varepsilon)\in\{$感激；怨恨$\}$的对象，则X采取的行动Z^ε也是$\sigma(\varepsilon)$的对象。

简言之，我们假定自己会根据别人的行为来判断他们的道德立场。正如歌德和维特根斯坦所说的：太初有为。斯密并没有明确提出这个假说，但是他经常把行动对应于作为感激和怨恨对象的人。我们还需要如下的定义：

定义1 如果Z^ε是$\sigma(\varepsilon)$的适当且被认可的对象，则我们说Z^ε是应受$\alpha(\varepsilon)\in\{$奖赏；惩罚$\}$的行动。

斯密用这4个公理，在《道德情操论》第II篇推导出一条应受奖惩引理，尽管他没有用这个名称（《道德情操论》，第II篇第I章第I节，第96页）。我们发现这条引理对于说明斯密在第II篇第II章第I节的一些主要命题非常有帮助。

应受奖惩引理 如果X采取行动Z^ε，且Z^ε是$\sigma(\varepsilon)$的对象，则Z^ε应该受到$\alpha(\varepsilon)$，即奖惩。

证明：根据假说1，如果Z^ε是$\sigma(\varepsilon)$的对象，则X是$\sigma(\varepsilon)$的对象。再根据公理1，我们可以同样感受到X在采取行动Z^ε时的

情感，且根据公理2，我们用自己的合宜感来判断对 X 采取行动 Z^ε 的同感。

情形1：在判断 X 的情感时，如果我们认为 X 不必采取行动 $Z^{好}$，即我们认为 X 的情感是合宜的；而且，在判断 X 的情感时，如果我们因此对 X 产生好的想法，即我们赞许 X 的情感；而且，在判断 X 的情感时，如果我们想到这一切会让自己产生好的想法，则根据第二章的定义，我们会对 X 怀有感激之情。

情形2：在判断 X 的情感时，如果我们认为 X 不必采取行动 $Z^{坏}$，即我们认为 X 的情感是不合宜的；而且，在判断 X 的情感时，如果我们因此对 X 产生坏的想法，即我们不赞许 X 的情感；而且，在判断 X 的情感时，如果我们想到这一切会让自己产生坏的想法，则根据第二章的定义，我们会对 X 怀有怨恨之情。

根据公理0，我们知道 X 在 α（好）情况下的境遇会更好，而在 α（坏）情况下的境遇会更差。根据公理3，我们倾向于毫不犹豫地直接采取奖惩措施，在情形1通过行动 α（好）来奖赏 $Z^{好}$，在情形2通过行动 α（坏）来惩罚 $Z^{坏}$。根据定义1，在这两种情形下，Z^ε 都应该受到 $\alpha(\varepsilon) \in \{奖赏；惩罚\}$。证明完毕。

这个引理是否显得过分烦琐？确实如此。但从哲学的角度看，可能还没有涵盖全部细节。但这条引理中，仍有三点值得我们深入推敲和想象：（1）就人类对功劳和过失的感觉而言，公理0到公理3都十分重要；（2）斯密关于应受奖惩的表述既是正式的，也是能够规范化的；（3）这条引理解释了现代行为经济学为什么无法逻辑一致地描述经济学家关于应受奖惩的直观认识。

在我们决定采取行动之前，必须通过思考、感受和理解，才能形成对一个人实施奖惩的理由。但我们无法把一个人行动中的感受、思考和理解拆解出来，也无法通过实验把这些心理活动组合起来，甚至无法识别它们的一般特征，以分析我们判断此人应受奖惩时的心理过程。尽管如此，我们的实验参与者确实又在思考、感受，并或多或少相互理解对方应受奖惩的表现。等这些心理活动在后续行动中显现效果之后再识别它们，并不是一种科学的解释方法。当然这丝毫不能贬低行为经济学家的实验的意义，他们得到的发现可以用斯密的理论给出有力的解释。

一个人会根据别人的评价来选择自己的行动，为了理解斯密对此的解释，我们还需要一条公理。我们将会看到：这条公理最终奠定了斯密的正义理论（与合宜性理论）和仁慈理论。

公理4　与正常状态相比，人类在感觉良好（如快乐）和感觉糟糕（如悲伤）时会经历不对称的变化。

斯密认为，由于我们把爱当作一种令人愉悦的激情，把恨当作一种令人不快的激情，所以我们在意朋友共情我们的怨恨，远甚于在意他们共情我们的感激。我们不会强求自己的朋友分享友谊，但不能接受他们不与我们同仇敌忾。"爱和欢乐的激情能让我们身心愉悦，无须增加其他乐趣，而悲伤和怨恨这类令人痛苦的情绪则更强烈地需要共情来平息和安慰。"（《道德情操论》，第I篇第I章第II节，第12—13页）

这样的态度源于我们的快乐和悲伤本质上是不对称的，这不是某个人的特征，而是所有社会性物种的特征。对于一个处境相当舒适的人来说，或者正如斯密所说，"没有债务，而且问心无愧"，那么此人的幸福感几乎无法再增加，而减少幸福感的空间却很大。与在逆境中可能陷入的社会心理落差相比，我们对任何可以添加的东西的体验都是微不足道的。因此，前者可能使人的精神消沉到远低于其自然状态的水平，这一幅度远远超过了更多的好运使人振奋的程度。（《道德情操论》，第Ⅰ篇第Ⅲ章第Ⅰ节，第62—63页）

原理

人类的社会性古已有之。除了猩猩和夜间活动的小型原猴（例如婴猴和鼠狐猴等），其他灵长类动物都生活在大型社会群体中。在历史上的某个时期（从25万年前到7万~10万年前），当智人完全掌握符号之后，我们开始抽象地判断自己所作所为的性质。[①] 杀死同一个社群里的族人，不仅仅是杀人、用石头砸脑袋的身体运动，而是变成了谋杀，一种与道德品质叠加的复杂行动。我们做出的简单身体动作在某个时候变成了行动，主要是指道德上的行动，其次才是指身体的运动。当我们的行动本身变得重要，也就是说，当我们从省思的角度去看待自己的行动时，仁慈、谨慎和不正义的行动就被赋予了更重要的道德含义。这种省思并没有停留在个人道德或不道德行动的层面上。我们还从集体、整体的角度去省思自己的行为，在此过程中，我们所做的每一件事都变成了自己的事迹，变得更为重要和突出。我们的行动透露了自己是怎样的人，也意味着我们对社群里的其他人显示了一些有关自己的事情。正如塞缪尔·亚历山大所说，"我们"通过日常的群体经历去学习认识"我"。人类的社会性可能是天然就有的，但只有我们这种早熟的灵长类动物拥有了自我省思的特质，一种社会化

---

① 例如，有学者（Rendua et al.，2014）发现早期人类开始埋葬死去的同伴。

的责任感，与许多其他同类成员一起生活并承担责任的感受。

我们帮助斯密总结出的如下原理都是具有普遍意义的真理。他给出的相关解释，加上上文介绍的基本公理，为更加广泛的观点奠定了基础。在下一章，我们还将用丰富的预测内容充实这些观点，使它们成为命题。

原理1　为了满足自身的社会冲动，人类会反省自己的情感，公正地判断自己的举止，并会根据其他人的评价实施自我克制。

在评判他人的情感和激情时（公理2），"我们很快就会明白，其他人看待我们也一样坦诚"（《道德情操论》，第Ⅲ篇第Ⅰ章第Ⅰ节，第164页）。我们对别人的经历和反应的共情，使自己变得非常敏感，我们看重自己留给别人的印象，因而会在举止中加以自我约束。每个人都会调整自己想要达成的目的，通过交互主观性来满足其社会性冲动（《道德情操论》，第Ⅲ篇第Ⅰ章第Ⅰ节，第162页）：

> 我们像任何其他公正的旁观者那样努力审视自己的举止。如果我们换位思考，就会完全理解影响自己举止的所有激情和动机，就会因为与这位虚构的公正旁观者持有同样的赞许态度，而赞许相应的行为。如果不是这样，我们会与他同样抱有不赞许的看法，并谴责相应的行为。

在审视我们自己的举止时，其中一部分工作是检讨我们自己的情感。即便"我们永远无法梳理自己的情感和动机"，但我们可以"努力拉开一段距离来审视，而这只能通过别人的眼睛来看，或者说参考别人可能持有的看法"（《道德情操论》，第Ⅲ篇第Ⅰ章

第I节，第161页）。"在某种程度上，这是我们唯一可用的镜子，即用别人的眼光来审视自己的举止是否得体。"（《道德情操论》，第III篇第I章第I节，第164页）

作为易犯错误的人，我们要么遵循交互主观性标准，在行动时自我克制，要么无法满足这个标准，做不到自我克制。在这两种情况下，我们都会参与到公正旁观者的感受之中。如果我们感受到并认同公正旁观者的赞许，我们就会赞同自己的举止。发现我们举止得体的感觉并加以确认的思考让我们的大脑愉悦，因为那样的举止满足了社会性冲动。而如果我们感受到公正旁观者的不赞许，我们就会不赞同自己的举止。对自己不良举止的否定会让我们精神沮丧，因为那样的举止与社会性冲动相抵牾。

斯密从公理4推导出了第二个重要原理：

原理2　人们从自己和他人行动中感受到的收益和损失是不对称的。

"我们从较好状态跌入较差状态时遭受的损失，要比我们从较差状态上升到较好状态时获得的收益更大。"（《道德情操论》，第VI篇第I节，第311页）谨慎首先要求我们寻求安全，避免"我们的健康、财富、地位或名誉"受损。我们急于保护自己已经获得的收益，因此力求避免在获得更多收益时面临损失的风险。

在决策研究中，认知心理学家在20世纪70年代发现的"损失厌恶"理论中认识到了这种不对称性，并在许多关于个人选择的实验（涉及以货币损失领域定义的赌博和以收益领域定义的选择之间的比较）中证实了这种不对称性。在初始参考状态下，大多数人主观上都愿意支付溢价以规避可能带来损失的风险，但他们也愿意为能够带来收益的风险支付溢价。期望效用意味着，无论财富的初始参考水平是多少，个人效用函数都是以财富（收入）的变化来定义的。在财富（收入）增加时，效用表现为递增的凹函数，而在财富（收入）减少时，效用则表现为递减的凸函数。[1]

这种数学表达基本上对应着亚当·斯密的观点，只是斯密所说的个人收益和损失除了个人健康和财富（机会或概率）等结果，还有更广泛的社会维度的结果，如声誉、地位和尊重等。斯密研究的是社会人，而不是单独的个人。然而我们知道，在早期的心理学文献中，并没有提到与动机相似的因素，遑论对情感的涉及。斯密的理论贡献从未被发掘，也没有对现代的独立发现产生任何影响。

由于斯密是通过深入研究人类欢乐和悲伤中的更基本情感来推导出原理2的，所以他能够在现代文献发现的收益和损失的简单不对称之外，提炼出可供检验的更多精妙结论。通过比较我们所说的个人对欢乐和悲伤的天然不对称体验，与我们对他人的快乐和悲伤的共情，斯密发现了一些重要的差别，可以将它们归纳为第三条原理：

原理3　人们更容易共情一个感受勉强算好或感受非常糟糕的朋友，而不是相反：嫉妒容易阻碍我们共享他人的良好感受，而对他人的糟糕感受却更容易有同感。

斯密明确告诉我们，假设有机会把一个人的收益立即提升到远远超过他曾经达到过的水平，即使来自最好朋友的祝贺，也不会全都是真诚的。这就是人类普遍存在的嫉妒心的影响。如果一个人有很好的判断力，并且对此很敏感，他就会淡化快乐，尽量

---

[1]　Kahneman and Tversky（1979）.

避免表现出惹人生厌的兴高采烈，因为这种情况会进一步激发嫉妒（《道德情操论》，第 I 篇第 II 章第 V 节，第 55—56 页）。

相反，我们可能很难抑制对他人悲伤的共情。我们会努力抑制，却并不总能成功。反过来，对别人的喜悦则不会出现类似的情况。"当我们想摆脱对悲伤的共情时，经常仍会深陷其中；而当我们想拥有对快乐的共情时，却经常无法感到愉悦。"（《道德情操论》，第 I 篇第 III 章第 I 节，第 62 页）我们可能会为邻居的成功表现得十分开心，但是内心里难免会有失落感，尽管我们对这种嫉妒感到羞愧。

原理 3 所说的收益和损失之间的明显不对称，影响了斯密对动机的研究以及对行动表现的理解。我们将分别表述斯密有关收益和损失两方面动机的原理，以此展示其中的重大分歧。

原理 4（a） 人的行为动机来自希望获得赞扬和值得赞扬（收益角度）。

人的社会性冲动的另一个后果是，我们天生寻求被爱，而且真心希望自己值得被爱。所以，我们希望得到真诚的赞扬，而且希望自己确实值得赞扬，这是我们追求的情感的社会性标志或指标。即便一个人的举止没有引来别人的赞扬，他也希望自己的所作所为是值得赞扬的，能够成为"自然和恰当的赞扬对象"（《道德情操论》，第 III 篇第 I 章第 II 节，第 166 页）。赞扬和值得赞扬密切相关，当然我们对值得赞扬的热爱并非源于得到赞扬的欲望，这两者其实是有区别的，而且相互独立。

原理 4（b） 人的行为动机也来自不想受到责备和不应该受到责备（损失角度）。

人们天生怕被人忌恨和令人厌憎，害怕成为仇恨的对象。因此，人们希望自己的举止能够成功地避免受责备或者应该受到责备（《道德情操论》，第III篇第I章第II节，第166页）。

就这两个动机而言，避免受责备和不应该受到责备，远比期望成为赞扬的对象和感觉自己应该得到赞扬，来得更为强烈。所以，"明智之人可能会经常不那么在意得到赞扬，哪怕是他确实值得赞扬；但是在带有严重后果的所有事情上，他都会非常小心，会努力约束自己的行为，不仅要避免出现应该受到责备的情形，还要尽力避开一切可能遭受的非难"（《道德情操论》，第III篇第I章第II节，第184页）。

当人们相互介入对方的情感状态时，我们会用自己的身体感官来捕捉对方的内心感受的外在表现，这不仅仅包括我们对此人的所见所闻，也包括其行动发生时的环境和情境。我们看到了泪水，听到了声音中透露出来的沮丧，但我们同时也知道，这是因为他们选择了借可变利率的抵押贷款去买房而不是去租房。我们对某一行动的合宜性的认识，会考虑该行动发生的时间和地点等环境因素。

原理5　在特定环境或情境下的人类行动是信号，它们由行动合宜与否决定。

只有"设想在类似情境下自己会有怎样的感受"（《道德情操论》，第I篇第I章第I节，第3页），我们才能够体会另一个人的感受。因此，同感来自我们自己采取行动和观察对方行动所在的条件、环境和情境，共情也是从其中激发的（《道德情操论》，第I篇第I章第I节，第4—8页）。仅依靠自己的社会经历，我们无法判断另一个人的行动是否合宜，反过来别人也无法判断我们的行动是否合宜，除非根据行为发生的具体情境，我们在其中选择了某种行动，而非行动结果的模式截然不同的其他行动。"后续行动合不合宜……取决于某种情感与激发行动的原因或行动对象之间是否有合理、适度的联系。"（《道德情操论》，第Ⅰ篇第Ⅰ章第Ⅲ节，第17页）

原理6　行动的环境或情境之所以重要，是因为它可以让人们了解对方的意图，并发现彼此的行动表达的意义。

对于一个行动的赞扬或责备取决于从行动中感受到的意图（《道德情操论》，第Ⅱ篇第Ⅰ章第Ⅲ节，第100页；第Ⅱ篇第Ⅲ章引言，第134页）。"对于任何行动的赞扬也好，责备也罢，不管如何，最终都要归结为内心的意图或情感，也就是说，归结为该行动是否合宜，其目的是善意还是伤害。"（《道德情操论》，第Ⅱ篇第Ⅲ章引言，第134页）

原理7　如果存在某个均衡概念，那么它应该建立在同感的基础上，并存在于规则中。

在"论相互共情的愉悦"这一节里（《道德情操论》，第Ⅰ篇第Ⅰ章第Ⅱ节），斯密解释了无论我们共情的情绪来自何处，不管什么环境激发了我们的共情，我们天生愿意看到别人表现出和我们有共同的感受。如果看到的是相反的情形，就会让我们感觉不和谐与痛苦。例如，你为某个陌生人打开了门，却没有得到感谢，你的行为被忽视了。

斯密指出，有些人认为，我们对快乐或痛苦等寻常体验的反应皆源于"自爱的升华"。"他们说，一个人感到自己软弱和需要别人帮助时，看到别人也和自己有同样的感受，就会高兴，因为他由此确信可以得到帮助；如果看到的是相反的情形，就会感到伤心，因为他由此认定别人不会帮助自己。"（《道德情操论》，第

I篇第I章第II节，第10页）斯密或许是在描述众多现代功利主义者中的某一位，他非常在意那些被纳入社会效用函数的快乐和痛苦等主观因素，而社会效用函数是由产生个人感觉经验的行动定义的。斯密反对这种方法："然而快乐和痛苦都是可以在瞬间感受到的，而且常常是在不经意的场合，因此这两种感觉显然都不是来自任何此类自利考虑。"（《道德情操论》，第I篇第I章第II节，第10页）

为何斯密认为由于快乐或痛苦可以"瞬间"被感受到，就不能归于自爱的"升华"呢？根据我们对他的理解，是因为自爱让我们可以感知或辨别自己或他人行动中的伤害和助益模式，并且"不知不觉"（没有经过深思熟虑）地根据我们在特定环境和情境下的长期经验，引发由规则控制的回应。人类依循行为规则做出反应，获得这种文化上的稳定性需要一个缓慢的过程，而且由于我们在自我克制方面的不足、易受制于当下的诱惑以及在理解行动环境时的模糊和差错，所以会犯错误和出现不一致性。所以《道德情操论》指出（第III篇第I章第IV节，第224页）：

> 我们对他人行为的持续观察，不知不觉让我们形成了什么是适合做的，什么是不应该做的通用规则……道德的通用规则就是这样形成的。它们最终建立在经验的基础上，特别是在某些具体情境下……来自我们对美德、合宜性以及赞同或反对的天生直觉。我们不会一开始就赞扬或责备某些行为；而是因为经过审视，我们发现它们有可能符合或违反某个通用规则。反过来，通用规则的形成来自

经验，即某种类型的所有行动（可能限于某些特定条件）
会被赞同或反对。

我们获得的这些规则是借由经验留给自己的印记而形成的，
我们与他人互动，去做受人赞扬和值得赞扬的事情，避免那些会
受责备和应受责备的行为。借用休谟的观点，这些通用规则可以
让我们省却原本可能面临的诸多不便。

第六章
预测特定情境下行动的命题

《道德情操论》没有明确描述规则变成惯例的机制，即通过某种社会互动形式把规则固定下来，由此使得某些社会与其他社会有所不同。我们将用下面的例子来说明斯密的模型。

规则、对规则的适应、规则空间中的均衡

下面的第一人称叙述是本书作者弗农的亲身经历，它说明了行动发生的具体情境，这里是指实际采取的行动和未采取（但得到纠正的）的其他行动如何结合起来，给规则的合宜性赋予共同的意义（同感）。这个例子还说明了适应过程，其中未能遵守正确规则的一方将遭到反对，错误将被纠正，在规则空间（协议）中实现"均衡"。此外，这个案例中涉及的金钱额度很小，但受赞扬与值得赞扬、受责备与应受责备的心理后果对参与者非常重要，并且是促使变化得以发生的动力所在。弗农要讲述的故事如下：

在亚利桑那州图森市，无家可归的人们通常在主要交通路口占据安全岛。在我居住的郊区，许多人通常会用要

售卖的报纸来巩固其地盘。同一拨人在一段时间里会定期出现在特定地盘上，这种所有权由共识来维持，似乎在社区里运转得很顺畅，不用官方的介入。尽管互联网十分方便，我已经不再定期阅读纸质报刊，但偶尔仍会从其中一个安全岛买份报纸。我把车开到家附近的一个安全岛的左转车道，停在几辆等待的车辆之后，看到一个在最近两三年中住在这里的熟悉身影。我摇下车窗，等他走近，右手递给他一张 5 美元钞票。他用左手接过钱，右手递给我一沓叠好的报纸。此时，我习惯性地漫不经心地说："没关系，你可以留着那份报纸。"他马上缩回了双手，直截了当地回复说："我只卖报纸。"幸运的是，我立刻明白了他的意思（先感受，再思考？），得以摆脱这个让我俩都很尴尬的处境。我改口说："把报纸给我吧。"我接过了报纸，他收下了钱，我们相互对视了一下，都笑了。

在这次邂逅中，我自己有两次自愿的慷慨之举：给他钱，并让他有机会把那份报纸再卖给其他人。但我严重误读了他。他是一个自给自足的商人，通过为别人提供价值来获得收入。如果他真的接过我的钱而允许我不拿走报纸，那就破坏了他在意并试图传递的想法。那会在我们两人遵循的规则之间造成严重的不和谐。一项规则将环境条件——包括报酬（谁付出多少，谁获得多少）——映射在行动上，这是由合宜性决定的。他纠正了我的不合宜，即造成不和谐的根源，在此过程中丰富了从环境条件到我们两人的行动的映射。在我看来，这一纠正是令人难忘的。结合本书的观点来看，这是一个关于规则如何通过严格意义上的自利主义者之间的共同体验而得到适用的例子。给他留一笔慷慨的小费我是完全可以接受的，那只表明我特别感激他的服务。但我没法给他5美元，同时拒绝拿走他的报纸。他是个诚实正直的人，他不腐化，也拒绝让我成为腐化他的工具，让我成为他不忠于自己的工具。这笔交易不仅仅是一次销售过程；它还涉及卖家对自尊心的感受，以及买家对此状态的认识。如果他这次破例的话，就会开始走下坡路，而他实际上没有那样做。

几个月后的第二次相遇证实了这一印象，还展示了我如何根据经验对规则加以修订，这就是《道德情操论》中最突出的思想：规则从经验中产生，特别是重复的经验。我和妻子坎迪斯坐在当地超市的咖啡点心区，就在他的安全岛旁边。当时已经是下午了。他在房间另一头同几个当地的高中生聊天，大家都已结束了一天的工作和学习。我妻子对我说："他看起来状况不太好，我想给他5美元。"我说："别那样做，问他还有没有报纸。"我妻子照此做了，他很高兴。他坚持要我们等他去拿报纸。尽管坎迪斯说我们很快就要走了，可以回头再来取报纸，但他很有服务精神，很快就带着报纸回来了。在交易完成时，他主动提醒说："我的一些客户问我有没有前一天的报纸，所以我总会留下几份。"借此展示了他的服务范围。

我们已经有一年时间没见到他了，他在安全岛的位置已经转给了另外的人。经营性的产权不允许浪费。在保持产权占有方面存在某些合宜性规则，维持有条不紊的客户关系方面存在某些规则，我们由此也可以推测在传承方面同样有某些规则。

请注意，要理解我们在交易中采取的行动，与功利主义讲的社会偏好无关。在这个故事里，我（弗农）丝毫不怀疑他认为钱多多益善，他也丝毫不怀疑我喜欢有更多的钱。社会性指的是同感、合宜性和遵循相互认可的协议，而不是新古典主义认为的未能找到正确效用函数的一种错误。

仁慈与正义的美德

在《道德情操论》第 II 篇第 II 章，斯密把对功劳和过失的感觉用于发扬两个基本美德，即仁慈与正义。美德是指对善良的践行与坚持。哲学家茱莉亚·安纳斯把美德中的善良视作理所当然，并将美德定义为"一个人的持久特征，以特定方式行事的倾向。但它还不只是一个持久且不受干扰的特征，还有主动性，拥有美德，就会以某种方式开展行动。通过对环境的选择性回应，美德还会得到**发展**"（Julia Annas，2011，第8页）。请注意，美德是人们按照某种方式行事的一种倾向性，而不是确定性。用斯密的话来说，"尽管美德本身是有规律和有秩序的"，人类却容易犯错（《道德情操论》，第 IV 篇第 II 章第 I 节，第330页）。我们有时候可能不会充分发挥自己的美德。

读者可能对"正义是不可或缺的美德"这个说法耳熟能详，但是仁慈这个词却显得古老而陌生，听起来更像是 18 世纪的说法，而不是 21 世纪的词汇（你上次在交谈中说起这个词是什么时候？）。[①] 仁慈一词起源于拉丁语，意思是"善行"。根据《牛津英语词典》，这个词是在16世纪被收入英语的。乔叟（Chaucer）大约在1384年用过这个词的更古老的拉丁语形式"benevolence"，其字面含义是"良好的愿望"。所以，"benevolence"包含了对他人做出善举的意图，"beneficence"则是指对他人做好事的行动。一个吝啬、自私、招惹是非的人，由于环境的限定，即便他做了好事，也不能被称作仁慈。所以，仁慈总是以良好的愿望为前提，具体的善行可以显示意图，但是意图的发出者与接受者都需要结合完整的情境或环境来解读行动。

查尔斯·史密斯将仁慈与仁厚（benignity，18世纪常用的另一个词）、人道（humanity）、善良（kindness）做了如下区分（Charles Smith，1894，第165—166页）：

> 仁厚在今天（以及过去）是指潜在或被动的仁慈，与其说是与愿望有关，不如说是与性情更相关……因为仁慈是固有的，而仁厚可能只在特殊场合表现出来……人道表达的是一种冲动，而不是一种品质……意指不存在丑陋或邪恶的现象，所以算不上美德……善良与仁慈很相似，但与其说它是指道德品性，不如说是社会表现。它适用于礼貌和善意之类的日常举动，这些举动如果用仁慈来描述会显得过于严肃。

[①] "社会……无法在人人都随时准备伤害他人的环境中存续。伤害开始的时候，互相的怨恨和敌意就产生了，社会的所有联系由此被打破……所以，与正义相比，仁慈对于社会的存续相对不那么重要。没有仁慈，社会也可以存续，尽管不是在最舒适的状态；但是，普遍存在的不正义一定会摧毁社会。"（《道德情操论》，第Ⅱ篇第Ⅱ章第Ⅲ节，第124—125页）

良好的意图适用于日常行动，仁慈适用于更严肃的行动，这一概念上的区分可以强化亚当·斯密的如下主张，即通用行为规则是"松散、模糊和不确定的，主要是为了给我们提供应该追求的完美的普遍理念，而不是指示获得这一理念的明确无误的方向"（《道德情操论》，第III篇第I章第VI节，第250页）。换言之，作为一种无法具体言明的模式，根据通用行为规则解读具体情境下的行动传递着小善或者大善的意图时，有可能产生分歧。① "分歧"意味着不平衡，并促使个人做出改变；要么个人必须适应他们遵循的规则，要么有关合宜性的规则必须做出适应性改变。后者是一种长期的适应性过程：如果人们长期持续抵制遵守"行为规范"，即古罗马所说的"行动的标准"，那么这样的标准就需要顺应大众的意愿而改变。

尽管斯密采用的语言是18世纪的标准英语，但他的思想和建模逻辑对我们在21世纪理解人类的社会性有全新的启迪。令人惊讶的是，从中可以推引出一些可检验的命题，这些命题具有可预测的结果，而且其中的许多命题在最近50年里又被其他人独立发现。作为第一部社会心理学领域的巨著，《道德情操论》还明确主张，个人的心理是从我们独有的同感中产生出来的，它与人类的社会经验既没有差别，也不可分开。

在《道德情操论》第II篇第II章第I节，斯密比较了我们如何运用对功劳和过失的感觉。这部分前两段的每一段都是一个完整的句子，读起来像是两个相关的命题，尽管他没有那样命名。在这一节中，我们还发现了另外两个远没有得到明确阐述的命题，

---

① 在现代博弈论里，有对这个行为的解释达成一致的假设吗？它隐含在如下假设里：每个人总是选择尽可能最大化自己的功利式快乐。

每一个都是对前两个命题的扩展。

关于仁慈的命题

我们先介绍斯密的原话，再重新表述和证明："出于恰当动机的善意倾向，似乎本身就要求得到奖赏；因为这种倾向本身就是被认可的感激对象，或者说能够激起旁观者心中的感激之情。"（《道德情操论》，第 II 篇第 II 章第 I 节，第112页）

仁慈命题1 如果因为 X 想为 Y 做些好事而做了某些好事（ $Z^{好}$ ），那么无须其他条件，$Z^{好}$ 本身就应该得到 Y 的奖赏。

证明：在 X 因为想对 Y 做好事而做了好事 $Z^{好}$ 之后，根据原理1，Y 会审视自己的情感。根据应受奖惩引理，$Z^{好}$ 应该得到奖赏。再根据原理4，Y 希望应受赞扬，而不是应受责备，那么只要 $Z^{好}$ 出现了，则无须其他条件，它本身就应该得到 Y 的奖赏。证明完毕。

首先请注意，善行本身就意味着有人应该得到奖赏。其次，斯密关于对善行做出回应的命题，和美德一样，指的是一种倾向性。这个命题只是提出人们会如何回应善行，但没有明确阐述具体做法。在讨论人类的时候，我们应该学会容忍人性中的不精确性。在科学研究和探索中，我们无法像预测水波的力学运动那样准确预测人类的行为。

推论 人会以善行回报善行。

如果 Y 倾向于用自己的善行回应 X 的善行，那么仁慈命题1就变成了一个良性循环。互惠在《道德情操论》中不是一个假设，而是一个更系统性的推论，源于受益人对他人有意而为的善行怀有的感激之情。"在我们可以用善行对待的所有人里……最适合的行善对象，莫过于以前曾善待过我们的人。"（《道德情操论》，第Ⅵ篇第Ⅱ章第Ⅰ节，第331页）

有关最后通牒博弈和独裁者博弈的大部分研究，都希望用互惠来解释实验结果，以及受试者行为中常见的代价高昂的奖惩策略。伯格等人在他们的开创性论文中是这样总结的（Berg, Dickhaut and McCabe，1995，第138—139页）：

> 总之，最后通牒博弈、重复的囚徒困境博弈和其他扩展式博弈实验提供了证据，表明人们确实会惩罚不当行为，哪怕这样做会使自己严重受损。此外，受试者在做决策的时候会考虑这一点。投资博弈提供的证据则表明，人们愿意奖赏合宜的行为，而且在决策时也考虑了这一点。综合以上结果，正面形式和负面形式的互惠都是存在的，而且必须对它们加以考量，从而解释能够增强互惠倾向的制度是怎样发展起来的。[1]

互惠作为关于信任与值得信任的一种解释，主要源于演化理论的相关概念，特别是时下正在发展的演化心理学理论，包括

---

[1] 约翰·迪科哈特在去世前参与研究了对这些三人信任博弈的原始实验的扩展研究：A可以把翻了两番的钱交给B，这笔钱再翻两番，之后B可以把钱交给C。C还可以把钱还给B，B之后可以再还给A。之前的信任和值得信任的情形在这个实验里也出现了。参见里茨等人（Rietz, Sheremeta, Shields and Smith, 2013）的研究。

"读心术""意图性""觉察欺骗者"等社会交换算法。[1]继伯格等人的研究之后，又有不少实验证明了人的意图（合宜的行为）是重要的。此外，实验者还发现，改变意图或情境给选择造成的影响要比改变收益对选择的影响更大。[2]但是，互惠概念并不像公理0~3和原理1~4那样具有基础意义，因此无法像《道德情操论》那样能对仁慈做出充分解释。

斯密关于仁慈的第二个命题，用他自己的话来说是这样的：

> 仁慈总是自愿的，不能以外力强索。只是缺乏善行并不会受到惩罚，因为这并不会导致真正而确实发生的罪恶。缺乏善行可能使人们对本来可以合理期待的美好感到失望，并由此激起人们的厌恶和反感；然而，它不可能激起人们普遍认可的任何怨恨。（《道德情操论》，第II篇第II章第I节，第112页）

在重新表述这个命题之前，我们还需要增加一个假设：

假设2 如果某件事应该受到 Y 的惩罚（奖赏），那么此事在其他人看来，也应该受到 Y 的惩罚（奖赏）。

---

[1] 参见Hoffman, McCabe and Smith（1998）。Gintis and Helbing（2015）构建了人类社会性模型，这个模型是基于依赖社会情境的偏好函数，以行为、收益和信念作为输入变量。他们的结论是，高水平的合作可以形成均衡结果，条件是少数行为人（其他人都是自利的）遵循"强互惠"的"利他主义"规范，提供无条件合作，并总是惩罚背叛者。与《道德情操论》不同的是，这个结论的解释主要是借助偏好函数的调整。

[2] 有关利害关系大小和情境的影响，参见Camerer（2003，第60—61页）和Smith（2008，第10章）；有关意图的影响，参见McCabe，Smith and LePore（2000），以及Fehr and Rockenbach（2003）。

所谓应该受到奖赏和惩罚，是说如果情况确实如此，那么其他人也会有相同的感受。

仁慈命题2　如果X因为不想对Y做好事，而没有对Y做某些好事（$Z^{好}$），那么从缺乏$Z^{好}$这件事本身来看，Y不应该惩罚X。

证明（反证法）：假设X没做$Z^{好}$本身应该受到Y的惩罚。根据假设2，没做$Z^{好}$这件事本身在其他人看来也应该受到Y的惩罚。根据定义1，没做$Z^{好}$这件事本身就是合适的、被认可的怨恨对象。"Y对X没有做$Z^{好}$感到怨恨"这句话的核心意思是，X由于没有做$Z^{好}$而对Y做了坏事。但这个陈述本身是自相矛盾的，因为"没有对Y做$Z^{好}$"并不等于"对Y做了坏事"。事实上，X对Y什么也没有做。证明完毕。

"只是缺乏"（mere want）这个表述对于理解斯密有关仁慈的第二个命题很重要。在今天，我们主要用mere（只是、仅仅、不过）来强调某件事是多么微不足道或不充分。而斯密用的是这个词直接来自拉丁语merus的旧词义，意指"纯粹的"，或者如塞缪尔·约翰逊所说的"仅此而已"。want of X（缺乏X）的说法听上去也很古老过时，因为现在一般使用其同义词lack of X。但是，从want of X转到lack of X会遗漏一些东西。lack of X是简单陈述一个事实，want of X除了说明缺乏的事实，还带有want作为动词表达的欲望因素。这点对于斯密的命题来说并非无关紧要，因为我们出于自爱，确实希望各种各样的人能为我们做各种各样的好事。然而斯密说服我们，仁慈是一种自愿选择的行为，不可以用外力强索。如果因为不为我们做好事就坚持威胁强索，是要受到惩罚的。

关于不正义的命题

斯密关于不正义的第一个命题与他关于仁慈的第一个命题是对称的："具有某种有害倾向且出自不正当动机的行为本身就应该受到惩罚，因为这种行动本身就是人们认可的怨恨对象，或者说会激起旁观者对怨恨的共情。"（《道德情操论》，第 II 篇第 II 章第 I 节，第 112 页）我们对这个命题的重新表述也和仁慈命题 1 相对应：

不正义命题 1　如果因为 X 想对 Y 做坏事而对 Y 做了某些坏事（$Z^{坏}$），那么无须其他条件，$Z^{坏}$ 本身就应该受到 Y 的惩罚。

证明：参考仁慈命题 1 的证明。

源于正当动机，倾向于做真正的善事，其对立面就是源于不当动机，倾向于做真正的伤害。细心的读者会注意到我们对仁慈命题 1 和不正义命题 1 的重述中省略的地方。斯密的措辞包含了一个词语的不对称差异：善行本身就要求奖赏，而不正义的行动本身就应该受到惩罚。由于人类在解释有益和有害行动时可能而且确实会犯错误，关于得失不对称的原理 2 会提醒我们：不要把这两个命题都说成要求奖赏和要求惩罚。如果把一个行为错误地解释为有益或者错误地归因于 X，如果 Y 真的奖赏了 X，此时并不会让 X 的处境变得更糟。奖赏 X 的要求来自一个相反的问题，即如果没有对 X 的行为给予奖赏，可能会导致 X 认为 Y 忘恩负义。休谟认为这不是件小事，"在人类能够犯下的所有罪行中，最可怕和最违背人性的就是忘恩负义"（Hume，1740，第 300 页）。

然而，如果把一个行为错误地解释为有害或错误地归因于 X，如果 X 又真的惩罚了 Y，那会让 X 的处境变得更糟。此外，与要求不同的是，即使对事实的解释没有错误，对伤害行为的应有惩罚依然给仁慈和宽恕留下了空间。在收益领域采用这样一个较弱的条件是没必要的，由此便可以理解斯密为何对善行做出了较强的陈述。斯密小心翼翼的措辞揭示了其思想实质，而我们还不习惯这种思考，我们所受的教育使我们对此准备不足。

宁可在不需要感激的地方表达感激之情，也不要在需要感激的地方忘记表达感激之情。让一个有罪的人逍遥法外，这种错误令人沮丧，但我们更不愿意看到无辜之人因为错误罪名受到惩罚。对于误读善行和误读恶行，我们的感受是不对称的。斯密在认识收益与损失不对称现象以及探索其深层根源方面的睿智，对理解我们作为社会化生物的本质有着深远的影响。

最后我们来看看第4个命题，用斯密的话来说就是："违背正义原则……会受到惩罚，但遵守这种美德的行为本身似乎并不值得任何奖赏。"（《道德情操论》，第 II 篇第 II 章第 I 节，第117页）

不正义命题2　如果因为 X 不想对 Y 做坏事而没有对 Y 做某些坏事（$Z^{坏}$），那么没有发生 $Z^{坏}$ 本身不应该得到 Y 的奖赏。

证明（反证法）：参考仁慈命题2的证明。

违反正义原则应该受到惩罚，但守法行为本身并不值得奖赏。尽管守法值得我们尊重和赞同，我们可能有责任小心翼翼地避免伤害自己的邻居，但这样的行为不值得回报以感激。一般来说，我们只要不采取行动，就是在遵守正义原则，比如避免打扰邻居。或者，我们为了遵守正义原则而采取行动，比如在红灯前停下车辆。在这两种情况下，我们都不期望因为履行了这样的责任而得到奖赏（《道德情操论》，第 II 篇第 II 章第 I 节，第117页）。

以上两个命题是斯密正义观的核心内容。既然它们谈的是伤害和惩罚，为什么又是关于正义的呢？因为斯密是从反面来定义正义的，即消除不正义。因此，"在大多数情况下，（纯粹的）正义只是一种消极的美德，它仅仅是阻止我们去伤害周围的人"（《道德情操论》，第 II 篇第 II 章第 I 节，第 117 页）。他在《法理学讲义》中简明扼要地说，"正义的目标是确保不受伤害"（Smith，1766，第 399 页）。我们在后文还会讨论这个重要的话题。

亚当·斯密的道德宇宙中的一般性与对称性

让我们感到好奇而且意味深长的是，斯密道德理论的基础不是建立在对（right）与错（wrong）的概念之上。直到《道德情操论》第 III 篇第 IV 章，他才提到对与错的概念，而且只出现了一次。在第 V 篇第 II 章又出现了两次，直到最后增加的第 VI 篇才出现了十几次。斯密的核心道德术语在第 I 篇讨论的是合宜感与不合宜感，以及赞许与不赞许，在第 II 篇讨论的是善与恶、功与过，在第 III 篇第 I 章到第 III 章讨论的是自我赞许与自我不赞许，以及责任。安娜·魏兹比卡认为，"'对'和'错'不是人类的通用概念，而是英语中的特有词汇，在其他欧洲语言中没有对等的词汇，更不用说在其他差异更大的文化和社会语言中"。她继续说道：

> 我要强调的是，在表达这一观点时，我并没有采取文化、道德或语言相对主义者的立场。相反，我和同事们试图记录……语言普遍性的存在。在跨语言实证研究的基础上，我们认为这些普遍性包括好与坏的概念。我们还认

为，好与坏可以在广泛领域内被使用，而绝不局限于道德议题，并且可以在所有语言中以如下的类似组合出现："我（你、某人、此人）做了坏事或好事"，或者"如果某人做了这种事，则是好的或坏的"。

讲英语的人可以用"对"和"错"来翻译希腊和罗马的经典作品，但是与 bonum 和 malum 在语义上对等的词汇，特别是在其他欧洲语言中，则与"好的"和"坏的"在情境和词义上更接近（比如译成 das Gute 和 das Böse，il bene 和 il male，el bien 和 el mal，le bien 和 le mal 等，Wierzbicka，2006，第66页）。[①] 英语中采用的"对"和"错"这两个词还意味着对行动的合理性做了判断，换言之，具有合理性或者缺乏合理性。如果我们说有人做错了什么，我们不只是说他们做了坏事，我们还在说，他们不能合理解释为什么做了坏事。做错事意味着对做事的手段给予理性的评估。做坏事则只意味着对所做事情的评价，即事情本身是不好的。

某些文化和道德相对主义者认为，斯密的道德理论是受限于他所处时代和地域的一套体系。我们对此提出了商榷意见。《道德情操论》并不像许多现代道德哲学那样局限于现代英语中的对与错的含义。斯密的体系依赖于人类的普遍观念，即"因为你想对某些人做好事而做这些好事"和"因为你想对某些人做坏事而做这些坏事"。我们之所以这样重新表述斯密的命题，目的之一就是用人们可以读懂（包含任何语言）的方式来阐述其简洁性和普遍性。

———————————

① 或者译成"好的"和"恶的"，后者强调的是想对其他人做坏事。

我们重新表述的第二个目的是想清晰地说明，斯密对仁慈和正义的比较是系统性和对称性的。之所以说系统性，是因为他的观察同时解释了我们出于正当和不正当动机以及对自己所做善行和恶行的道德反应；之所以说对称性，是因为他观察到人类在实施奖赏或处罚，或不奖赏和不处罚时是有规律和有秩序的。简而言之，我们奖赏善行，但对缺乏善行并不加以惩罚；我们惩罚不正义，但不会奖赏正义的行为。我们奖赏善行，其中包含了做好事的意图，因为它会带来真实的好处，但我们不惩罚没有这样做的人，因为它没有造成真正的伤害。我们惩罚恶行，其中包含了做坏事的意图，因为它会造成真实的正面伤害，但我们不奖赏不做坏事或者不打算做坏事，因为它没有产生真正的好处。

偶然机会与功过感

为避免我们过分强调意图的重要性，斯密强调说，在行动受到独立外部事件的影响时，某个行动的后果产生的影响可能会对我们实际感知其功过带来偏差。虽然我们都承认一条抽象的原则，即意图应该是判断行为人功过的唯一决定因素，但我们的情感并不是完全由它决定的，这是由于"运气"带来的不规则效应，即不受控制的无过错机会事件对行为的影响。斯密称之为"情感的无规则性"（《道德情操论》，第 II 篇第 III 章引言，第 135 页）。他说的这种无规则性源于行动与偶然机会的结合，或者尽管我们自己的行动完全是有意而为的，却发生了我们无法控制的事件。斯密接下来对此做了精心阐述，但如果展开详细介绍，尤其是他关于疏忽的讨论，可能会让我们远离本书的主题。^①然而，鉴于这个因素的重要性以及潜在的预测能力，根据斯密对行动与偶然机会相结合会如何影响功过进而影响对行动实施奖赏或惩罚的动机所做的分析，我们仍把相应的命题总结如下。

斯密提出的适用于此类情境的两个命题如下（《道德情操论》，第Ⅱ篇第Ⅲ章第Ⅱ节，第142页）：如果偶然机会（运气）和我们的（应受赞扬或责备的）有意识行动相结合，并没有产生预期的结果，就会削弱我们对这个行动的功过感。斯密举了某个朋友代表你申请一个职位的例子，这个例子可以代表一类典型情况：无论预期的结果是好是坏（在这个例子里有一笔固定的奖金，可能得到，也可能得不到），本身都不受随机事件的影响。也就是说，朋友采取了申请职位的行动，然后由偶然机会决定结果。在这种情况下，结果的失败会削弱委托人对功过两方面的判断。如果有意的善行失败了，就会降低对其功劳的评价；同样，如果有意的恶行失败了，对其过失的评价也会减弱。前一种情况下奖赏该行动的欲望和后一种情况下惩罚该行动的欲望，都会因此下降。根据这一命题，行动结果对判断功过的影响类似于出现特定好结果或坏结果的概率降低，也即获得感（好处）和损失感（坏处）都变小了。

斯密提出的第二个命题是：如果偶然机会和行动者的意图相结合，相对于行动本身的预期结果，可能带来不寻常的快乐或痛苦，那就会增强我们对行动的功过感。行动的效果将"给行为人蒙上一层功过的阴影，尽管从他的意图来看没有任何东西应受赞

---

① Hankins（2016）分析了斯密对"情感不一致性"问题的复杂处理方法。

扬或责备"（《道德情操论》，第Ⅱ篇第Ⅲ章第Ⅱ节，第147页）。因此，当收益或损失的结果被放大，也即变得比预期的更好或更糟，而且完全不是行动本身的意图时，人们对其功过的感觉会被加强。如果有选择权，你会愿意在结果好的时候提高给行动者的奖赏，在结果不好的时候加大对他的惩罚。借用斯密的例子，假如某个朋友帮助你申请了一个职位，原本不变的结果现在变成可变的了。这一申请行动带来了意料外的前景，即你可能得到更好的工作职位。这样的结果让你感到，你朋友的行动应该有更大的功劳，而其实他本人并没有想到。①

---

① 讨论损失结果时，这个例子可以变成你的朋友力阻你的薪水被调降，结果你被辞退了。尽管这是一个大家都没有料到的结果，但你对朋友的过失感依然会更加强烈。

第七章

受规则支配的秩序中的合宜性与共情

有关正确的认识不是从规则中衍生出来的，但规则是从我们对正确的认识中衍生出来的。

——尤利乌斯·保卢斯（Julius Paulus），转引自哈耶克（1973，第162页）

* * *

在较为发散地思考了《道德情操论》的理论模型的形式结构后，我们将继续探讨许多同样的议题，包括该模型的起源、目的和价值，以深化对社会秩序的理解。更具体地说，我们将讨论斯密对公正旁观者的深刻隐喻，以理解人们自我克制的根源，自我克制是分散化社会秩序借以存在和繁荣的机制。在这个过程中，我们将更深入地学习斯密的思考方式，这是《道德情操论》的力量和有用的关键所在。为充分运用这个模型，采用与斯密相同的思考方式将是有益的。

规则的社会基础

受牛顿和天文学的重要影响，斯密认识到，为梳理在人类的自觉认识（sensible awareness）下运转的各种社会现象，我们需要一个受规则控制的体系来发挥强大的力量。[①] 牛顿的理论精确地阐明支配物体自然运动的隐藏力量，并将支配地面运动和天体运动的定律整合成一个理论。与之相似，斯密的计划是发现社会性意味着什么，同时找到决定人类行为规则的隐藏力量。他在《道德情操论》中的研究就是探讨道德行为如何从人类的互动经验中产生，从而形成一个明智地规范社会的通用规则体系（《道德情操论》，第VII篇第III章第II节，第469页）。在《国富论》里，他又将这一体系扩展到市场和国民经济中，以便让18世纪生活在欧洲北部的细心观察者能够更好地了解经济秩序的来源和演变。

秩序不是起源于有意识的人类理性

斯密很关注自然界物理法则和社会经济生活规则之间的重要差异。他警告说，后者的公理来自"经验和归纳"，我们永远不应该把它们的运行效率和发生原因混为一谈；也就是说，我们遵循的通用规则来自"对经验的归纳"，而不是人类经过理性思考或深思熟虑设计的结果。在宇宙中，手段精确地适应目的随处可见。例如钟表的齿轮符合机械原理，因而可以确保走时准确，但是，达到这样的目的并不需要机械刻意为之，而是由钟表制造商来确

---

① Smith（1795）.

保。当我们解释人类大脑处理生活事务的运转时：

> 我们很容易混淆这两件不同的事情。当自然法则引导
> 我们借助精致且开明的理性去实现那些目标时，我们很
> 容易将促成目标实现的情感和行动都归因于理性及其有
> 效的发挥。（《道德情操论》，第 II 篇第 II 章第 III 节，第
> 126 页）

斯密在很多观点上与他的朋友休谟保持了一致，后者认为，
正义和合宜的规则在非常缓慢和渐进的演化过程中逐步获得了社
会和经济效力，而这个过程来自"我们不断违反规则而遭遇的种
种不便"（Hume，1740，第 315 页）。休谟的描述是正确的，但斯
密的意图却是弄清楚人类情感发挥作用的动态过程如何减少上述
各种不便，并改善人类的社会和经济状况。

因此，正如斯密和他同时代的知识分子理解的那样，"个人
和种群层次上的人都是为社会而生的"，社会和平取决于道德
（Ferguson，1792，第 199 页）。此外，正如休谟解释的那样，道德
规则 **"并不是随意的"**（Hume，1740 年，第 311 页）。或者如斯密
所说，"恶习总是反复无常的，只有美德是规则而有序的"（《道德
情操论》，第 VI 篇第 II 章第 I 节，第 330 页）。20 世纪著名学者哈
耶克（其著述的核心思想延续了苏格兰学派的传统）则认为，我
们要谈的是一种自发秩序，这种秩序由类似于家庭的小团体在社
群互动中发展出的规则来引导和调节。①

———————

① Hayek（1988）.

斯密细致而深刻地区分了社会秩序规则（及其第二本书中的经济秩序规则）的运行效率和这些规则如何通过人们的行动在社会经济中发挥作用及其演化发展，这与当今的经济学方法论有着显著的相似之处。

无论是实验经济学家还是行为经济学家，理论学者都喜欢把现实和实验室中的经济行为人理解为模型中有理性行为或社会行为的个人。我们往往不愿意从参与者经历并见识过的经济环境的角度对行为人或受试者的行为建模。赫伯特·西蒙区分了主观理性（基于受试者如何感知和评价其处境）与客观理性（基于实验主持者或理论学者），"要预测经济人的行为，我们不仅要知道他是理性的，而且要知道他是如何看待世界的，即他看到了什么样的选择，以及这些选择有何后果"（Simon，1956，第271—272页）。在《道德情操论》中，斯密给主观理性的个人建模，这个人在其所处社会和经济交易环境中选择具体行动。而当新古典传统占据主导地位之后，我们的模型界定了我们对行为人或受试者行为所做的讨论。斯密（如果不算休谟的话）确实看到了这种差别，并警告我们不要将效率（通过遵守规则就有可能很好地实现）与推动人类发现这些基本秩序规则的感受混为一谈。斯密首先提出了一个社会人模型，其次是经济人模型，之后才从社会经济系统的合宜性和最优化角度去解释模型的意义。行为经济学家则是从满足社会偏好函数的角度给行为建模，给人们表现出的利他行为提供功利主义的解释。理论学者与实验学者用增量结果来描述观察到的现象，并阐述从模型中推导出来的均衡性质。

这样做的一个后果是，实验（和社会调研）的数据有时能支持这些模型，有时却不能。为什么会出现这些差异呢？要回答这个问题，不仅需要行为人与受试者模型，还需要社会福利模型。我们将利用《道德情操论》来解释行为人与受试者的行动，并为他们构建模型（本书第八到十章），再利用每个受试者的收益和他们从二元关系（dyadic relationship）中实现的效率来评估行为表现（本书第十三章）。

源自人类的情感：合宜性及规则的出现

在《道德情操论》中，我们判断并评估他人的行动给自己带来的益处或伤害，并判断这种行动是有意的，因而也是相关的。为了做出判断，我们需要充分了解行动发生的环境，以便评估行动者的意图。我们本能地会对那些对自己有利的行为产生感激之情，对故意伤害自己的行为表达怨恨。由于我们人格上的这些显著特征，以及我们对他人的相似心理情感有所了解，所以我们的行动受到某种自我克制的约束，并使我们的行动能够与他人、公正的旁观者以及全体人类能够"认同"或不能"认同"的内容达成一致。他人对我们所做的带有情感的行动，以及我们学会考虑对他人施加的类似行动，可以引导我们根据合宜性——引发他人的赞许或不赞许的能力——来判断和评估人们的行动。从合宜性的常识出发，我们可以共同制定规则，以实现我们与他人的和谐相处。

有两类紧密关联的规则：（1）在我们社群内部通行的关于举止得体与否的标准，它们反映了社会对适当和得体行动的共识；（2）我们作为个人遵守的规则，其合宜性和适当性要根据是否符合社群习俗来判断。

作为个人，我们如何成为符合社群习俗的规则的遵守者？《道德情操论》给出了清晰的行为调整机制：规则源于我们渴望得到赞扬和值得赞扬，而且我们希望避免被人责备或应受责备〔见第五章的原理4（a）和4（b）〕。人们赞许的行为会因为大家用口头或身体语言表达的感激而受到鼓励，并可能因此获得实物或现金奖赏；人们不赞许的行为会因为大家用口头或身体语言表达怨恨而受到抑制，并根据人们的怨恨程度，受到实物或现金上的相应惩罚。但是我们对要遵循的规则的感觉总是会受到不确定性的影响，即不确定我们的规则在多大程度上符合（被他人接受的）标准，不确定我们对行为选择面临的环境约束的理解是否准确。

上一章讲述的我与那个卖报纸的无家可归者相遇的情形，可以表明斯密关于"口头或身体语言表达"的观点。那个人不赞同购买者对交易的理解，他一边缩回准备接过钞票的手，一边把递报纸的手也收了回去。这些举动再加上口头表态，表明他强烈反对在对方不接受商品的情况下接受金钱。这一交易中隐含的意义是关键所在，与交易者的个人身份无关。尽管可能是不同的人，但他们可以有相同的动机。这涉及在既定情境下规则的合宜性，以及在自爱的社会交易者之间为达到双方的同感而需要修改规则。人们的互动包含了感受、思考和理解（本书第二章）。

在后面的第八章中，我们将总结过去报告的各种双人实验的结果。这些实验无法证实博弈论的预测结果，尽管人们以为实验条件特别有利于那些理论预测。利用斯密的模型，我们将人们的行动解释成受规则支配的关于举止得体标准的表征，背景条件则是由博弈树及其收益结果所定义的具体情境。也就是说，我们将实验参与者看作生活在《道德情操论》的模型世界中的人。在这种人际关系环境中，举止的合宜性发挥着协调行动的作用。每一次博弈都是一次机会，让人们在惯例之下互动，而这些互动影响着每个人的经历。我们推测，斯密提出的命题就是对支配人们生活的通用合宜性规则的描述。那么以布鲁诺·拉图尔的标准看，斯密命题对这些博弈结果的预测又表现得如何呢？①

本书第九章和第十章将介绍根据斯密命题设计的新型实验及其结果。在这种新一代博弈中，各个命题对结果的预测表现得如何呢？同样重要的问题是，这些命题结合起来，怎样能够帮助我们作为观察者去更好地理解受试者如何看待每一次博弈，如何解读彼此的行动，又如何做出回应？传统的效用最大化模型在这些博弈中遭遇失败，给我们只留下了一些猜想，包括公平、不公平厌恶、互惠、愤怒、意图等概念，这些说法与我们对实证结果的猜想是一致的，但是缺少一个新理论来指引我们深入探讨这些高度可复现的新证据。

在接下来的论证中，我们将会用到我们对亚当·斯密心理和情感状态理论的解释，这些内心状态调节个体的行动，而行动又会激发心理和情感状态。相应地，我们将概述这些行动原理，并在恰当的时候与第六章中更规范的陈述联系起来。

对功过的判断

斯密认为，我们对他人行动和举止的判断一方面是对其功劳或应受奖赏的内在品质的社会感知，另一方面也依赖于对其过失或应受惩罚的社会感知。感激是一种情感，直接促使我们对有益于自己的人给予回报，而怨恨则激发我们对损害自己的人施以惩

---

① Latour（1999）.

罚。"奖赏就是报偿，支付酬劳，以德报德；惩罚也是报偿，只是用另一种不同的方式，以怨报怨。"（《道德情操论》，第 II 篇第 I 章第 I 节，第 94 页）用现在的话来讲，斯密认为正面的互惠因感激之情而生，负面的回应则来自怨恨。前者解释了奖赏的原因，后者说的是为何要施加惩罚。他补充说，如果我们的一位亲密同事变富与我们采取的行动无关，那么我们想要回报他的愿望就没有得到满足，尽管我们仍为他感到高兴。我们很高兴，但除非是通过我们的行动让他过得更好，否则我们的感激就没有兑现。我们对他的责任感未能得到满足，因为如果我欠你一个人情，那么只有我才能履行回报的义务。同样，如果我们成了被伤害的对象，除非我们采取回击性质的惩罚行动，否则我们的怨恨就无法平息，"怨恨不仅使我们想让他受到惩罚，而且要用我们自己的手段来惩罚，以抵消他对我们造成的伤害"（《道德情操论》，第 II 篇第 I 章第 I 节，第 96 页）。[①]

斯密理论体系的一个指导原则是如下思想：随时都要以保持谦卑来避免傲慢的自爱，以便让自己的行为符合内心的公正旁观者的判断（《道德情操论》，第 II 篇第 II 章第 II 节，第 119—120 页；第 VII 篇第 II 章第 II 节，第 389 页）。另外，这种机制不能简化为一种有条件的效用最大化形式，而是源于一种关系。结果对这些判断而言固然很重要，但这也仅仅因为它们是互动情境的一部分，而不会成为我们采取行动的唯一决定因素。

---

① 斯密在这里提到他的引申观点，即由我们的小群体的经验形成的作为规范的规则，是社会秩序中的法治的基础，"这种激情的自然满足本身往往会产生施加惩罚的各种政治结果，从而纠正犯罪行为，以及为公众树立榜样"（《道德情操论》，第 II 篇第 I 章第 I 节，第 96 页）。

公正的旁观者

我们的行为受到自我克制原理的约束，这些原理的运行借助了"公正无偏的旁观者"或简单而言"公正的旁观者"的隐喻：

> 试图从一个假设的公正的旁观者的角度去审视自身的行为。如果他将自己放在这个旁观者的位置，并全面感受影响其判断的所有情感和动机，那么通过共情，他就会支持这位公正的旁观者赞同的行为，而如果他感受到这位公正的旁观者的反对态度，也会谴责相应的行为。（《道德情操论》，第III篇第I章第I节，第162页）

我们认为，斯密之所以有意选择"公正""无偏""公平"这些词汇，是为了清晰地表明以一个中立裁判的立场，在特定情境下，根据适用的互动规则来判断一个行动是否公平。斯密的"公正的旁观者"这一隐喻包含了在博弈规则下充当裁判的第二个隐喻。[①] 斯密反复提到"其他人""人类"或"公正的旁观者"可能接受（或不接受）的行动。这样一来，公正的旁观者内化了他人对赞许或不赞许的判断。公正的旁观者鼓励我们采取其他人支持的

---

① 对于公正一词在社会实践规则范畴内的讨论，参见Wilson（2012），特别是其中的脚注7给出的这个词在18世纪的含义。亚当·斯密用的是fair，而不是fairness，这是有非常明显的差别的，有关讨论参见Ashraf，Camerer and Loewenstein（2005，第136—137页）。也可参见Fehr and Schmidt（1999），以及Falk，Fehr and Fischbacher（2008），他们指出实验室行为可以用公平性（fairness）来解读，即结果公平。Smith（2008，第161—165页）讨论了实验环境下对"公平性"的许多种感知，并举出了相关例子。

行动，不要做他人反对的事情。自我克制让遵循规则变成了一种强大、灵活和分散化的变革力量；人们开始以平等的身份相互约束，从而实现了整体的社会改进。

斯密关于公正的旁观者的隐喻包含了他关于内嵌在人类关系之中的行为模型的社会心理学基础。这一点在他用来解释每个人的社会成熟过程的心理实验，即斯密社会思想实验中显而易见。他要求我们想象一个在完全与世隔绝的环境中成长的人，这样的人根本不知道异常心智意味着什么，不知道自己行为的好坏，甚至不知道自己长得是美还是丑。这些东西都不是他感知的一部分，因为没有"镜子"可以让他看到它们。但是，如果他是在社会环境里长大的，他就会有"镜子"。"镜子"会反映出他遇到的所有人的"表情和行为"，这些人在相应的时空里很快会对他的情感表示赞许或反对（《道德情操论》，第Ⅲ篇第Ⅰ章第Ⅰ节，第162页）。

我们对美丑的感知源于我们与他人的交互主观经验，而不是源于我们对自身的主观经验。然而，我们很快就会意识到，其他人也有同样的形象塑造经历；因此，我们关心的是他人如何看待我们的外表。我们之所以关注自己的外表，是因为它会对别人产生影响。如果我们游离于这个社会，则不必关心这些事情。同样，对于道德行为来说，我们首先意识到的是他人的行为如何影响我们，但很快就会了解该如何与他人相处。这面"镜子"在某种程度上使我们能够透过别人的眼睛来观察自己的行为（《道德情操论》，第Ⅲ篇第Ⅰ章第Ⅰ节）。

斯密用这些思想来构建他的"公正的旁观者"。因此，在对自己的行为进行审视和评判、赞许或谴责的时候：

我仿佛把自己分成了两个人……一个是作为审查员和评判者的角色，另一个则是行为将要受到审查和评判的人。第一个我是旁观者，我把自己放在他的处境中，努力去了解他对我的行为的情感，从这个特殊的角度去考虑我的行为会是什么样子。第二个我是行为人，可以称作我本人，这个我的所作所为将在旁观者的眼里形成一些看法。第一个我是评判者，第二个我是被评判者。正如原因不可能在各方面都与结果相同那样，要求评判者在各方面都与被评判者相同，也是不可能的。(《道德情操论》，第III篇第I章第I节，第164—165页）

斯密在这里阐明了我们具有"同理心"，或者如他所说，我们由此获得了"同感"的基本要素。他接下来断言：

　　和蔼可亲与值得赞扬，换言之，值得爱、值得回报，都是美德的高尚特质；而可憎和应受惩罚，则是邪恶的特质。所有这些特质都会马上激起他人的情感。美德之所以是可亲的，或者是应受赞扬的，并非因为它是自爱或是自身感激的对象，而是因为它激起了他人的相应情感。(《道德情操论》，第III篇第I章第I节，第165页）[1]

对人类社会性的这种总结尽管不够完美，但仍能够调节人的行为。作为一种社会心理过程，它以规则的形式出现，首先是在

---

[1]　对于斯密来说，一个人的自爱不是功利主义的对象。

我们的家人中，然后延伸到其他亲属以及身边的朋友，并最终影响公民社会编纂的正式法律（《道德情操论》，第II篇第II章第II节；第VI篇第II章第I节）。

避免自我欺骗之误

为什么斯密将公正的旁观者看作中立的裁判？这是因为自我认知容易产生偏差。如果不能用中立者的眼光去评判自己的行为，我们就有可能通过无耻的自吹自擂甚至自我欺骗，去徒劳地追求赞扬，从而破坏我们的社会适宜性。

> 愚蠢的说谎者，竭力通过叙述那些根本不存在的冒险事迹来激起同伴的敬佩；妄自尊大的花花公子，摆出一副自己也明知配不上的显赫和高贵地位；毫无疑问，他们都陶醉在得到别人赞扬的幻觉里。然而，他们的虚荣心来自如此粗俗的一种想象，以至于很难明白任何一个有理性的人会受到这种幻觉的欺骗。如果他们置身于自认为曾受自己欺骗的人的位置，就会震惊于自己得到的高度敬佩。他们眼中的自己，不是他们所知的应该展现在同伴面前的样子，而是自以为的同伴实际看待他们的样子。（《道德情操论》，第III篇第I章第II节，第168页）

为了说明导致我们易受影响的偏向性的来源，斯密用了整整一节的篇幅，非常准确地论述了"自我欺骗"现象（《道德情操论》，第III篇第I章第IV节）。他的目的是找出我们误判自身行为的根源，无论是当时的看法还是事后的反思，我们对自身利益的表达都可能过度。不过，我们从观察他人的过程中学到的东西，一定程度上可以克服自我克制中的这些缺陷，这些学习的效果会融合到通用规则之中。

理性遭遇失败的地方，老天会出手相救

在两种情况下，我们有机会注重观察和评判自己的行为：（1）在行动的时候，（2）在行动之后对所做决策进行反思。但是在这两种情况下，我们都不容易做到公正无偏。在行动的时候，即时激情与我们的自爱相结合，很容易让我们忽视从他人的角度看待自己行动的可能性。在行动之后，当我们可以从公正旁观者的角度来审视自己的行为时，可能会有更冷静的思考。"今天这个人不再像昨天那样容易被同样的激情所鼓动。"（《道德情操论》，第 III 篇第 I 章第 III 节，第 222 页）然而，我们此时的行为似乎又不那么重要了，不再处于当时经历的情境之中。坦率地看待自己的行为，去除"自我欺骗的面纱"，并不是一个轻松的挑战。

实际上，自我欺骗确实是人类的致命缺点，会引发"人类社会生活中多达一半的混乱"（《道德情操论》，第 III 篇第 I 章第 III 节，第 223 页）。能够完全从别人的角度看待自己肯定会带来深刻的变化，因为我们原来可能不会考虑这些视角。

然而，由于人类的这个弱点很致命，大自然为此提供了一个解决方案，它并没有把控制权完全留给我们自己，任由我们堕入"自爱的幻觉"。我们不断地体验和观察别人，某些人的行为会给我们留下不可磨灭的印象。在不知不觉间，我们往往能从中学到

通用规则，了解哪些行为是可以做的，哪些行为是不可以做的。有些行为让我们感到愤怒，也让其他所有观察者感到愤怒，这有助于我们确认和强化它们的非合宜感。于是我们在内心承诺，会在相关情境下避免这类行为。相反，另一些行为得到了所有人的赞许，我们会强化对这些行为正确性的认识。因此，我们开始吸取并遵循"适当与合宜"的规则。这些规则来自我们的经验，成为我们对功劳与合宜、过失与不合宜的自然感受。我们对周围行为的赞许与否，不是我们对行为和某些通用规则进行认真比较和有意识学习的结果。相反，规则来自我们自身的经历，我们从中了解到某种类型与风格的行为是否受人欢迎。然而，一旦这些通用规则通过"习惯性反思在我们的头脑中被固定下来"，就会在更有意识的沉思中，非常有效地帮助我们想清楚如何纠正各种错误或"虚假陈述"（《道德情操论》，第III篇第I章第IV节，第223—228页）。

因此，当那位无家可归者在别人不接受其报纸的情况下拒绝收钱时，他做出的是一种即时反应。斯密会说，有些经历是不和谐的，我们会求助于理性来解决其中的不和谐之处，但这不是合乎自然的养成习惯的通行方式。

仁慈与正义涉及他人的评判

公正的旁观者有两种参与方式：我们评判他人的行为，我们评判自身以及自身的行为。由我们对他人行为的评判而产生的命题，包括前一章所述的关于仁慈和不正义的命题，即（《道德情操论》，第II篇第II章第I节，第112—113页）：

- 由恰当动机激励的善行本身需要得到回报。为什么？因为正是这样的行为激发了我们的感激。

• 由不正当动机引发的伤害行为应该受到惩罚。为什么？因为正是这样的行为激起了我们的怨恨。

• 缺乏仁慈不会引起怨恨。为什么？因为仁慈永远是自由选择的，根据定义，仁慈是自愿的，不能用外力强索。它不是有意而为的恶行，所以不是一个合适的惩罚对象。

• 与最后一个命题对称的是，缺乏不正义，即保持正义并不需要奖赏。为什么？因为它是被动的，不值得奖赏。因此，社会不会因为你不打扰邻居而给你奖赏，也不会因为你在红灯前负责任地停下车辆就奖赏你。正义是一种被动的美德，社会基于先前经历的伤害，确定其中哪些行为应该受到惩罚以及惩罚的办法，然后把其他所有行为界定为正义的行为。**正义不是指做好事，而是指基于过去的丰富经验来消除或少做坏事**，而相比推测未来并不一定发生的美好事物，人们对既往经验容易达成一致意见。

《道德情操论》认为，在人类的社会互动中，怨恨在表达不赞许时发挥着核心作用，为社会团体采取行动的权利提供了共同的经验和一致的基础。也就是说，怨恨通过对曾经实施不正义行为的人施加惩罚来维护正义，同时以这种惩罚来威慑类似的行为，以防止不正义再度发生（《道德情操论》，第Ⅱ篇第Ⅱ章第Ⅰ节，第113—114页）。报复是一种自然法，要求违反正义法则的人感受到对其他人所做的恶；没有违反正义法则的旁观者不应得到奖赏，但应该承认他们的清白（《道德情操论》，第Ⅱ篇第Ⅱ章第Ⅰ节，第117页）。

作为评判对象的行为人面临的行动限制

在斯密看来，我们的行动范围受制于我们对自己的评判，其中包含我们的自我克制，因此受到自然的激励力量的影响。请记住，他认为这种自我克制源于本地的经历，在那里，我们可以影响别人，同时也受到我们周围人的影响。斯密在一个著名的认知思维实验中研究了这个问题，他让我们思考，一个"与中国没有任何联系"的欧洲人在听到这个遥远的国家发生了可怕的地震时会有何种反应（《道德情操论》，第III篇第I章第III节，第192页）。纳瓦·阿什拉夫、科林·凯莫勒和乔治·洛温斯坦（2005，第134页）后来就利用《道德情操论》这一章来讨论："斯密为何认为，自然的共情往往不能达到巨大灾难理应达到的程度。"他们错误地认为斯密在《道德情操论》第III篇中讨论的是行动的道德正当性，但事实并非如此。斯密讨论的是"我们对自己的情感和行为的评判，以及责任感的基础"（《道德情操论》，第III篇第I章，第159页）。这一点在原文第4页之后可以得到证实，他认真地解释说："所有人，哪怕是那些离得最远的人，毋庸置疑都有资格得到我们的良好祝愿，以及我们自然而然地给予他们的祝福。但是如果他们遭遇不幸，为此而焦虑似乎不是我们的责任。所以，**我们对那些无法给予帮助也不会加以伤害的人的命运，对那些各方面都同我们相距遥远的人的命运，只是稍加关心，这似乎是造物主的明智安排。**"（《道德情操论》，第III篇第I章第III节，第197页）

斯密是在为我们的行为表现构建模型，而不是针对更为抽象的人道感受。在这个模型里，我们会受到评判的约束，这些评判集中在我们可以通过选择以及行动带来影响（无论是帮助还是伤害）的问题上。造物主不会强迫我们费心费力去关注一些某种程度上我们无能为力的问题。显然，技术可以改变我们能够采取行动的范围，创新可以改变由斯密原理界定的领域，但他本人对此既不能预见，也无法负责。

在《道德情操论》里，斯密所做的思考远远超出了我们设计的实验项目、我们预测和解释的人类行为。在哲学和伦理学领域，以及在对道德高尚者的世俗概念和宗教概念的探索中，《道德情操论》的思想不乏追随者，并将继续吸引后人关注。

得失不对称，互惠、互损与升级

负面的互损可能升级，正面的互惠却不会，《道德情操论》认为可以通过得失之间的不对称（原理2）将该现象归因于我们自身的感受与共同感受。这类现象会因为其他人而被强化，对于朋友的喜悦，人们可能平静以待，而对于朋友遭遇的痛苦则抱有强烈的共情（原理3）。我们内心的狂躁可以被遏制，但压抑感会占据主导；社会暴力容易升级，而和平总是得来不易；经济繁荣需要逐步积累，萧条则突如其来；股票市场在不确定和犹豫不决中上涨，然后突然陷入暴跌。所以在法律上（斯密原理2的主要应用领域），相比违反合同（只减少预期收益），对抢劫和盗窃（涉及侵占）的惩罚更为严厉。针对后者，我们更需要加强控制，以防止升级。

第八章
信任博弈带来的发现

乔伊斯·伯格、约翰·迪克哈特和凯文·麦凯比在一篇广被引用的论文（以下简称BDM）中提出了关键的研究方法以及一些从未预测到也无法预测到的结果，改变了相关研究的方向和态度，并对20世纪末经济行为研究领域的思想提出了重大挑战。[①] 随后出现了大量跟进研究，试图复现伯格等人的"奇怪"研究结果，并尝试理解其内在决定因素。[②]

伯格等人为三个不同实验招募了32对受试者，这些实验都属于完全信息博弈。在每个实验中，他们让一半受试者进入房间A，另一半则进入房间B。每个受试者会收到10张1美元的钞票作为预付款，以奖励他们按时到场参加实验。从一定意义上说，这笔钱是受试者已经获得的报酬，而不再是实验者的资源。房间A中的受试者可以选择将手里的钞票付给房间B中与自己随机匿名配对的受试者，付出的金额可以在0~10美元之间自由选择。但是房间B中的受试者在收到钞票前，这笔钱的金额会被增加到原来的3

---

① Berg, Dickhaut and McCabe（1995）.

② Johnson and Mislin（2011）收集了162个实验的数据，其中包含了23 000名受试者。这些研究都重复了伯格等人的实验。

倍。伯格等人采用了一个"双盲"或双匿名的流程，即不但每一对受试者之间是匿名的，而且所有受试者对于实验者而言也是匿名的，因此实验者无法知道哪位受试者给另外哪位受试者支付了多少钱。

在单次博弈中采用匿名和双匿名的做法，是希望用严格的实验条件来诱发和鼓励受试者采取自爱的行动。让受试者知道，在这些条件下即便把钱全部留在手里，不付给对方任何金额，也是可以的。在受试者的所作所为可以得到充分的匿名保护的情况下，如果双方的合作失败，我们就可以得到确凿证据表明自利动机的影响，即人们只考虑将自己的效用最大化。如果双方之间发生合作，我们会在标准的"陌生人"模型失败的地方放宽条件。通过探索合作现象持续出现的边界条件，伯格等人打开了一扇通向令人激动的新研究领域的大门。这个领域的探索取得了丰硕的成果。

为实现博弈均衡（技术上指的是子博弈完美均衡），只需要满足三个条件：（1）所有人都是完全自利的，（2）拥有共同知识，（3）每个人都基于最大化自己的效用而做出相应选择。在这些条件下，房间A中的人不会分给对方任何金额，同时，不管他们给对方分了多少金额，房间B中的人也不会返还。[①]但在最理想的条件下，即包括实验者在内，没有任何人知道受试者的身份时，这一预测都与实际博弈结果差别很大。由此充分表明，研究者应当寻找更好的办法来理解双方在博弈中的关系。大量的失败预测应

---

① 这是一个可以通过交易获利的双边独裁者博弈。从交易中获利是许多这类博弈的特点，这一特点会对行为产生显著影响。第九章讨论了这一特点在最后通牒博弈中的影响。

该激起我们的反思，并尝试新的探索。就像我们试图在本书中展示的那样，这些失败的预测在《道德情操论》的分析框架看来并不新奇。更重要的是，《道德情操论》还可以拓宽新的实验设计和预测的范围。

平均来说，房间 A 中的人送出了 5.16 美元，平均归还金额则是 4.66 美元。在房间 A 的 32 个受试者中，只有 2 个没有送出任何金额，28 个受试者送出的金额在 1 美元之上，且有 5 个送出了所有的 10 美元。

从平均金额来看，送出的钱没有得到对方足够的回馈，这似乎表明，人们对博弈中其他人的信念出现了严重错误。显然，如果得到之前开展过的实验的部分数据，受试者会逐渐适应实验环境，并修正其错误做法。然而，如同最开始的均衡预测一样，这个修正想法后来也被证明错得离谱。为了检验这个非常有吸引力的修正想法，在第一次实验完成的几天后，BDM 又安排了另一次有"社会历史"控制条件的实验。为此，他们招募了 28 对新的受试者，其他参数和规则与之前一样，只有一处差异：每个受试者都会收到一份关于之前实验结果的完整报告。报告包括送出每种可能金额的人数，每个送出金额对应的平均归还金额，以及相应的净收益（损失）。这些报告指出，只有送出 5 美元或 10 美元时才能获得净收益。

在这次的社会历史实验中，房间 A 送出的平均金额有小幅上升，达到 5.36 美元，平均的归还金额则提高到了 6.46 美元。在之前实验中发现的"信任范式"（"慷慨赠予"现象）并没有减退，而"值得信任范式"（"对信任给予慷慨回报"现象）却表现得更为显著。在房间 A 的 28 个受试者中，有 3 个人没有送出任何金额，有一半人（14个）送出了5美元或10美元。而房间B的28个受试者中，只有一个人保留了收到的金额，没有返还一分钱。

大量后续文献表明，持怀疑态度的学者不断尝试寻找人们决策时不以最大化个人效用为目标的实证证据。例如，安德烈斯·奥尔特曼等人用新的设计来检验BDM所做的实验，期待得出不同的结果。他们"修改了向受试者提供信息的方式，并用一份问卷去提示受试者要做策略性推理"（Ortmann，Fitzgerald and Boeing，2000，第81页）。然而，他们发现，"令我们感到惊奇的是，经过多个实验条件的尝试，仍没有出现降低付出金额的结果"。奥尔特曼等人的实验结果的稳健性继续挑战着传统理论以及后续的研究。

在后面的章节中，我们将分析奥尔特曼等人的博弈实验的不同变体。但我们的分析基础是假定个人的行为遵循《道德情操论》中的公理、原理、命题和整个理论框架。这些大量的不同实验提供了重新检视实验设计和实验结果的机会，也提供了运用《道德情操论》中的模型重新分析实验结果并做出预测的机会。现代的学者大多认为，自利的参与者会在博弈中采用逆向归纳法的理性推理过程，并最大化自身的效用（收益）。我们则采用《道德情操论》中的观点。[①] 斯密的模型并没有给出具体的预测结果，而是根据受试者对博弈环境的理解进行有条件的预测，他的模型还可以指导我们解读博弈环境。

在这些博弈中，受试者经常有意识地采取不符合收益占优策

---

① 在本书第十章的表10.1中，我们比较了传统的逆向归纳法分析和对人们如何看待这个博弈的斯密式解释。

略的行动。我们接受的经济学与博弈论训练，让我们难以想象并应对一个非收益占优的世界（即人们会选择较少而不是较多的收益）。信任博弈迫使我们进入那样的世界，但是以利他主义作为前提或给偏好加上"社会性"的限定语，则是进入那个世界的错误方式。一个人根据《道德情操论》的模型做出选择，并不代表他不自利，而是人类同感与自我克制的一种表达方式，受到公正旁观者的监督，并要求严格自利的博弈者了解和认同：谁会成为其他备选行动的潜在受害者或受益者。我们想知道，在公理 0 必然成立、人具有非餍足性是共同知识的前提下，为什么斯密的模型能比新古典主义模型得出更出色和更丰富的预测。

单次信任博弈中的二元选择

图 8.1 报告了凯文·麦凯比和弗农·史密斯（2000）的一个拓展型双人信任博弈。我们的灵感直接来自奥尔特曼等人的实验，其目的是对奥尔特曼等人的实验结果进行"严格检验"。[1] 和奥尔特曼等人的研究（Ortmann et al., 2000）一样，麦凯比和史密斯的研究认为可以在博弈者持续合作的现象中找到一丝裂痕；他们的做法是想办法提供对比鲜明的结果选项。如图所示，博弈中的先行者（深灰色）可以选择向右并结束博弈，这样每个参与者会得到 10 美元收益；也可以选择向下，放弃确定的 10 美元收益，并把决策权交给后行者（浅灰色）。如果先行者选择向下，那么后行者

---

[1] 对"严格检验"的定义可以参考 Mayo（1996，第 177 页）对一个假设的证明。在正文中，我们将严格检验视为探索这个假设在什么范围内成立的一种尝试。

可以选择向右，收到实验组织者支付的25美元，并让先行者收到15美元；又可以选择向下，收到实验组织者支付的40美元，而先行者不会得到任何收益。与奥尔特曼等人的实验相比，这些结果对应着如下情形：房间A中的受试者要么没有分钱给房间B中与其配对的受试者，使双方各自从实验组织者那里收到10美元；要么这位受试者送出10美元给房间B中的配对受试者，这10美元被实验者增加到30美元后，再交到房间B中的配对受试者手中，之后，后行者可以把收到的30美元平均分配，使先行者得到15美元，自己得到25美元，或者可以将40美元全部保留下来。两位作者认为，将受试者的选择简化为"投资10美元的信任博弈"这样具有明显差别的选项之后，由于全部收益归属后行者的前景变得非常明确，因而受试者做出合作选择的概率会显著降低。然而，实验结果并非如此。

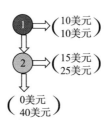

图 8.1　投资 10 美元的双人信任博弈

如果先行者完全了解后行者面临的选择，而且反之亦然，那么我们应当如何理解两个陌生人在这种情形下所做的实际选择呢？亚当·斯密认为，除非当前情形需要某种很清晰的正义法则，否则"我们的行为会受到某种合宜性观念的引导，或对某些行为风格的品位的引导，而非由任何精确的最大化追求或特定规则来决定"（《道德情操论》，第 III 篇第 I 章第 VI 节，第 249 页）。

他还说，如果这听起来显得"宽泛、模糊又不确定"，那是因为"没有任何规则能使我们在学习之后，就能在所有场合都保持谨慎、宽宏大度或适度的善意"（《道德情操论》，第 III 篇第 I 章第 VI 节，第 251 页）。总之，斯密在这些段落中隐含地指出：特定个人遵从的规则，可能会因构成特定"场合"的环境条件不同而有所差异。

因此，《道德情操论》排除了将现代经济学家采用的定义非常精准的子博弈完美均衡概念适用于所有场合的可能性。子博弈完美均衡理论预测，先行者会选择立即拿走 10 美元并结束博弈，因为如果交给后行者选择，他就一定会选择留下 40 美元而不是 25 美元，从而让先行者一无所获。幸运的是，"天性……还没有完全抛弃我们，并让我们沉浸在自爱的幻觉中。我们对他人行为的持续观察，不知不觉让我们形成了什么是合适做的，什么是不应该做的通用规则"（《道德情操论》，第 III 篇第 I 章第 VI 节，第 223—224 页）。

有哪些关于合宜行为的通用规则可以用于解释这个博弈和这个参与者社群的经历呢？另外，用这些规则能做出什么样的预测呢？与子博弈分析类似，我们可以先考虑后行者，但采用的分析视角是《道德情操论》的视角。如果得到了做决定的机会，后行者"试图从一个假设的公正的旁观者的角度去审视自身的行为。如果他将自己放在这个旁观者的位置，并全面感受影响其判断的所有情感和动机，那么通过共情，他就会支持这位公正的旁观者赞同的行为，而如果他感受到这位公正的旁观者的反对态度，也会谴责相应的行为"（《道德情操论》，第 III 篇第 I 章第 I 节，第 162 页）。

这个博弈里的问题是：在与公正的旁观者发生共情之后，后行者下一步到底是选择向右还是向下？选择向右将为两人带来更高的收益，此时先行者已经放弃了两人各得10美元的确定选项。因此，公正的旁观者可能会赞同后行者选择向右；由于双方采取的行动，他们都能得到更高的收益。更进一步来说，根据仁慈命题1（本书第六章），先行者的行为有良好的动机，并有可能引起后行者的感激之情，进而激发后者给予回报。而如果后行者选择向下，将使先行者在放弃10美元的确定收益之后得不到任何回报。因此，无论这个博弈中的参与者匿名程度如何，一个公正的旁观者都有理由反对向下的选择。

现在我们再来分析先行者的选择。借助过去与朋友和同学相处的经验，他考虑到"促使人们相互之间行善的天性对我们的幸福是如此必要，使每一个得到他人善待的人都致力于善待他人"（《道德情操论》，第Ⅵ篇第Ⅱ章第Ⅰ节，第331页，以及本书第六章中的推论）。换句话说，过往的经历告诉先行者，如果他能够为了双方的互惠而善意地将选择的机会留给后行者，就可以期待后行者回报自己的善意。

然而，公正的旁观者是否肯定会反对后行者选择向下呢？如果我们的行为遵循的是某种合宜性的想法，而不是精准的规则，答案就是不一定。博弈中的先行者需要在向右和向下之间选择，如果先行者选择向下，则后行者需要在向右和向下之间选择。一个公正的旁观者可能推断：在这种情况下，实验方规定了后行者的决策规则。包括先行者在内的所有受试者在同意参与实验的时候都了解相关的规则。于是，如果先行者自愿选择向下，公正的旁观者也可能赞同后行者选择向下，因为实验方如果不打算观测后行者是否选择向下的实际表现，就不会给他提供这个选项。借助以上的理性化思考，后行者留下所有金额也是可能的。

《道德情操论》由此提醒经济学家，信任博弈中的互动规则仅仅是"给我们展示了应当追求完美的一般理念，而没有指出实现完美的确定无误的方向"（《道德情操论》，第 III 篇第 I 章第 VI 节，第 250 页）。这个关于实现完美的一般理念建立在我们的个人经历之上，具体涉及"我们的道德判断，关于功劳和合宜性的自然感受，以及哪些行为应该赞同或反对"（《道德情操论》，第 III 篇第 I 章第 VI 节，第 224 页）。不同的人可能有不同经历，或者对如何在具体博弈中运用过去的经历有不同理解，因此，他们可能在这个一次性选择中做出不同的回应。在这个一次性选择中，没有人有机会从重复互动中了解到对方的信息。然而，斯密关于仁慈和不正义的命题仍为我们提供了具体的指导，以帮助我们理解人们在这些博弈中会如何解读他人的行动。

以下是针对图 8.1 中博弈选择的三个不同实验室研究结果的汇总：共计有 98 位先行者，其中 52 人选择了向右，46 人选择了向下。在 46 个有机会做选择的后行者中，有 31 人（约占 67%）选择了向右，15 人（约占 33%）选择了向下。[1] 因此，尽管《道德情操

---

[1] McCabe and Smith（2000），Cox and Deck（2005），Gillies and Rigdon（2017），Gunnthorsdottir，McCabe and Smith（2000）汇报了其他相关结果。他们使用了大一新生作为受试者，且这些受试者在入学时接受了马基雅维利测试（Machiavellian test）。在 103 对测试分数低于或等于平均值的受试者中，47% 的先行者选择了向下；54% 的后行者选择了合作。在得分较高的先行者中有 50% 选择了向下，但只有 28% 的高分后行者选择了合作，剩余的 72% 选择留下所有金额（总共 28 个受试者）。

论》中的一般命题谨慎地没有对人们在信任博弈中的行为做具体预测①，实验经济学仍可以支持斯密的理论，特别是公正的旁观者在赞同还是反对向右或向下选择时所依据的一般原理。我们给参与者随机安排了有系统性差异的实验程序，由此可以发现与哪些情境相关的原理会刺激或安抚公正的旁观者，影响他们赞同或者反对向右或向下的选择。

在实验室的测试中，受试者们通常在相互不知对方姓名的情况下做决策，但实验方知道每个受试者的姓名和他们所做的决策，以便（在私下）向他们支付报酬。这是以上报告的数据中的一个通行约定。在第二类实验条件中，詹姆士·考克斯和卡里·戴克（James Cox and Cary Deck，2005）像奥特尔曼等人一样采用了特定程序，确保受试者的决策对实验方也完全匿名，让后者无法将受试者的决策与特定个人对应起来。有趣的是，程序的改变对博弈双方的决策产生了不对称的影响。先行者选择向下并将决定权交给后行者的频率并没有变化。然而在双向匿名实验的17个后行者中，有13人（约占76%）选择向下，在单向匿名实验的13个后行者中，仅有5人（约占38%）选择向下。由此看起来，提高互动的私密性是一个情境影响因素，削弱了人们对善行的感激之情，并促使更多的后行者选择向下。此时尚未解答的一个问题是，为什么先行者没有预计到在双匿名时，后行者会更倾向于选择向下

---

① 有人批评斯密理论对这个博弈的分析毫无用处，因为它并没有给出具体的预测。但这种批评必须提供并证明一套信任博弈的互动规则才合理，用亚当·斯密的话来说，就是一套"精细、准确且不可或缺"的规则（《道德情操论》，第III篇第I章第VI节，第250页）。

而不是向右？[①] 可见，对于本书第六章提出的回报善行推论，单匿名条件下的选择要比双匿名条件下的选择能给出更强的实证支持；完全的私密性会诱使人们做出更加利己的选择。[②]

单匿名和双匿名条件下的行为差异还证实了《道德情操论》中的原理4（a）与4（b）对行为动机的描述（本书第五章）：人们不但渴望得到赞扬，而且希望值得赞扬（不仅避免受责备，而且避免应受责备）。当我们修改匿名互动条件，让第三方（实验者）不可能观察到每个人所做的实际选择时，人们的决策变得更加利己。在《道德情操论》中，斯密指出"明智的人"会尽其所能地避免应受责备的污名，而公正的旁观者对这类"明智的人"具有异常大的约束力。人们遵从的规则来自与他人的同感，由自我克制来支持。我们推测，实验者不能观察到受试者的身份会导致受试者的自我克制减弱，从而压垮合作。

吉利斯和里格登（Gillies and Rigdon，2017）研究了受试者对收益的了解会如何影响他们在信任博弈中的行动。在一个名为"知识私有的信任博弈"实验中，每个受试者都只知道在选择向右或向下时自己获得的收益。例如在图8.2中，先行者只知道他选择

[①] 在双匿名条件下，后行者选择向右的行为可能得不到赞扬，而只有值得赞扬，因此这么做的动机也比单匿名时更弱；类似地，后行者选择向下，可能也不像单匿名时那样应受责备。对先行者来说，预见发生在别人身上的这种二阶效应，可能更难。本书第十一章将这一前景作为人们自我克制的失败纳入人们遵循的规则中。

[②] 这与研究"撒谎和欺骗"的大量文献不谋而合，那些文献指出，当受试者相信自己处在完全私密的环境中时，就会选择欺骗他人。可以参见 Ariely（2012）。科学家在研究中采用了欺骗的方式来展示人们的谎言和欺骗行为，由此表明斯密对情境的强调有多么重要。以科学之名扯谎和欺骗就没有问题吗！["这是自我欺骗，人类的这个致命缺点会引发人类社会生活中多达一半的混乱。"（《道德情操论》，第III篇第I章第IV节，第223页）]

向右会收到10美元，而如果将决策权交给后行者，对方会在0到15美元之间选择一个收益还给他。这个设计的特殊之处在于，先行者不知道后行者在选择向右或向下时的收益，另外先行者也明白，后行者不知道先行者在选择向右或向下时的收益。类似地，后行者也不知道先行者在选择向右时的收益，只知道这样做会为后行者自己带来10美元。这样一来，任何一个参与者都不知道自己的决策是会让另一个人赚钱还是亏钱。这个设计强烈意味着，受试者会完全从自利的角度做选择。

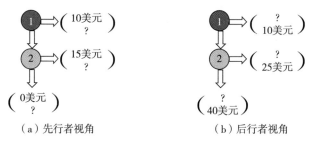

图8.2　知识私有的信任博弈

在不知道自己的选择会如何影响后行者时，先行者无法确定后行者是否会用互惠行为来回报自己选择向下的信任举动，即后行者做出向右的选择，这正是吉利斯和里格登观察到的现象。在知识私有的信任博弈中，45个先行者中只有15个（约占33%）选择向下，而在知识完全透明的信任博弈中，50个先行者中有21个（占42%）选择向下。

更加戏剧化的是后行者作为公正的旁观者的反应。15个后行者中只有3个（占20%）在知识私有的信任博弈中选择向右，而在知识透明的信任博弈中，21个后行者中有14个（约占67%）做出这样的选择。更多的公正的旁观者赞同后行者选择向下，获得

40美元的更高收益，因为他们此时既不知道先行者因选择向下而放弃的收益，也不知道自己的做法会让先行者获得多少收益（0美元）。由于两个参与者都不知道另一个人的收益，在这种互动情境下，感激之情与回报善行推论都无法用于判断每个人的行动是否合宜（本书第五章的原理5和原理6，以及第六章）。因此他们在这一博弈环境下表现出了更明显的自爱，因为公正的旁观者无法"贬低"他们的行为。

在类似图8.1的完全信息博弈版本中，吉利斯和里格登还设计了另一类独立的实验，要求后行者在给定先行者选择向下时做出自己的选择。然而，只有在先行者真的选择了向下时，后行者的收益才会受自己选择的影响。如果先行者选择了向右，后行者的拟定选择并不会被真正执行。在这一处理中，公正的旁观者是在假定先行者选择向下而不是先行者真正选择向下时发挥作用。在先行者真正选择向下时，21个后行者中有14个（约占67%）选择向右，而在假定先行者选择向下时，43个后行者中只有20个（约占47%）选择向右。[1] 这些实验结果的差异对应着扩展式博弈和标准式博弈（又称策略式博弈或有选择博弈）的区别。传统博弈论将两者视为等同，但很多实验研究发现了相反的证据。[2]

---

[1] Casari and Cason（2009）在一个不同参数的信任博弈中也观察到了类似的行为。

[2] 相关的讨论和参考文献见弗农·史密斯（2008，第264—267页），其他进行这种比较的实验结果见McCabe，Rassenti and Smith（1996）。请注意，这篇1996年论文的早期工作论文版（McCabe，Rassenti and Smith，1994，被BDM引用）的标题为"在达到合作中的前向与后向推理"。这篇被放弃的早期版本尝试用前向信号传递来解释信任博弈中的合作，这一尝试并不成功，也不令人信服。如果双方都进行逆向归纳，每个人都能看出均衡行为会被采纳。因此，如果先行者不选择均衡策略，就相当于发出了一个邀请合作的信号。尽管当时尚未受到《道德情操论》的影响，这篇工作论文仍然反映了传统博弈论中存在的类似问题。

这两种博弈形式从认知角度看大有不同：在扩展式博弈中，先行者的意图会在后行者做选择之前就传达给后行者。《道德情操论》在这样的解读中显得尤其有帮助，因为意图是公正的旁观者对他人的行动做合宜性判断的核心要素，也是决定合宜反应的关键所在。[①]

探索"情境"：机会成本在意图传递中是否重要？

图8.3（a）展示了一个简单的信任博弈，即自愿参与的信任博弈，它在博弈论分析中的激励结构与图8.1一样，但是收益有所不同。在单次博弈中，如果先行者选择结束博弈，每个人都会获得20美元；如果先行者把决策权留给后行者，后行者如果选择向右，会让双方各获得25美元；如果选择向下，则会为先行者带来15美元，为自己带来30美元。与图8.1中的信任博弈一样，此时的子博弈完美均衡是先行者选择结束博弈，使双方各获得20美元。但在27对受试者参与的实验中，我们观察到有17个先行者（约占63%）把决策权交给了后行者。这比图8.1的比例有所提高，表明激励发挥了作用：当后行者选择不合作时，先行者的损失更少。我们观察到11个后行者（约占65%）选择了向右，这个比例几乎是选择向下（6个，约占35%）的两倍。和之前一样，有许多对受试者选择了合作，这种行为模式符合《道德情操论》中的回报善行推论。

[①] McCabe，Smith and LePore（2000）认为在扩展式博弈中更好的合作"来自人类通过置身于他人的处境并获得他人的信息，以了解他人的思想和意图的能力"。这种解释并非来自《道德情操论》，而是来自有关"读心"的研究文献，这篇论文独立地发现了斯密提出的公正的旁观者现象。然而，对斯密来说，"读心"始于"对感受的了解"，通过感受–思考–理解的过程来完成。

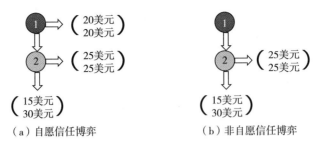

图8.3　信任博弈的变体

（a）自愿信任博弈　　　　　（b）非自愿信任博弈

麦凯比、里格登和史密斯（2003）用这个博弈来回答如下问题：如果在另一类实验条件下，先行者必须而不是自愿选择将决策权交给后行者，上述的实验结果会如何变化？图8.3（b）展示了这个非自愿信任博弈的情形。后行者此时面临与图8.3（a）一样的收益，但他能够看到先行者不放弃任何收益，也即没有机会成本。因此在这些条件下，后行者内心中的公正的旁观者不会对先行者的行为做出与前一类实验条件下同样的判断，即先行者有展示其"善意"的意图。与这个推理一致，在第二类实验条件下，图8.3（b）中的结果与图8.3（a）中的首个实验结果截然相反：只有约33%的后行者选择向右，而不是向下。① 但为什么依然有约三分之一的后行者会同情先行者呢？这个非自愿信任博弈对先行者的可选决策施加了控制，也因此先行者有机会成本，并且双方都可以看到这一点。为了让这个博弈在其他任何方面都与自愿信任博弈相同，需要有一个诚实的先行者（即不存在欺骗）来被迫执行决策。我们可以想象这样的先行者，他们作为参与者必须服从实验方的意愿。显然，这种参与者的身份构成了一种情境，作

---

① Falk，Fehr and Fischbacher（2008）也在一个同时策略式博弈中发现，意图起到了一定的作用。

为参与者的先行者必须按照实验方的意愿去做事，但依然有一小部分后行者认为先行者仍应该得到回报。

重复信任博弈：信任环境是鼓励信任还是诱使背叛？

里格登、麦凯比和史密斯（2007）还研究了图8.3（a）中重复参与博弈时的行为。他们的实验考察了两类条件下的行为决策，这两类条件的区别仅在于：每轮博弈之后，依据不同的规则再次匹配受试者。在两种匹配规则中，受试者都不了解博弈将重复的次数；在没有事先告知的情况下，博弈将在第20轮停止。在第一种规则下，受试者会被随机重新匹配。在第二种规则下，采用一种评分算法，根据先行者与后行者之前的决策，分别按合作程度的高低对他们进行打分和排名。在下一轮里，排名最高的先行者与排名最高的后行者配对，排名次高的先行者与排名次高的后行者配对，以此类推，把所有人重新匹配。先行者的合作行为是指他将决策权交给后行者，后行者的合作行为是指他选择向右。需要特别注意的是，这些实验中的受试者并不知道匹配的程序和规则。在两类实验条件下，所有参与者都只是被告知，自己在每一轮博弈中都会与实验室中的另一个受试者重新匹配。整个实验有16个参与者，其中有8个先行者和8个后行者，这些人会在每一轮博弈中按照随机或评分算法中的一种规则被重新匹配。

如果确实像亚当·斯密的回报善行推论（本书第六章）所说的那样"善有善报"，那么评分算法匹配规则就会让这些重复博弈20轮的受试者通过经验"发现"自己处在一个充满"善意"的环境中。每个人内心中的公正的旁观者都会随着时间推移而更新，并表现出朝向善行的经验倾向。里格登、麦凯比和史密斯的研究对评分匹配规则可能发挥的作用并没有明确的预期，所以才同时采用了随机匹配方法来做对比。一个有待解答的问题是，这两种匹配规则能否将受试者按照选择合作的频率区分为两类不同的群体。从《道德情操论》的仁慈命题1（本书第六章）的角度看，实验中的受试者并不知道评分匹配规则，这一点特别重要。如果他们知道了匹配规则，就可以用有意识的自身效用最大化来解释他们的选择，而斯密的命题要求先行者的行为来自善意的信任动机，而后行者对此做出回应时没有理由认为先行者还有别的动机。①

实验数据有力地支持了研究者的主要假说：在这两类实验条件下的多轮博弈中，受试者的合作反应表现出了显著差异。在第

---

① 在世纪之交，里格登、麦凯比和史密斯于亚利桑那大学完成了他们的这项研究，并在2002年总结成一篇工作论文，但该论文的发表时间被推迟到2007年。为什么呢？主要原因是，在学术讨论和编辑评审过程中，受试者没有被告知匹配规则是基于排名的这一做法受到了质疑。理论和实验工作者都难以理解为何没有向受试者提供关于合作匹配过程的所有信息。谈一个与该研究无关的题外话，有一系列理论指出，如果在由背叛者组成的群体中存在一小群合作者，并且他们能够互相辨认出对方，那就可以得到比背叛者更高的收益。这样的实验可以用于确认理性建构主义的预测。假定我们的受试者知道自己被匹配的情境，并采取了比随机匹配时更加合作的行为。我们可以从中学到什么？如果人们非常清楚在重复博弈的过程中，合作是对个人而言最优的选择，那么他们就很有可能会做出这个最优选择。在那种情况下，我们会再一次发现，人们在博弈中会倾向于最大化其目标，而这些博弈实质上被理性地简化为与人类天性相悖的博弈。然而，我们的实验有一个不同的目标，即回答如下问题：在不知道原因的情况下，人们处在比较合作的环境中，相比于处在不太合作的环境中，会有怎样不同的行为？是否存在一些作用力引发了个人的合作倾向？合作且获利的情形是否会随着经验积累而逐渐增加，或随着对他人的自私攫取行为而恶化？从《道德情操论》的角度看，在意图较弱的环境中的善行还会带来善意的回馈行为吗？这篇论文的发表版在编辑的评审意见和这个脚注的解释之间做了折中修改。工作论文往往要好于发表的版本。

1—5轮中，先行者在排名匹配规则下选择合作的百分比，与在随机匹配规则中选择合作的百分比的比率为1.07；而对于后行者，这个比率为1.094；也就是说，前五轮的实验结果几乎没有实质性差别。但是选择合作的占比在随后会稳步上升，到最后五轮，即第16—20轮中，上述比率分别变成了1.944和1.67。具体来说，先行者的合作比例上升了（1.944/1.047）–1≈85.7%，后行者的合作比例上升了（1.67/1.094）–1≈52.7%。

里格登、麦凯比和史密斯的这项研究还指出，两类实验条件下的实验结果都呈现一条非常显著的行为规律：无论在哪类实验条件下，先行者在第一轮中是否做出信任决策，以及后行者在第一轮中是否以值得信任的方式做出回应，都与他们的后续行为显著相关。因此我们可以说，在这些实验中，每个人在读完指引并进入第一轮实验之后，都会根据之前的决策经历和对未来互动行为的预期来做决策。从所有受试者中，我们都能看到他们的第一轮决策对各自的共情式响应状态有不可磨灭的影响，并且能够用于预测他们在后续19轮中的行为。用博弈论的语言来说，可以用受试者在第一轮做出的决策对他们进行"归类"，并且他们的类型会显著影响后续行动，尽管这些行动会随后续的经历和实验条件发生显著变化。[①] 用《道德情操论》的语言来说，这些受试者展示了很强的行为倾向性：符合仁慈命题1和回报善行推论，由此可以解释他们的"类型"。博弈论是从其研究领域之外引入"类型"概

[①] Rietz，Sheremeta，Shields and Smith（2013）从两个方向拓展了这个发现：首先是三人信任博弈环境，然后采用一个独立的单次博弈来为受试者"归类"，而不是用重复博弈中的首轮行为来为受试者"归类"。通过对单次实验中的合作进行归类，可以预测在重复的相同博弈中的合作行为。

念，然后在给定受试者类型的条件下做最大化分析。《道德情操论》则基于感受、思考、理解（本书第三章）来构建不同类型的规则遵守者，并能够得出如下推断：**即便没有任何人追求效率，由此得到的行为规范仍然是有效率的**。就我们所知，没有其他现代的研究方法能得出类似的结论。

善行信号和强索信号的混杂

凯文·麦凯比、弗农·史密斯和迈克尔·莱波雷（2000）报告了图8.1博弈的另一个变体，这个实验也参考了奥尔特曼等人的投资信任博弈，即图8.4（a）中投资5美元的信任博弈。与前面的情形一样，先行者可以选择向右，此时双方均获得10美元。但如果先行者将决策权交给后行者，则先行者将保留5美元，投资5美元。这笔投资乘以3得到15美元。投资收益可以由两人平分，让先行者得到7.5+5=12.5美元，而后行者得到7.5+10=17.5美元；后行者也可以把所有收益留下来，此时他将得到自己原来的钱加全部收益（10+15=25美元），而先行者只能得到一开始保留的5美元。

有27对受试者参加了这个博弈，其中15个先行者（约占56%）选择向右，12人（约占44%）选择向下，即与后行者合作；在先行者选择合作时，9个（占75%）后行者选择合作，3个（占25%）选择背叛。这些结果的百分比与上述投资10美元的信任博弈的数据基本一致，进一步说明此类信任博弈具有普遍的可复现性。

由于背叛仍能给双方带来正收益的结果，麦凯比、史密斯和莱波雷的研究设计了一个结构上的变形：如果后行者背叛，则决策权会再回到先行者手中，先行者可以选择仍然接受后行者背叛时的收益（5美元，25美元），或者选择失去自己的5美元，并让后行者也失去因背叛而得的收益；也就是说，在这种情况下双方从互动中得到的收益都是零，见图8.4（b）。根据不正义命题1（本书第六章），后行者做出背叛行为会招致先行者的怨恨，一部分先行者会选择不惜付出成本来惩罚后行者。当后行者背叛了先行者的合作提议时，图8.4（a）中这个由背叛导致的正和的互惠结果，可以演变为负和的双输结果，见图8.4（b）的底部。麦凯比、史密斯和莱波雷报告称，有24对受试者参与了这个惩罚版的博弈实验，最终有12个（占50%）先行者选择了与先前的信任博弈结果一致的均衡策略。然而，他们发现后行者以合作来回报先行者的比例降低了，仅有5人（约占42%）选择了合作，而背叛率提高了两倍以上，从3人提高到7人（约占58%）。之后有2个（约占29%）先行者对后行者实施了惩罚。

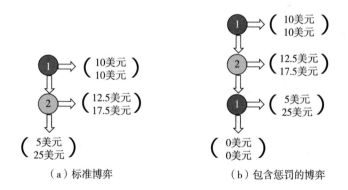

图8.4　投资5美元的双人信任博弈

我们已经知道，类似图8.4（a）中的信任博弈的结果符合仁慈命题1：如果先行者将决策权交给后行者，这个行动无疑表达了善意，因为合作提议是无条件的，并不涉及对不合作的任何惩罚。由于善行总是自愿的，不能强索（仁慈命题2，本书第六章），先行者的合作行为引发了后行者的反应，大约三分之二的人接受了合作提议。但在惩罚版的实验即图8.4（b）的博弈中，后行者可以把先行者选择向下解读为强索合作的尝试，因为这个选择可能包含着惩罚不合作的威胁。一个包含威胁的合作提议并不是一个表达信任的行动，也就解除了被信任者需要对得起信任的道德责任。先行者此时发出了一个模糊的信号，导致选择合作的后行者变少了。

当信任受到怀疑时，值得信任就失去了意义。假定先行者并不是出于善意，而是由于相信惩罚的威胁可以迫使后行者配合才提议合作，如果后行者在此时出人意断地选择背叛，可能使先行者感到自己的虚张声势被识破。出于对威胁的厌恶，后行者选择背叛，会强化先行者的怨恨之情，从而实施惩罚。此时，实现回报善行推论中的良性循环的机会就破灭了，双方都只能得到零收益。在这样的受试者配对子集中，可以通过信任与被信任来获得的潜在交换收益与初始资源禀赋一起完全消散了。对先行者而言，更好的选择是不要尝试图8.4（b）中设计的互动关系。《道德情操论》深刻地讨论了这种社会溃败的情形（《道德情操论》，第II篇第II章第II节，第124—125页）：

> 社会……无法在那些准备相互伤害的人之间维持平衡。一旦伤害开始，相互怨憎和仇恨就会产生，社会的所有联结都被打碎。与过往的情况一样，暴力和不一致的对

立情感导致社会成员疏离，散布海外。

强索行为及其带来的感受会产生重要影响，《道德情操论》对此的阐述得到了惩罚版信任博弈的证实。这些成果还能帮助我们从新的视角深入考察流行的最后通牒博弈。

第九章

最后通牒博弈与强索

最后通牒博弈自古斯等人（Güth，Schmittberger and Schwarze，1982）引入之后，在学术研究中的流行程度就不亚于信任博弈。[①] 在一个典型的最后通牒博弈实验中，实验方会邀请偶数（如12或16人）个受试者做随机匿名配对，每一对受试者中有一位被随机指定为提议者（先做出选择者），另一位则被指定为回应者（在提议者做出选择后才做出决策）。每对受试者面临的任务是在两人之间分配一笔金额固定的钱（记为M美元，比如10张1美元，或者10张10美元等）。分配规则如下：提议者首先提出一个分配这笔钱的方案（x美元，$M-x$美元），前一项x美元是提议者打算留给自己的金额，后一项$M-x$美元是分给回应者的金额，并且满足$0 \leqslant x \leqslant M$；然后由回应者决定是否接受该方案，如果回应者拒绝，则两个人都得不到这笔钱，结果为（0美元，0美元）。假如人们的决策动机完全是追求当前的个人经济利益，而且这是一个共同知识，则提议者显然会提出分给对方尽可能小的金额，比如1美元，而回应者也一定会接受这样的分配方案。

[①] 参见Güth and Kocher（2014）对最后通牒博弈的文献综述。

然而最近35年以来的实验研究表明，这个模型并不能准确预测人们在上述最后通牒博弈中的实际表现。提议分给回应者的金额的中位数和众数通常在总金额（M）的40%~50%（平均值大约为45%）；并且由于大多数提议者分给回应者的金额都比较高，所以回应者对分配方案的整体拒绝率不足10%，然而当提议分给回应者的金额不足M的20%时，大约一半的提议会被拒绝（Camerer，2003，第48—56页）。

经济学家起初采用功利主义的思路来解释理论与实验结果之间的不一致。新古典经济学范式假设人们的行动是基于最大化自身效用的考虑，博弈论原封不动地接受了这个假设。而如果决策的结果是利他的（在上述实验中反映在提议分给回应者的金额比例上），那么这样的结果必然包含在决策者的效用函数之中。这也符合人们普遍接受的一种科学认识，即行动反映了结果带来的效用，反之亦然。因此，当且仅当效用函数包含了自己以及他人的收益时，利他行为才会发生。

最后通牒博弈由于简明易懂，因而受到欢迎和关注，成为从社会偏好角度解释决策行为的一个良好工具。人们称赞说，最后通牒博弈理论是对各种流行的自利选择模型的"致命一击"：

> 最后通牒博弈已经简单得不能再简单了……这个博弈的数据清晰地表明，人们最大化自身利益的假设是错误的。每一种你能够想到的方法论上的解释（比如实验中分配的金额太小）都已经得到了细致的检验，但仍无法完全解释实验结果。由于这个博弈的均衡结果太容易计算……它成了一个衡量社会偏好的便捷方法，而非深入检验策略性思维的工具。（Camerer，2003，第43页）

但正如我们已经看到的，《道德情操论》提供了有效的方法论，可以用模型来描述严格假定的自利者遵守规则的行为。这样的模型的确不属于"每一种你能够想到的方法论上的解释"，因为人们的思维一直局限在现代传统上，只会用最大化效用来解释结果。

沿着斯密的思路继续探讨，如果一个人的行为是自我克制的，即养成从一个公正的旁观者以及他人（这里即回应者，见第五章原理1）的角度审视自身行为的习惯，则可以预见，几乎不会出现提议者建议给回应者分配很小金额的情况。实际上，如果提议者尝试过换位思考，大多数情况下可以预见什么样的分配方案会被拒绝，所以他能够降低方案被拒绝的可能性。只有下面两种情形例外：提议者未能从对方的角度考虑分配方案，或者打算试探对方的底线。

不过，如果提议者能够换位思考，他们为什么确信应该分给对方大约5美元呢？答案是否只有一个：人们从内心里关心结果的"公平"，而这意味着双方都认为不公平的结果是不可取的？

亚当·斯密的答案简单至极，即善行总是自愿的，无法强索（第六章，仁慈命题2）。当然你还必须放弃效用理论能够解释一切的想法。在标准实验方案中，受试者不能改变任何实验规则，因此无论实验研究的其他控制条件是什么，提议者对分配方案的建议都要考虑可能被回应者拒绝。早期的一项最后通牒博弈研究（Forsythe，Horowitz，Savin and Sefton，1994）质疑把平均分配的强烈倾向归因于公平。该研究认为，如果公平是最主要的原因，那么取消回应者对提议方案的否决权，讨价还价的结果将不会发生变化。然而，取消回应者的否决权对实验结果产生了显著影响。在由此设定的独裁者博弈中，也就是说在回应者没有否决权的最后通牒博弈中，分配提议中留给回应者的金额占比的平均值由45%下降到了23%。另有研究者发现，如果采用双盲实验方法，即受试者与研究者都不了解其他受试者的选择，则提议者分给回应者的金额占比甚至会下降到10.5%（Hoffman，McCabe，Shachat and Smith，1994）。[①]

无论是在福赛斯等人的研究（Forsythe et al.，1994）及相关文献出现之前还是之后，都没有人研究并解释清楚其中的因果关系。行为经济学家在识别和衡量看不见的公平发挥的力量时，采用的办法是等待这种力量有望产生的结果。在这里，平均分配成了公平的定义，而公平行为的直接含义就是选择平均分配方案。这样的定义和"不嫉妒"的定义差不多——没有什么科学意义，只是对观察对象的识别。作为对一种现象的描述，"公平"由此变成了支配性的"理论"，却严重缺乏实证依据！与之对应，行为经济学家认为回应者之所以会拒绝，是因为分配方案的不公平（或不平均）刺激他们甚至不惜代价想要惩罚提议者。上述基于公平或不公平的解释成为社会偏好的一种特例，学者们用这种新理论来解释信任博弈、最后通牒博弈、独裁者博弈（以及公共品博弈）中的所有选择行为。无所不在的公平分配实验结果成为所有社会行为的基础。

当然，很多重要的发现源于一些为了更好地理解新的社会偏好理论而设计的实验研究。错误的模型绝不意味着由它们引发的实验本身就毫无价值。相反，在新环境下得出的实验结果也是事实，不管其动机是什么，都应当用一个逻辑连贯的理论予以解释。

---

① 进一步分析结果的稳健性，我们可以发现在独裁者博弈中，如果要分的钱是提议者自己的，而不是实验者给的，那么他们就不会分给回应者分毫，参见Cherry，Frykblom and Shogren（2002），以及Oxoby and Spraggon（2008），但是这种现象与最后通牒博弈无关，参见List and Cherry（2000）。

我们在下文将看到，上述实验研究在评估斯密模型的意义方面尤其有用。这个模型想要站稳脚跟，则必须与实验结果相符。

最后通牒博弈的二元选择模式

在进一步理解人们行为表现的过程中，新的实验研究很快证明了"意图"的重要性。出乎意料的实验结果可以被接纳为人们理解的"社会偏好"（即考虑他人）的一部分，尽管这不符合功利主义的常规特征。[①] 一旦将自利偏好替换为社会偏好，实验结果就很容易被接受，甚至并不令人意外。当然描述这种偏好的语言会有所变化，受试者如今被视为具有"亲社会"属性。当然，亚当·斯密在1759年提出的人类社会行为模型中已经包括了意图这个因素，但它并没有被纳入效用函数。无论是人际关系还是市场关系，都有相应的结构，偏好在其中都扮演着重要的角色。我们想在理论模型中刻画的正是这些关系结构，由此解释和预测我们观察到的各种各样的现象。

福克等人（Falk，Fehr and Fischbacher，2003）利用标准的最后通牒博弈的一种变体，来研究（提议者的）意图的作用。在他们的实验中，只有两种把10个点分为两个整数值的分配方案可供提

---

① 想象如下情形：卖家发现了消费者对某种商品有购买意向（而非冲动），这一发现显著改变了卖家的行为。在一个描述这种现象的模型中，你真的会考虑在卖家的偏好方程中加入一个0或1的二元变量来表示消费者是否有购买意向吗？如果你希望在考虑卖家的发现之外，模型修改还有更多的用处，你就不会这么做。事实上，卖家行为的变化是因为他追求利润最大化，为此他会将这个商品放在收银台附近，让消费者在付款的时候总会看到这个商品。

议者选择。[①] 提议者每次都面临一个固定不变的方案（提议者获得8个点，回应者获得2个点），还有以下方案中的一个作为替代方案：（5，5），（2，8），（8，2），（10，0）。该实验使用的"策略方法"是，要求回应者在每一次实验中，针对提议者提出的每个可能选择的分配方案，报告他们接受与否的决策。

表9.1　福克等人（2003）的最后通牒博弈中的提议与拒绝的情况

除了（8，2），提议者能够提出的其他可选方案	提议者提出（8，2）方案的比例	（8，2）方案被拒绝的比例
除了（8，2）无其他可选方案	1.00	0.180
（10，0）	1.00	0.089
（2，8）	0.73	0.267
（5，5）	0.31	0.444

　　表9.1第一列给出了提议者可以选择的（8，2）以外的第二方案。第二列给出了针对每种可能的第二方案，提议者选择（8，2）方案的比例。第三列则给出了回应者拒绝（8，2）方案的比例。该表第二行给出了提议者仅有一个可选方案时的结果，即可选方案只能是（8，2）。此时竟有18%的提议遭到拒绝！这看起来更接近一种"杀死来使"式的反应，而不太像是"惩罚回应者"式的反应。第三行表明，提议者从不会选择（10，0）方案，但是当他们提出（8，2）这个最优分配方案的时候，回应者拒绝的比例仍有近9%。这些拒绝选择很难用回应者对提议者的选择感到不满的

---

① 在实验的最后，受试者们才知道他们得到的点数，而这些点数会转换为瑞士法郎支付给他们。每一个点价值0.8瑞士法郎。在一开始，所有90个受试者被随机指定为提议者或回应者，然后参与基于不同博弈的实验，并在所有决策都做完之后，才能知道实验的结果。

社会动机来解释，因为他们已经在可选范围内给回应者提供了收益最大化的方案。第四行表明，当另一个可选方案是（2，8）时，73%的提议者选择了对自己更有利的方案（8，2），此时遭到拒绝的比例上升到26.7%，而在第二行仅有（8，2）一种选择时，拒绝比例为18%。第五行表明，当另一种可选方案是所谓的"公平"方案（5，5）时，仅有31%的提议者选择利己的方案（8，2），此时遭到拒绝的比例是44.4%。按照《道德情操论》的观点，提议者被拒绝是因为一些分配方案激发了在实验环境下隐含的复杂社会感受。提议的分配方案加上非自愿的实验环境，使提议者不得不面临一无所得的威胁，这破坏了对收益的解释。

最后通牒博弈是否存在其他变体，使得给回应者带来较低收益的方案被接受的可能性高于上述实验及相关文献中报告的可能性？答案是肯定的。在一个完全自愿的新型最后通牒博弈中，较低收益的方案会以更高的概率被接受。

自愿最后通牒博弈中的均衡博弈：善行不可强索

我们设计并报告了一些新型的最后通牒博弈实验，其中先做选择的一方（先行者）可以自愿披露是否想在最后通牒博弈中担任回应者的角色，而让后做选择的一方（后行者）成为提议者，发起最后通牒子博弈。在这些新型实验中，受试者们获得了外部选择权，使他们可以自愿选择是否参加最后通牒博弈。在其他研究文献中，外部选择权被广泛用于研究心理预期、提议以及拒绝的比例等。但在最后通牒博弈中，实验者总会要求受试者必须参与。这一差异表明：标准的功利主义理论模型与《道德情操论》

是多么不同，后者富有创造性和解释力，既可以涵盖大量的实证研究结果，又可以准确预测新型实验的结果。

我们利用受试者对照实验，研究了两类新型最后通牒博弈的经济环境：（1）在一个标准最后通牒博弈中，提议者需要在两个方案中选择一个来分配一笔固定的金额，其中一个是平均分配，另一个则是提议者与回应者的收益比为11∶1（远高于上述的4∶1），通常这是能提议的

最高收益比，当然被拒绝的比例通常也较高（参照表9.1中的44.4%）；（2）一个可分配金额不固定的最后通牒博弈，由后行者做选择，其中的一个可选分配方案仍是平均分配某个固定金额，而另一个方案则是投资选项，其均衡收益将是原有金额的两倍。根据本书第六章的仁慈命题2，即善行总是自愿的，不能强索，我们预计相对于发达国家已有全部文献报告的统计结果，这两个新型实验会更有力地支持单次博弈（直接回应）中的均衡结果，实际结果也证实了该预测。①

---

① 就固定金额的实验设计来说，只有在与现代市场隔绝的部落社会中才能观察到均衡博弈。因此，"在一些这样的社会文化中，人们并不觉得公平地分享是必须的……回应者会接受几乎所有的提议。讽刺的是，这些简单社会中的成员是目前发现的仅有的遵循博弈论来做决策的人群！"（Camerer，2003，第11页）。亚当·斯密充分意识到了这些社会的不同，认为他们处在极端困难的环境中："他（一个野蛮人）所在的环境不但让自己经常处在各种苦难中，也抑制了他的所有情感。这将是他的弱点，而他的同胞并不会同情他或施以援手。在能够为他人着想之前，我们必须在一定程度上能够自如地生活。如果自身都面临着极端的苦难，那么我们也不愿照顾他人。"（《道德情操论》，第Ⅴ篇第Ⅰ章第Ⅱ节，第297页）请注意，斯密指的是个人可以从其同胞那里获得什么样的帮助，这里的重点是社会性，只不过在这些社会中形成的社会规则具有不同的规律。斯密提出的是关于人类社会性的一般模型，独立于特定文化专有的特征，尽管他主要从18世纪英国的角度进行思考。更多的相关讨论详见他如何回答如下设问："在不同的国家，人们对体型和仪表的外在审美形成了哪些不同的看法？"（《道德情操论》，第Ⅴ篇第Ⅰ章第Ⅰ节，第288页）

我们的实验检验了对标准最后通牒博弈的受试者行为的一种解释，即双方是"被迫决斗者"。这种情形的重要性在决策预测中不可忽略，也被亚当·斯密的人类社会性模型所重视。具体而言，斯密关于"善行总是自愿的，无法强索"的论述，足以指导我们从对善意感激与回报的角度去理解实验中的收益。在之前的第八章中，我们曾经利用该命题解释在信任博弈中提供一个对背叛先行者的合作建议施加惩罚的选项，会给后行者发送意图含糊不清的信号，进而使接受合作建议的比例显著降低。那么在最后通牒博弈中，这个关键因素的重要性如何呢？

有一种观点可追溯到艾尔斯伯格（Ellsberg，1956）的一篇经典论文《论被迫决斗者》（Theory of the Reluctant Duelist）。他认为最小最大化策略在零和博弈中不能给出令人满意的解，因为如果这是参与博弈的解，而受试者又有权拒绝参与，那么"他永远不会选择参与该博弈"，相对于有可能产生的损失而言，他总是选择确定的零收益结果（Ellsberg，1956，第922页）。因此零和博弈理论及其给出的最小最大化的"通用"策略解，只能用于解释被迫决斗者的情形，即"一个胆小之人被赶上决斗场时的心理"（1956，第923页）。由于这些博弈中没有拒绝参加博弈的选项，所以其中必然会有不情愿的参与者，这就是艾尔斯伯格这篇经典论文的题目的由来。[①] 这类最后通牒博弈的收益之和为常数且

---

① "人们可能会提出疑问：相比于不确定的得失，如果一个人更偏好确定的零收益，那他为什么要费心参与这个博弈呢？当这个问题被摆在一个著名的博弈论专家面前时，他不假思索地，甚至可能故意给出了一个并不完美的答案：在许多情况下，即使不愿意，人们也不得不参与一些博弈。"但这也进一步支持了艾尔斯伯格的观点，即冯·诺依曼–摩根斯特恩提出的广受欢迎的"一般解"也只是一个有约束的特殊解，其局限性在于没有拒绝参与博弈的选项（Ellsberg，1956，第922页）。

双方总是严格敌对的（一个参与者提高收益必须让对方付出同等代价），与零和博弈完全相同。[①]

在有关最后通牒博弈的大量研究文献中，还有另一种观点认为，回应者拒绝较低收益的方案是由于情绪上的反应，主要是气愤。[②] 情绪，或者更具体的激情、情感、同感，正是亚当·斯密关于仁慈和不正义概念的基础。这些概念并非源于功利主义的分析，而来自我们适应性地遵从由社会经验提炼而来的规则。[③]

分阶段最后通牒博弈中的均衡博弈：有交易之利的自愿博弈

受试者在标准最后通牒博弈中产生"被迫决斗者"的压抑感，还可以从如下实验得到佐证。在这个实验中，强制因素被自愿参与的互动取代，由此设计出一个等同于最后通牒博弈的分阶段博弈，但结果完全不同。

基于易贝网（eBay）的销售流程，萨尔曼和威尔逊（Salmon

---

① 因此，传统博弈论认为："在固定收益的博弈中，所有参与者的收益总和在任何博弈结果下都是不变的。一个参与者的收益总是以另一个参与者的收益为代价……因为收益总是可以被标准化，固定收益博弈可被设定为（或等价于）所有参与者收益之和总是为零的零和博弈。"详见 https://en.wikipedia.org/wiki/Zero-sum_game。

② Pillutla and Murnighan（1996）；O'Connor, Dreu, Schroth, Barry, Lituchy and Bazerman（2002）；Sanfey, Rilling, Aronson, Nystrom and Cohen（2003）；Xiao and Houser（2005）；Wout, Kahn, Sanfey and Aleman（2006）.

③ "人们在某些特定社会情况下的经历会促成一些通用行为规则。但即使在这些情况下，认为有关对错的初始感知来自理性判断也有些荒诞不经。这些初始感知以及所有实验中发现的任何通用行为规则，都不可能是理性思考的结果，而应当是直观感受带来的。从大量来源广泛的证据和例子中可以看到，通用道德准则来自人类行为的两个方面：一方面总是以某种形式取悦于人，另一方面则总是让人不悦。但理性无法改变任何特定的对象，无论这个对象是否符合人们自身的想法。"（《道德情操论》，第VII篇第III章第II节，第470页）

and Wilson，2008）提出了一个博弈模型，并开展了实验检验。在实验中，受试者需要经历两个阶段：首先，一个卖家有两件同样的物品要出售，其中一件物品通过多方竞价的升价拍卖（英式拍卖）来销售。然后，对第二件物品，卖家向之前拍卖中出价第二高的买家（即失败竞标人中出价最高者）报出一个一口价。如果该提议被接受，买家获得的收益将等于他对物品的估值（某个随机数）和这个一口价之差。如果该提议被拒绝，则双方从这件物品中得到的收益均为零。这是一个分阶段最后通牒博弈。在有两个竞标人参与的实验里，273 个报价中的 12 个，即约 4.4% 遭到拒绝；有 93 个报价超过拍卖中第二高的出价，其中有 6 个被拒绝。此时，买方从报价中获得的收益中位数为 61 美分。在有 4 个买方参与拍卖的实验中，卖方向拍卖中出价第二高的买方共报出了 111 个有利可图的价格。其中仅有 4 个，即约 3.6% 的提议被拒绝，而买方收益的中位数是 39 美分。这些发现有力地证明：受试者在第二阶段最后通牒博弈中的行为符合子博弈完美纳什均衡。

这个版本的最后通牒博弈既反映了自愿精神，又产生了交易带来的收益。这是一个允许自愿选择的最后通牒博弈，且其中用于分配的剩余是可变的。它意味着，我们要检验的不仅是自愿精神的影响，还要考虑交易之利的叠加效应。

在古斯等人（1982）的研究之前 20 年，福拉克尔和西格尔就用实验指出了可变剩余的重要性（Fouraker and Siegel，1962，第 218—219 页）。他们研究了一个双边讨价还价的两阶段模型。一个垄断卖方首先提出某个一口价，一个垄断买方则回应在该价格下想要购买的数量。这个博弈的（鲍利）均衡价格和数量与一个有可变剩余的最后通牒博弈的均衡价格和数量相同，其中的可变剩余取决于卖方提议者与买方回应者选择的价格和数量。双方的收益共同取决于一个单次实验规则，且双方都了解这个规则的全部信息。由于买方总是可以购买零单位的商品，并且在价格过高时确实会这么做，所以这个博弈就等同于一个由垄断方分享可变剩余的最后通牒博弈。更重要的是，卖方显然有一个可选价格，可以使买方选择一个能实现帕累托最优剩余分享的数量，也就是双方平均分享利润。然而实际结果表明，10个卖方中没有一个选择可以均分收益的价格，所有人都选择了等于或接近均衡水平的价格。买卖双方的收益非常不对等：卖方的收益是买方收益的2.2~3.6倍。

分享定和与变和的自愿最后通牒博弈

图9.1展示了我们的两个扩展式博弈实验。在图9.1（a）中，先行者可以选择向右并为双方带来最低收益（1，1），或者选择向下，自愿成为一个具有定和的最后通牒博弈的回应者。在图9.1（b）中，先行者可以选择向右使双方获得收益（1，1），或选择向下，自愿成为一个具有变和的最后通牒博弈的回应者。在任何一个博弈中选择向下，都可以确保先行者的所得不少于1美元，因为在最后通牒子博弈中，先行者可以决定是否拒绝后行者的提议。在实验中，我们加入了"自愿参与"信号，作为回应者的一个选项。我们原本也可以将"自愿参与"信号作为提议者的一个选项，或者让双方都有这个选项，从而使双方可以在最后通牒博弈开始前退出。就像前面的拍卖实验和双边垄断实验一样，我们假定人

们对是否自愿参与最后通牒博弈的控制感是一个重要因素。这就好比几乎所有的零售消费品都以固定标价销售，当买方进入商店或网店时，他们将自愿决定是否购买，没有人强迫他们必须买，也就是说，买卖双方显然都将买卖理解为一个完全自愿的过程。实际上，这就是我们在图9.1中展示的选择顺序结构，它不同于标准最后通牒博弈。

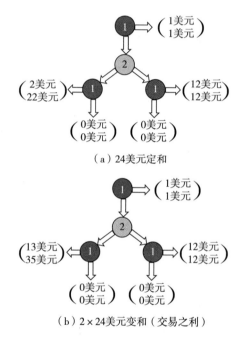

（a）24美元定和

（b）2×24美元变和（交易之利）

图9.1　自愿参与的最后通牒博弈

我们在查普曼大学招募了48对本科生参与定和自愿最后通牒博弈，又招募了另外49对学生参加变和的对应博弈。尽管其中许多学生曾经有过至少一次参与经济学实验的经历，但没有学生参加过扩展式或标准式博弈的实验。每个受试者都只参加一次我们的扩展式博弈实验。除了在实验中获得上述收益，他们还会因为准时到场而额外获得7美元。实验的具体说明可以参考有关文献的附录（Smith and Wilson，2017）。

图9.2展示了实验结果。在图9.2（a）中，6%的招募人员没有选择参与相应的最后通牒博弈，在图9.2（b）中，8%没有参与。在标准的二元选择最后通牒博弈中（其中一个选项为平均分配），提议者通常不会选择比80%给提议者，20%给回应者，即（80，20）更差的提议。而如果提议了（80，20）这个分配选项，那么其中接近一半的提议会被拒绝（Camerer，2003）。相比而言，我们实验中提供的选项更加极端：子博弈完美均衡（提议者22美元，回应者2美元）是一个约相当于（92%，8%）的方案。但我们发现，相比其他文献中设计的更为慷慨的分配方案，在我们的实验中，有更多的受试者选择了子博弈完美均衡的分配方案：40%的提议者选择了（92%，8%）的方案，而61%的回应者接受了这个仅仅能得到总收益8%的方案。与之相比，福克、费尔和菲施巴赫尔（2003）的研究发现有31%的提议者选择了（80%，20%）的方案，而非平均分配方案，被拒绝比例则约为44%。在范特等人的实验中，回应者需要先后对一系列独立的分配方案选择是否接受（Van't et al.，2006，第566页）。他们发现所有的平均分配方案都被接受，而80%的回应者拒绝了（4.5欧元，0.5欧元）的定和分配方案，即（90%，10%）的方案。在西蒙·奈特报告的实验中（Simon Knight，2012，第11页），回应者会收到提议者的"普通提议"（common offer），结果表明，80%的回应者将拒绝给自己分得总收益12.5%的提议。最后，李斯特和切利（List and Cherry，2000）研究了低收益（20美元）与高收益（400美元）的重复最后通牒博弈（重复10轮，不同配对），结果发现"在

高收益条件下，有27.4%（270个受试者中的74个）的提议分配额少于总收益的25%；而在这74个提议中，55.4%（41/74）被拒绝"（同上，第14页，第17页）。然而在第10轮，无条件拒绝比例从第2轮最高的44.4%下降到14.7%。

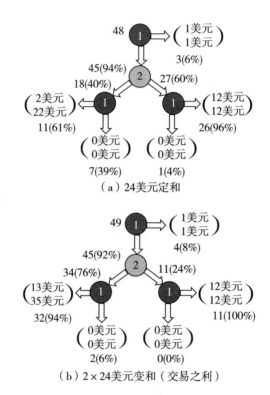

（a）24美元定和

（b）2×24美元变和（交易之利）

图9.2　自愿参与的最后通牒博弈的实验结果

在图9.2（b）中，76%的提议者提出了（35美元，13美元），即（73%，27%）的不平均分配方案，高达94%的回应者接受了提议。这些结果与萨尔曼和威尔逊（2008）发现的高接受率和低分配金额提议是一致的。在一次性博弈中，提议者们如此频繁地提出如此不平均的分配方案，以及回应者如此高比例地接受提议都未曾在之前的非自愿定和最后通牒博弈中出现过。当受试者可以自愿选择参与能够从交易中获利的互动时，他们的行为高度符合子博弈完美均衡，而博弈的结果是不平均的分配。

没有强索时，慎行占据主导

在亚当·斯密的人类社会行为模型中，如何选择行动是由与环境相关的规则决定的，而这些规则既来自经验，又源于人们同感共情的能力。斯密的模型给出了预测行动的一般命题，即根据行动带有的善恶意图来做判断，并要求有"所有人都自利"（即多得是好的，少得是不好的）的共同知识。然而在判断一个行动是否具有善意时，斯密提出善行必须不受强迫，因为强迫会让善行带来的报恩式回应化为乌有。在最后通牒博弈中，这个命题表明，不符合均衡博弈的结果并不意味着自利公理是无效的，而是由标准的博弈规则所致。这些规则让受试者被迫面临否决权的胁迫，在此类情形下，对善意（和感激）的考虑无法发挥作用。对善意和感激的考虑源于我们作为普通人的同感共情式体验，以及发自内心的认同。我们不能预设，最后通牒博弈的参与者能够心安理得地扮演自己不熟悉的强求者或被强求者的角色。在福克等人（2003）的实验中，当受试者在被迫做出二元选择时，就清晰地表明了二者之间的紧张关系，而其他研究者也在不同实验规则下获得了类似的发现。以此来看，认为这些实验数据明确无误地证明了人们偏好公平或平等结果的观点，存在系统性的偏差。所以我们相应地设计了新的定和与变和的最后通牒博弈，让先行者有一个退出选项。没有选择退出的先行者会发送一个信号：愿意在最后通牒博弈中成为回应者。结果显示，此时出现符合均衡博弈的行为的占比远远高于任何最后通牒博弈文献的记录。在信任博弈中，斯密的仁慈模型可以解释为何自利之人愿意分享收益。而在最后通牒博弈中，斯密的模型可以解释为何自利之人不愿意在强索的威胁下分享收益。无论是在哪种情况下，决策环境都至关重要，它给出了对结果的选择，而不只是结果本身。

为什么萨尔曼和威尔逊（2008）的实验结果与标准最后通牒博弈文献报告的结果有如此大的反差？因为依据我们对《道德情操论》的解释，拍卖第二件物品的最后通牒博弈并不是一个混杂了意外之财的强索博弈。相反，拍卖第二件物品属于一种谨慎博弈，由刚刚发生的博弈给出定义，因此促发慎行的情境与促发善行或正义之举的情境截然不同。至于卖家在给买家报价时是否有足够的善意，这并不是一个开放式的问题，因为卖家不是在善意地与买家分配一笔意外之财。相反，他只是在谨慎小心地尝试将第二件物品卖给支付能力不足以购买第一件物品的买家。在卖家给出的"一口价"提议中，我们看不到有意而为的善行。

类似地，对卖家的提议也不存在怨恨的理由，因为"我们的怨恨似乎天生是为了防御，且仅用于防御"（《道德情操论》，第Ⅱ篇第Ⅱ章第Ⅰ节，第113页）。在最后通牒博弈中，作为人们不愿意参加的强索博弈，提议者占据过多的意外之财会显得太过分，因此，只给对方2美元的分配方案可能会"引发我们反抗这种恶作剧式的行为，并对该行为实施报复"（《道德情操论》，第Ⅱ篇第Ⅱ章第Ⅰ节，第113页）。但是在萨尔曼和威尔逊的市场实验中，来自卖家的恶作剧是什么呢？显然，买家刚刚表明他不愿支付和其他某个人一样高的价格，并且在这个过程中可以大致看出他愿意支付的价格。所以当面临"一口价"的报价时，买家几乎总会接受下来，很高兴地抓住这个最后的机会，而非产生怨恨。然而需要注意的是，在比较这两个不同的实验设计得到的数据时，支配博弈过程的是给定条件下的行为规则给人的"公平"感，而非结果是否公平，即实验的每一个受试者是否都获得平等的收入。

派克里诺和范博宁（Pecorino and Van Boening, 2010）将最后通牒博弈嵌入（心理学家称为"框入"）诉讼纠纷的情境中。一名原告与一名被告讨价还价：如何分配因避免法庭审判而节省的成本（双方的审判成本各为0.75美元）。为避免发生这些成本，被告向原告提出庭前和解建议。若原告接受该提议，那么双方都不用支付审判成本。原告会收到提议的赔偿金额，被告则会为其过失行为支付赔偿（从实验者向被告支付的金额中扣除）。若原告拒绝和解，那么他获得的收益将等于庭审判决的赔偿金额减去审判成本，而被告除了需要支付审判成本，还需要支付判决的赔偿金额。在作为对照组的实验中，学者们让一个提议者和一个回应者开展传统版本的最后通牒博弈，分配的总剩余为1.5美元。在以上两个版本的博弈中，受试者都需要重复开展10次博弈。

在嵌入了诉讼纠纷的最后通牒博弈中，被告提议的赔偿金额中位数是1.5美元的8%，即12美分。而在派克里诺和范博宁的传统最后通牒重复博弈中，被告提议的赔偿金额中位数是1.5美元的50%，即75美分。0~25美分的提议在诉讼纠纷博弈里有23%被原告拒绝，而在传统博弈里则是100%被拒绝。因此，相对于传统的最后通牒博弈，在嵌入了诉讼纠纷的最后通牒博弈中，被告赔偿给原告的金额更少，而原告也更倾向于接受这些提议。《道德情操论》的分析框架能如何帮助我们理解这个结果呢？在嵌入诉讼纠纷的最后通牒博弈中，行为的动机变得不再含糊。被告是为避免损失而向原告发出提议，相应地原告也可以避免审判成本。由于实验者将他们放在一次无法避免的（由此可以解释21%~25%的较高拒绝率）诉讼纠纷中，共同避免审判成本就不被视为被告的善行。[1] 在这样的博弈情境中，原告需要遵从的美德是谨慎地计算机会成本，以决定是否接受和解提议，与被告在提议中的善意程度并无关系。在任何情况下，被告的目标都是尽量减少自己的收益被剥夺。

---

[1] Buchan，Croson，Johnson and Wu（2005）发现了在最后通牒博弈中对收益或损失进行讨价还价的类似差别，但结果并没有如此显著。

第十章
新型信任博弈的设计、预测与评价

　　本书第八章的目的是在我们对《道德情操论》进行后续研究的基础上，重新检视与理论不符的原有实验发现。这是后见之明，是一种"回溯预测"的方法，即通过一种与推动原有研究文献完全不同的理论模型去重新检视和解释过去得到的发现。《道德情操论》对理解整个人类社会有重要意义，现在，我们将它应用于新一代的信任博弈，以此重新考察信任与值得信任的现象，并利用斯密的分析框架来推进与众不同的新型博弈的设计和检验。

　　从方法论上说，我们的研究重点是进行前向预测。也就是说，我们会发现，《道德情操论》中的许多命题可以自然地引出一些新颖的可验证假设。新颖之处在于：我们很难想象任何人在没有《道德情操论》提供的特定背景、动机以及模型的情况下，能构思出这些实验设计并检验它们。传统理论并不会自然而然地促成这些新型实验设计。有些人声称，能够设计出新颖的实验并预测结果是科学进步的标志。但是，我们并没有关于科学研究的方法论和关于行为的科学。所有行为都体现为对话、说服以及从科学研究发现的证据中感知真相。新的理论如果既能够解释之前的发现，又能预测旧理论无法囊括的现象与结果，就会显得特别有说服力。[1] 例如，相对论不仅能够轻而易举地解释牛顿物理学的所有实证结果，还能提出牛顿物理学无法想象的可以验证的新预言。而牛顿在自己的年代也完成了同样具有突破性的发现。[2]

我们首先介绍一种新型信任博弈，即基础信任博弈（Baseline Trust game，BT），它在不同节点上的收益可视为本书第八章介绍的"投资10美元"博弈的直接扩展。在本章中，我们要介绍的所有实验结果都来自基础信任博弈的变体设计。我们的讨论将侧重于利用《道德情操论》的框架，将博弈者的行动解释为信号，以及根据每个博弈中给定的可选行动对信号做出的回应。《道德情操论》认为，情境（意指所有可选行动和博弈结果的集合）至关重要，而通过体验新型博弈，我们将重新认识这一特征在斯密理论中的含义和重要性。

当我们引入和采用新型博弈设计来检验新假设时，研究结果经常会提出尚无答案的新问题。因为实验环境虽然属于特例，但对决策所做的可能解释仍比理论本身要丰富得多。我们已经看到，在解读1980—1990年的一小部分实验结果时，效用最大化理论的失败促使人们尝试采用新的实验去找原因。新的问题意味着新的实验设计和相应的检验。在恰当的时候，我们会沿用这种借助新的检验去探索新问题的方法，因为由此带来的潜在收获远远超过

---

[1] 在思考原因的时候，我们会得到斯密的提示，"新的、奇特的东西会激起严格地说叫作好奇的情感；意外的东西会激起惊喜的情感；伟大或美丽的东西则会激起钦佩的情感"（1795，第33页）。

[2] 有关科学方法论问题的讨论见Smith（2008，第13章）。

每一项特定的发现。

在本章的最后，我们将评估两个基础博弈的表现，这两个博弈是斯密关于仁慈和正义概念的微型社会代表。斯密教导我们，仁慈与正义是两种伟大的社会力量，定义了我们的人性。而我们提出的问题是：在追求个人和集体的福利水平时（效率，用货币收益来衡量），人们遵循的规则能起多大的作用。我们可以把实验想象成只包含两个人的微型世界的人际交换文化，人们把自己在日常生活中遵从的规则应用于这个不熟悉的博弈情境。

基础信任博弈

图 10.1 展示了基础信任博弈中的决策节点、行动次序和用美元表示的收益结果，另外还能看到 49 对受试者的行为结果。这个博弈类似于第八章图 8.1 中的"投资 10 美元"的信任博弈。类似之处在于，因为合作的作用，即交换带来的收益，可以将先行者选择向下想象成投资 12 美元，这笔金额会被提高到原来的 3 倍，即 36 美元。此时如果后行者选择向右，这笔投资的收入就会被平均分配，结果为（先行者 18 美元，后行者 30 美元）；如果后行者选择背叛，那么收益就会变成（6 美元，42 美元）。

这个博弈在理论上的均衡解是，由于假设后行者会出于自利考虑做出选择，则先行者会出于自利考虑而选择向右；因为如果后行者选择了向下，那么（6 美元，42 美元）的结果将会给先行者带来 6 美元的损失。但我们观察到，实际上约有 55%（27/49）的先行者违反了均衡预测，约有 67%（18/27）的后行者也违反了均衡预测。这些违反均衡预测的行动重现了我们之前得到的结果，即受试者选择合作并得到（18美元，30美元）的结果，而不是像传统理论预测的那样，每个人都选择收益占优策略。

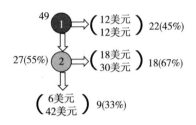

图10.1　基础信任博弈

这些实验结果支持仁慈命题1（本书第六章）：如果先行者对后行者做了好事（选择向下），并且是因为他想对后行者做些好事，那么无须其他条件，这本身就足以让后行者以善行来回报先行者选择向下的决策。

让我们用这个命题和《道德情操论》的模型来分析并解读实验结果，也就是说，想象人们如何以斯密模型中刻画的人类互动方式，去执行（思考并自动接受）自己的任务。在斯密模型中，行为人是真实的人，而不是抽象的、仿佛在追求个人效用或社会效用最大化的人。[①]

[①]　当然，在解读数据时总会发现"仿佛"的因素存在，但是我们在这里所说的人们在执行任务中互动的举止–行动模型，是基于斯密设想的由规则支配的互动。

描述信任和值得信任的行动

如果图10.1中的先行者放弃安全的均衡行动（12美元，12美元），而是选择向下，他就有意识地选择了一条可能遭遇后行者背叛的路径。[①] 在匿名规则和没有外部惩罚的掩护下，后行者可以随意选择使自身利益最大化的结果（6美元，42美元），唯一可能阻止他这么做的只有内在的"自我克制"。因此，正如仁慈命题1要求的那样，先行者的行动向后行者发出了善意的信号，并且这么做也有合适的动机（例如，这绝不是无条件的贪婪行为）。如果后行者选择合作，则先行者的收益将提高50%，但后行者的收益会提高更多，相对于均衡决策提高了150%。如果实验参与者看待自己与别人看待他们的方式相同，那么当先行者换位思考时，就有可能认识到自己的行动会带来对方的感激。如果后行者也受到类似的激励，那么他就会选择向右，并带来（18美元，30美元）的结果，以此作为对先行者的回报。因此，先行者通过想象自己在后行者眼中定然会有慷慨形象，可能就有理由期待自己的行动会得到想法相近的对方给予的回报，只要对方确实会自我克制。与此相似，后行者通过换位思考，并且对先行者的善意产

---

① 回想一下自我克制在个人履行其规范性的社会责任中的作用："如果一个人按照完全审慎、严格公正和适度善意的规则行事，就可以说他是完全有德行的。"但是，仅靠无比深刻地了解那些规则，并不足以使他这样做：他自己的感情很容易使他误入歧途；有时驱使他，有时引诱他违反自己在清醒冷静的时候努力遵守的一切规则。再完美的知识，如果没有自我克制的辅助，也不能总保证他履行职责。

生共情，也就可能选择回报先行者。① 实证结果表明，在这些参数条件下，仁慈命题1压倒了传统新古典博弈论模型的预测：仅有约45%（22/49）的先行者选择向右，而非预测的100%；仅有约33%（9/27）的后行者选择向下，而不是预测的100%。②

我们可以看到，后行者选择背叛的比例（0.33）比先行者选择不合作的比例（0.45）更低。为什么呢？这些发现意味着什么？三分之二的后行者在确切知道对方行动时选择以合作来回应。可见，样本中应该有三分之二的人会选择符合仁慈命题1与自我克制的行动（本书第五章，原理1）。由于受试者是被随机分配担任先行者和后行者的角色，我们可以预计，同样有大约三分之二的先行者

① 用本书第五章和第六章中的公理、原理、定义，以及命题解释如下：

*根据原理1，后行者在先行者选择向下时，会自我反省，因为先行者想为后行者做点好事。

*根据假设1，先行者是感激对象，因为他选择向下的决定令人感激。

*根据公理1，后行者同感于先行者的情感。

*根据公理2，后行者根据对合宜性的理解来判断自己与先行者的同感。

*在判断先行者的情感时，

·后行者会认为先行者本不用选择向下，所以当先行者选择向下时，后行者认为先行者的情感是合宜的。

·后行者由此希望先行者遇到好事，即后行者赞许先行者的善意；

·后行者在想到这些的时候会感觉良好。

根据感激的定义，后行者因为先行者选择了向下而感激先行者。

*根据公理0，后行者明白先行者本可以选择对自己更有利的做法，即向右。

*根据公理3，后行者此时被感激之情驱使，要通过选择向右来回报先行者。

*因此，根据应受引理，先行者选择向下是值得后行者通过选择向右来回报的。

*根据原理4，后行者希望自己的行为值得赞赏而不是应受责备，也就是说，在没有任何其他条件的情况下，先行者选择向下是值得后行者以选择向右来回报的。

② 这些概率毫无疑问地驳斥了古典模型以及作为其基础的假设与分析模式。

认可相同的行为规则，如果他们被安排担任后行者，在收到先行者的合作提议时也会选择以合作来回应。然而在处于先行者的位置时，受试者面临着更大的不确定性，他们不清楚自己和配对的后行者对仁慈命题1的规则遵从感是否一致。因此，我们可以估计出，在这个一次性实验规则下，如果不是因为匹配方的类型有更多不确定性，那么平均有12%（0.67 − 0.55）选择均衡博弈（12美元，12美元）的先行者本来会选择合作提议。

对信任博弈的比较分析：传统模型与斯密模型

利用斯密模型中的假设，即所有人都自利是共同知识，并基于人类的感受、思考、理解能力，我们总结出一个遵循规则的成熟社会人通过逆向归纳做出行动决策的过程。这一分析来自《道德情操论》中的行动者或实验参与者的视角，展示在表10.1的右侧。表10.1左侧展示的是传统的逆向归纳分析，此时的所有行动都是基于"自利的行动者"这一共同知识，并且人们总是选择使自己的收益最大化的行动。

加入对缺乏善意施加惩罚的选项

仁慈命题2预测，在给定选项的情况下，后行者会选择不惩罚先行者不选择向下的决定。于是我们通过修改基础信任博弈来增加惩罚选项。在新博弈中，如果先行者选择均衡结果，后行者将采取行动，要么选择均衡结果，要么用更低收益来惩罚先行者。如果这个惩罚要想令人信服地表达反对意见和怨恨之情，后行者

表10.1　基础信任博弈中的两类逆向归纳的对比

传统分析：最大化自己收益的行动	斯密式分析：基于损害、得益、意图、换位思考、规则遵从、自我克制的行动
1. "所有人都是自利、非餍足的"是共同知识。 2. 每个参与者在选择行动时只关注自己的收益。 3. 通过与决策次序相反的次序来确定每个参与者的决策。 4. 如果先行者将决策权交给后行者，后者有激励选择向下。 5. 先行者的最优策略是选择向右，也就是这个博弈的均衡结果。	1. "所有人都是自利、非餍足的"是共同知识。 2. 行动决策既要考虑谁因为行动而受损或受益，又要推断行动的意图。 3. 给定损害或收益，通过采取行动的机会成本来推断对方的意图。 4. 规则的遵从：对有意为之的善行产生感激，予以回报；对有意为之的损害产生怨恨，施以惩罚。 5. 在博弈决策树的每个节点上，采用逆向归纳来确定某个行动让谁受损或受益，并判断行动的意图。 6. 每个人都利用"公正的旁观者"来换位思考，并判断他人的意图与可能的回应。 7. 前向选择是一个传递意图的信号博弈，也是一种对话。 8. 如果先行者处在后行者的角色时会选择合作，那么如果后行者有机会选择，是否会有同样的想法？ 9. 如果先行者发出清晰无误的善行信号，后行者是否会选择合作？

应该愿意为此付出一些代价。图10.2展示了这个新的博弈，其中后行者可以付出2美元的代价，使先行者的收益也减少2美元。我们也展示了观察到的实验结果。我们在此之前的研究文献报告过，25对受试者中有15个先行者选择向右，配对的后行者中没有一个人选择对此施加惩罚（Smith and Wilson，2017，图4b）。在对任何预测模型做检验的这类博弈中，得出了此前从未出现过的零证伪的结果。[①] 为了进一步确证这一发现，我们随

---

① 实验中的发现不但能够反映一个理论的可靠性，还可以反映检验这个理论的实验的可靠性。所以，即使一个理论是可靠的，对它的初步检验也有可能带来糟糕的结果，这可能由于实验程序设计的不足、参数选择以及可能带来结果偏差的其他原因。

后扩大了样本，又增加了13对独立的受试者，结果同样展示在图10.2中（表示为节点1的25+13）①。对于这两个样本的结果，仁慈命题2都可以完美地做出预测：没有人会因先行者选择不合作而怨恨。

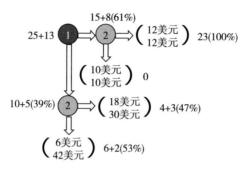

图10.2　对缺乏善意施加惩罚的博弈

在给定图10.2中的所有可选决策的情况下，自然的社会秩序似乎是：人们绝对尊重先行者有拒绝发起善意行为的权利。在这个实验设定的陌生场景中，我们观察到一个通行的合宜行为规则（仁慈命题2）在相互自愿同意的情形下得到强化，这也符合日常社会生活过程的表现。

在之前提到的对仁慈命题2的实验检验中，我们发现加入对缺乏善意施加惩罚的选项会：（1）改变先行者选择向下的比例，（2）改变后行者选择向右即开展合作的比例（Smith and Wilson，2017，图4a与图4b）。在基础信任博弈中（图10.1），我们发现有55%的先行者选择向下，但在对缺乏善意施加惩罚的博弈中（图

---

① 在决定增大样本容量时，我们预见实验主义者会对这个实验展开讨论，议题总是集中在结果的显著性水平上。

10.2），额外节点和惩罚选项的存在使更少的先行者选择合作提议：仅有40%（10/25）的先行者选择了冒险，希望后行者能够以合作来回应他的选择。先行者的行动表明，在后行者能够惩罚先行者不合作的情况下，合作提议反而变得不那么有吸引力了。在图10.2中，样本量的增加提供了一个复现该发现的机会，表明初始结果仍然成立：13个新的先行者中仅有5个提议合作。在把全部样本数据整合到一起后，我们观察到约有39%（15/38）的先行者提议合作，明显少于基础信任博弈中的55%。与基础信任博弈实验相比，对缺乏善意施加惩罚的实验情境使先行者更倾向于选择均衡博弈，考虑到后行者回应时情境改变的影响，转向均衡博弈对先行者更有利。换句话说，与我们这些没有做事前预测的实验者不同，参与实验的先行者似乎预见了后行者在这个实验中不那么值得信任。

现在，我们用斯密的框架从后行者的视角来分析对缺乏善意施加惩罚的博弈。我们已经指出，图10.1中先行者选择向下清晰地表明了他对后行者发自真心的善意。但在图10.2对缺乏善意施加惩罚的博弈中，选择向下并不是一个明确无误的信号。后行者通过解读先行者在新的可选范围内所做的选择，可能不是认为先行者此时选择向下在表达他的绝对善意，而是推测先行者仅仅是为了避免选择向右而遭受后行者的惩罚。因此，后行者没有基础信任博弈中那么感激先行者，因此更有可能选择向下。比较图10.1和图10.2，相比于基础信任博弈中的后行者，在对缺乏善意施加惩罚的博弈中，后行者确实更加频繁地选择了背叛。我们观察到，后行者背叛的比例从基础信任博弈中的33%上升到对缺乏善意施加惩罚博弈中的约53%（8/15）。斯密反复强调情境在解读意图中的重要性，这些发现增强了如下论点的可信度：某个行动传递的含义关键取决于没有被选择的其他行动及其相应结果。下一节介绍的进一步检验将继续支持这个重要的论点。

受试者的看法是否和我们（以及斯密）的一样?

对缺乏善意施加惩罚的博弈通过两个方面修改了核心博弈内容：一是无论先行者的选择是什么，后行者现在都控制了博弈的最终结果；二是后行者可以不惜代价选择对先行者的不合作行为予以惩罚。那么，先行者的行为会不会也受到第一个修改，即"失去控制力"的影响，而不仅仅受到惩罚选项的影响？为了揭示在对缺乏善意施加惩罚的博弈中引入有成本的惩罚选项带来的影响，我们让独立的受试者参与图10.3所示的无惩罚选项的博弈。其目的是检验如下假设：受试者将无惩罚选项的博弈视同基础信任博弈。根据传统理论的分析，这点应该显而易见，但是在我们这些实验主义者出身的理论家看来，过往那些"显而易见"的推测并不可靠。受试者的看法真的如我们所想吗？下面看看原始实验（Smith and Wilson，2017，图7a）中的25对受试者以及新增的13对受试者的实际表现。

先行者选择向下的比例，在无惩罚选项的博弈中（约0.53）和在基础信任博弈中（约0.55）并没有显著或重要的差别。后行者背叛的比例事实上下降了，但看起来并没有超出信任博弈中常见的抽样偏差的范围：在无惩罚选项的博弈中，有25%（5/20），在基础信任博弈中，有约33%。[1] 因此，没错！我们的看法似乎也正

---

[1] McCabe and Smith（2000）报告了在由24个本科生参加的"投资10美元"的信任博弈中，得到的背叛比例是25%。

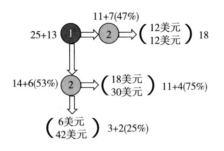

图10.3 无惩罚选项的博弈

是受试者的看法。并且与我们的假设一致，的确是在图10.2中的博弈决策树的顶端引入对缺乏善意施加惩罚这个选项之后，才出现了合作子博弈中的结果变化。

对反事实研究的评论

通过利用反事实的实验研究，对缺乏善意施加惩罚的博弈使我们能够度量一项假设的规则对观察到的行为的影响。对缺乏善意施加惩罚是一条"反事实"的规则（Hayek，1973，第17页）。它没有发展成一种社群习俗，因为就像斯密解释的那样，缺乏善行并不会对他人产生真实和确定的伤害。[1] 因此，如果仁慈命题2成立，提供对缺乏善意施加惩罚的机会就会干扰或扭曲对他人动机的解读，特别是在缺乏日常交流情境（面对面）提示的情况下，因为我们做判断经常需要这些提示。人的行动会传递《道德情操论》中所说的意图和动机，这些并不仅仅是决定结果的死板的充

---

[1] 我们可以想象任何类型的善行都对自己有利，但是对缺乏善意施加惩罚会引发一些人的怨恨，因为我们并不完全了解他们的处境。他们可能认为在那种处境下对我们行善是不合宜的，或者我们可能并不知道他们没有能力对我们行善。

分必要因素。所以，对于受试者在对缺乏善意施加惩罚的博弈中表现出的敏感性，我们或许不必大惊小怪；另外，在分析原因的时候，我们还需要无惩罚选项的博弈的结果。这些发现要求善于提出假设的社会科学家们保持谦虚谨慎，并提醒他们注意：人类对行为的偏好是非常敏感和复杂的。这些发现还说明，实验检验如何能够为《道德情操论》中的模型提供更多具体的内容。

引入对不正义行为的惩罚

在基础信任博弈中，针对先行者选择向下的情形，我们根据后行者是否选择向下，引入了一个惩罚选项来检验不正义命题1。这就是图10.4中显示的对不正义行为施加惩罚（Punish Injustice，PI）的博弈。如果先行者选择向下，而后行者选择背叛这个有意识的合作提议，那么决策权又会回到先行者手中，他可以选择合作，也可以付出一些代价以惩罚后行者，即选择（4美元，4美元）的结果。对具有合宜动机的善行（先行者选择向下）的背叛，当然是非常不合宜且会带来伤害的行为。因此，不正义命题1预测先

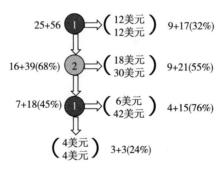

图10.4　对不正义行为施加惩罚的博弈

行者会因为后行者选择向下而生出怨恨之情。这种怨恨的程度是否足以驱使他惩罚后行者，还取决于惩罚选项的代价有多大。

在图10.4的低代价/强惩罚实验设计中，我们观察到有24%（6/25）的先行者使用了惩罚选项。样本量被博弈决策树上的节点所稀释，但仍足够让我们提出如下疑问：为什么我们没有观察到更多的先行者选择实施惩罚，因为先行者只需花费自己所得的6美元中的2美元，就能让后行者因为应受谴责的行为——没有选择以合作来回应——而损失42美元中的38美元？我们认为，斯密在审慎地提出公平概念以及公正的旁观者概念时，就已经给出了答案。公平参与的规则要求惩罚应该适度，应该合理地反映对违规的怨恨程度。因此，如果很多先行者虽然公正地判定后行者有过失，但认为实验中的惩罚过于严厉，他们将不愿采用如此强度的惩罚。公正的旁观者不是睚眦必报的人（《道德情操论》，第I篇第I章第V节，第27页）：

> 我们钦佩那种高尚和大度的怨恨，它不是按照受害者心中容易激起的狂怒，而是根据公正的旁观者心中自然升起的义愤，来抑制伴随最大伤害而来的愤恨；这种高尚和大度的怨恨不允许言语、举止超出这个合乎情理的情感所控制的程度；甚至在思想上，也既不图谋实施比每个普通人乐见的那种报复更大的任何报复，又不想施加比每个普通人乐见的那种惩罚更重的任何惩罚。

比较图10.4与图10.1中的结果，我们发现在引入惩罚背叛的选项后，两个节点上的结果相对于基础信任博弈来说都发生了改变。让我们看看《道德情操论》的模型如何有助于理解如下问题：为什么引入一个劣势博弈节点（在传统分析中这不会带来任何改变）会影响博弈过程的其他部分？

就像在对缺乏善意施加惩罚的博弈中我们对仁慈命题2所做的检验一样，增加对后行者的背叛行为实施惩罚的可能性改变了先行者的合作提议所传达的含义。在对不正义施加惩罚的博弈中，先行者提议合作的行动隐含地保留了惩罚后行者不接受提议的权利。因此，如果一个先行者看到背叛风险降低了，那么他在图10.4中就比在图10.1中更有可能选择向下。的确，比较这两幅图可以发现，先行者选择向下的比例从约55%上升到64%（16/25）。[①] 若干在基础信任博弈中选择均衡行为的先行者此时会选择向下；其中一些来自我们之前估计的12%的特定类型的先行者，他们在基础信任博弈中本属于遵守合作规则的类型，但是由于对手所属的类型不确定，所以放弃了合作提议。但从后行者的视角看，在对不正义行为施加惩罚的博弈中，先行者选择向下不再是发送一个明确的善意信号。因为从仁慈命题2来看，善行"总是自愿的，不能强索"。而如果把善行与惩罚不合作的权利捆绑起来，这样的行为就不能被认为是自愿的，相反它实际上变成了一种强

---

① Fehr and Rockenbach（2003）表明，当惩罚威胁在提议合作之前就被传递给对方时，合作就减少了。然而，该研究对为什么惩罚不能提高合作水平的解读与《道德情操论》非常不同。人们确实会对强制性的威胁或者自私的强索行为产生负面反应，但这并不是因为他们不自利。相反，他们学会了遵守公平参与的规则，这种规则在他们的社会关系中控制着这些行为。这些行为直接建立在人们是自利的认识之上。在文明社会中，自愿遵守的合同帮助人们从相互关系中获得好处，这些合同要求对单方面的违约行为进行惩罚。与这个解读方法一致，Ostrom，Walker and Gardner（1992）进一步探索了惩罚和其他促进公共品博弈合作的机制，并发现结合事先沟通和通过投票来决定是否施加惩罚的机制是最有效的。

索。在这种解读下，对后行者来说，对不正义行为施加惩罚的博弈包含了基础信任博弈中没有的强制意图。于是在基础信任博弈中，67%的后行者以合作回应，而在对不正义行为施加惩罚的博弈中，合作的比例降低到56%。[①] 先行者和后行者此时都出现了错误判断，这可以直接归因于先行者选择向下所传达的信任意图更加模糊不清。后行者忽视或低估了先行者行为动机的可信任程度，而先行者低估了自己被对方错误解读的程度，进而损害了自己的可信任度；否则与基础信任博弈相比，将有更少而不是更多的先行者提议合作。

为什么会观察到这些错误判断？我们认为，原因在于没有达成如下共识或协议：如果先行者选择向下而后行者选择背叛，那么先行者有权惩罚背叛行为，即行使防御权利。如果达成这一共识，我们确实会看到更多先行者选择向下，同时会有更少的后行者将这个行动解读为信任的缺乏或报复的威胁，从而为自己不值得信任找到理由。假定我们把先行者划分为三种认知动机类型：善意型、强迫型和自卫型。只有第一种类型的先行者在基础信任博弈中会选择向下。后行者的合作回应程度降低，似乎是对强索的回应。由于背叛会带来收益，斯密可能会说这是一种自我欺骗，是自我克制的失败。的确，后行者有误读信号的激励。请注意，这种情形不同于人们如何看待对缺乏善意的惩罚。人们不认为惩罚权利是"合乎自然的"，但是有不施加惩罚的激励。

通过与基础信任博弈的比较，斯密的模型有助于我们理解为什么在一次性博弈中出现更多合作提议，以及在对不正义行为施

---

① 类似地，Fehr and List（2004）的研究发现，惩罚选项降低了商业公司的CEO和学生受试者在一次性实验规则下的可信任程度。

加惩罚的博弈中后行者对先行者合作提议的接受率下降。但是在重复互动的情况下，如果观察到后行者在先前的互动中总是接受合作提议，那么在基础信任博弈中，先行者不愿意发出合作提议的情况就会减少。或者说，如果后行者选择背叛，那么在下一轮博弈中，先行者就可以通过选择均衡策略向后行者发送不赞许（惩罚）的信号。在对不正义行为施加惩罚的博弈中，情况也与此类似，如果后行者接受合作，先行者就可以在下一轮博弈中再次提议合作，并增强其可信任度。如果先行者提议合作而后行者选择背叛，那么先行者会使用惩罚选项来回应，然后立即在下一轮博弈中再次发出合作提议。通过这种方式，后行者中的强迫型成员将"学会什么是合宜的做法"，认识到合作的优点。麦凯比、拉森蒂和史密斯（1998）利用相同的实验配对开展重复博弈，比较分析了费尔和李斯特的合作子博弈中有惩罚背叛的选项以及没有惩罚选项时的情形。结果在两个博弈中，合作频率都会随重复次数而提高，但是在子博弈中有惩罚背叛选项的博弈会比没有惩罚选项的博弈更快地出现收敛。因此，如果基础信任博弈和对不正义行为施加惩罚的博弈都是重复进行的，我们将看到对不正义行为施加惩罚的博弈的表现会好于基础信任博弈，当然两个博弈中的合作水平都会提高。与麦凯比等人的研究的不同之处在于，除收益和博弈决策树的结构，我们如今还有斯密的严谨的社会行为模型可以提供帮助。

对不正义行为施加惩罚的博弈概括了人类社会交往中基本的策略性互动的特征：自愿地、有意识地使他人获益的行动可能会在后续行动中得到奖赏，因为获益的人会产生感激之情。这正是社会和谐的来源，即善意会带来善意。这样的行为或许会被某些人利用，为自身谋取利益，他们无视行善之人的好意，对行善之人所受的伤害不关心。此时，行善之人产生的怨恨可能会促使他惩罚那些不合宜且会带来伤害的回应。惩罚选项是限制和约束故意损害他人行为的关键所在，正义也由此得以伸张。不过，这也可能使惩罚行为升级成广泛的相互迫害甚至导致毁灭。

引入对善行加大奖赏的选项

我们采用了新的实验设计来检验仁慈命题1的一个推论：

善行推论1　感激之情越强烈，值得给予的奖赏越大。[1]

我们在基础信任博弈中加入一个由后行者选择向右的博弈节点，以此来检验善行推论1。新增加的选项将决策权交回给先行者，他可以选择图10.1中的合作策略，或者在觉得有必要时，让自己付出一些成本，向后行者表达更大的谢意，增加对方的收益。斯密的理论预测，这个选项只在一定情况下有用，即我们的初始实验对合作奖赏的参数设置不充分；因此，加入这个选项可视为对我们所选的合作收益参数的内部效度的检验。[2] 图10.5展示了这

---

[1] "仅仅缺乏仁慈似乎不应该受到惩罚，但是他们付出很大努力来实践那种美德显然应该得到最大的奖赏。由于做了最大的善举，他们就成了自然的、值得赞赏的最强烈的感激对象。"（《道德情操论》第Ⅱ篇第Ⅱ章第Ⅰ节，第117页）由不正义定理1可以衍生出一个类似的推论。怨恨程度与恶行程度成比例，并且惩罚力度与怨恨程度成比例。

[2] 社会科学理论，包括博弈论，在帮助人们为实验设计确定参数或进行量化时都太不准确。参数选择（如绝对和相对收益水平）都是实验者"实践"的一部分，并且在探索新领域时，参数选择通常都是变化的，这样才能得到结果对参数的敏感度。通过这个过程，我们研究和测度了不同场景对激励的影响。基于个人利益的激励，斯密提供了一个定性的社会性模型，而实验则提供了实证检验。

种用奖金回报信任（Bonus Reward Trust，BRT）的博弈，它给先行者赋予一个选项，使他能够从自己的收益中转交2美元给后行者。图10.5报告了实验结果。

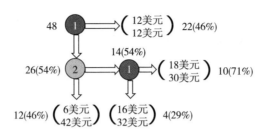

图10.5　用奖金回报信任的博弈

我们首先检验，加入后行者对先行者发出合作提议给予回报的选项，是否能够有效提高博弈节点1的合作水平。事实上并不能。我们观察到在图10.1中，有55%的先行者选择了向下，而在图10.5中做出相同选择的比例约为54%（26/48）。但是在第二个节点，后行者并没有那么频繁地选择向右：基础信任博弈中为67%，在用奖金回报信任的博弈中下降到约54%（14/26）。同样值得注意的是，约29%（4/14）的先行者愿意因为后行者做出合作回应而提高其收益，这个比例不容忽视。这部分先行者可能认为，外生施加的对相互合作的奖赏不足以体现后行者做出的贡献。这一正义行为应该得到比实验规定的更高的奖赏！但为什么先行者会如此慷慨呢？是因为整体上的不理性吗？斯密会将此归功于公正的旁观者，即对自我克制式监督的一个隐喻，尤其是为了实现值得赞扬或避免应受责备的最终状态。利用斯密的理论框架，我们可以推测，这些受试者强烈地感到（由实验者控制的）对合作结果的明确回报是不足的。

在传统博弈论分析中，这种行动是不可想象的，会在构建实验时被排除甚至消灭。而这种行为表现能够回答的问题则永远不会被提出来。由此，我们再一次看到《道德情操论》对21世纪关于人类社会性研究的作用。人们充分考虑了非占优行为，甚至会选择这些行为。《道德情操论》之所以能适用于各种场合，是因为它的命题涉及对非占优行为的选择，这种行为会自然而然地出现在人与人相互之间的同感、思考和理解之中。

提供两种惩罚选项的情形

在对缺乏善意施加惩罚的博弈和对不正义行为施加惩罚的博弈中我们已经看到，加入对不提议合作或对不接受合作实施惩罚的选项会改变其他博弈节点的行为选择比例。现在假定有一种拓展式博弈，把这两种惩罚选项都包括在内，那么，同时引入两种惩罚选项，是会恢复原有的均衡，得到与图10.1中基础信任博弈相似的结果，还是会提出新的问题？这个新的拓展式博弈以及在每个博弈节点上的行为选择比例都展示在图10.6的二罚选一（Punish Either，PE）博弈中。

最大的改变是先行者的行为：做均衡选择的比例从基础信任博弈中的45%下降到二罚选一博弈中的约30%，也是我们截至目前观察到的最低比例。诱使更高比例的先行者选择合作的是以下前景：后行者会惩罚不提议合作的先行者，而先行者又能够惩罚不接受合作提议的后行者。博弈决策树的其他部分几乎没有什么显著的变化。但我们最后发现了2个（15%）特立独行的受试者（在对缺乏善意施加惩罚的博弈中会出现的淘气鬼），他们惩罚了缺乏善意的行动。有略低比例的后行者（61%）选择了向右的合作，而原来的比例是67%。惩罚背叛的比例有所提高（42%），但是样本量很小。

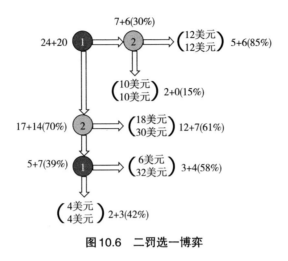

图10.6 二罚选一博弈

结论

20世纪八九十年代，由于效用（自身收益）最大化理论在预测信任博弈时遭到失败，于是，实验经济学家和行为经济学家提出了用社会偏好、自身收益加上他人收益的效用最大化以及互惠来解释研究中发现的结果。这些修正都不能让我们的思维超越习以为常的功利主义和交易的思想框架。效用最大化理论在产权制度执行良好的市场供求实验中可以很好地解释市场决策行为，但不完全适用于个人社会互动的世界。为了理解从行为到结果和效用的映射关系为何对特定情境如此敏感，需要设计大量的新型实验。然而，这些增进理论认识的努力都没有以《道德情操论》中有关人类社会性的综合理论为指导——该理论认为，个人行动乃是受规则支配的关系行为的信号，其中情境极为重要，因为它给结果赋予了意义。这些理论探讨也没有受到任何与《道德情操论》遥相呼应的极少数更近代的研究成果的影响，例如弗兰克·奈特（1925，第374页）的格言："经济学家在工作的每一个节点和每一个阶段都会遇到行为与动机问题。"

我们指出，借助《道德情操论》的基本命题可以预测早期信任博弈实验中观察到的结果，以及后来许多为解释这些结果而对行为意图所做的进一步探讨。不仅如此，我们还展示了通过这些命题可以推导出新的可检验的预测，而此类预测远远超出了传统理论的视野，例如斯密的命题直接考虑了传统理论无法解释的非占优行为。

《道德情操论》讨论的道德规则构成了有社会本性、尝试过上更好生活的人的基本特征。在效用（自身收益）最大化理论无法解释的地方，斯密的理论模型仍然具有强大的预测力。这部伟大著作为长期被忽视的人本主义经济科学（humanistic science of economics）奠定了基础。

第十一章

反思传统博弈论的形式结构

    早期对最后通牒博弈和信任博弈的预测来自以博弈论为基础的推导，然而实验中发现的可复现的实验结果与博弈论的均衡预测完全不符。后续研究为了剖析这种失败的原因又开展了实证研究。根据此类情形下的习惯做法，科学家们试图通过改变实验条件来寻找一些有助于理解原先预测失败的原因，以便能够找到有启发意义的、更好的新原理。此时，一些非正式但有影响力的猜想引导了探索的新方向。有关结果公平和社会偏好的概念推动了最后通牒博弈和信任博弈的新实验设计，并通过类比市场交换中获得的收益，引出了信任博弈中的互惠概念。经济学家通过研究取消回应者的否决权之后的实验结果变化，得到了与公平偏好不一致的证据。[①] 的确，在这样的实验条件，即独裁者博弈之下，提议的分享金额大幅减少。可是提议者们仍然足够慷慨，由此催生了大量关于这个新型博弈的研究文献。这些研究揭示了自然形成的偏好中的"社会"元素的力量。后续的一些实验没有否认这种倾向，它们表明，独裁者博弈的结果只是模拟受试者在得到一笔

---

①   参见 Forsythe，Horowitz，Savin and Sefton (1994，第99页)。

意外收入时的反应，也就是说，研究人们会多慷慨地对待实验者给的钱。[1] 人们依然相信独裁者博弈的重要意义，更准确地说，独裁者博弈被广泛应用于探讨社会距离问题（Hoffman，McCabe and Smith，1996a）以及构建有关社会偏好的理论范式。大量独裁者博弈的变体清楚地表明，情境在改变数据结果方面十分重要，而且是一种比收益更加重要的实验条件。[2] 在最后通牒博弈和独裁者博弈的研究中，意图都具有重要影响。[3] 行为经济学领域的研究大大扩充了有待理解的证据，可是并没有相应地发展出一个能够被广泛接受的综合模型。大多数人（但不是所有人）仍习惯于结合各种形式的社会偏好来建模和思考。

本章献给对以数学形式来研究人类行为感兴趣的读者。在第一部分中，我们将在乔伊·索贝尔（Joel Sobel，2005）研究的基础上，首先简要总结传统博弈论模型，讨论它在什么情况下会给出失败的预测。然后我们将引入对此框架的一些补救式修改，以使模型能够涵盖社会偏好的概念，从而包容那些与原有理论不符的证据。最后我们将指出，亚当·斯密的模型如何能提供一个解读索贝尔理论框架的不同方法，从而包容那些与原有理论不符的证据。

在第二部分中，我们将刻画一次性互动中的个人选择问题，其中个人的选择受合宜性规则的支配。选择体现了从情境到结果的映射规则。每一种情境定义一个结果，而动机来源于斯密所说的人们追求赞扬（避免责备）和值得赞扬（避免应受责备）的概

---

[1] Cherry；Fryklbom and Shogren (2002)；Oxoby and Spraggon (2008).

[2] Hoffman；McCabe，Shachat and Smith (1994)；Hoffman, McCabe and Smith (1996b)；Camerer (2003).

[3] Falk, Fehr and Fischbacher (2003)；McCabe, Rigdon and Smith (2003).

念。我们的意图是归纳和完善表10.1右列描述的对信任博弈的分析。

这两个方面的理论建构都尚未完成，我们在这个阶段还不能给出完整的模型。然而，每个方面的尝试都是以《道德情操论》直接引出的另一套理论架构来处理证据元素，这无疑是迈向更加完整的斯密式理论重构的第一步。

传统博弈的动态机制

假定个人$i=1, \cdots, n$在阶段博弈中选择一个行动x_i，以最大化：

$$Z_i(x) = (1-d) u_i(x) + dV_i(H(x)) \qquad (1)$$

其中$x=(x_1, \cdots, x_i, \cdots, x_n)$是$n$个参与者的策略选择，且$1 > d > 0$，$d$是贴现率，$H(x)$是过往的博弈（history of play），$u_i$是$i$在阶段博弈中因选择而得到的自利"效用"结果，而不是继续参与博弈的价值。在下文的讨论中，我们的例子都是$n=2$。

$Z_i(x)$被解读为i在与同一个熟识的对手进行同一个单次序贯重复的阶段博弈时做决策的判断标准。$Z_i(x)$又被描述为i在实验者指定的配对博弈中得到的当前与未来效用之和的贴现值。因此$H(x)$包括了所有过往的决策历史，以及i预期的与对手的过往博弈。正如索贝尔（2005，第412页）描述的：

重复博弈理论涵盖了策略情境，其方法是通过改变人们博弈的方式，而不是改变偏好。为了获得与基本静态博弈均衡不同的均衡结果，过往的博弈必定对未来的博弈产生影响。过往的博弈并不影响人们的偏好，但会影响人们对行为的预期。

为了实现这一点，行动将采取惩罚和奖赏的形式，具体取决于他人采取的行动，这些行动会影响他们的自利行为，同时使 i 能够在重复博弈期限内最大化其长期的个人收益。

通过上述处理，V_i 就成为一个包含过往博弈的内生函数。如果 V_i 是正数且足够大（足够接近1），那么在最大化 $Z_i(x)$ 时就必须小心，不可因为现在的选择而破坏将来与那个特定博弈对象的互动。在传统的重复博弈理论中，这种对未来的考量囊括了社会性行动的全部内容；换句话说，i 的社会性的定义和范围，就是他与那个特定博弈对象的过往博弈和预期的未来互动。

对社会偏好的修正建议

在博弈论中，参与重复博弈是在长期取得合作成果的关键。但实验室检验保存的长期记录表明，在单次阶段博弈中也存在相当明显的合作，其中匿名参与者为了得到（或期望得到）合作结果，选择更多地放弃自身收益。因此就像索贝尔（2005，第411页）所说的那样，"由于在实验室中小心地控制了重复博弈的影响，这些结果需要另一种解释"。也就是说，在单次阶段博弈中，如果 i 与一个陌生人配对，并且无法识别和了解该陌生人的任何过往信息，那么此时理性的个人就会假定 $V_i=0$。因此无论博弈的环境是如何定义的，我们可以预测 i 和另一个人都将选择最大化个人收益的占优结果。

针对实验中发现的合作结果，通常提出的"另类解释"是假设受试者关心他人或具有"社会偏好"，以此来"合理化"在博弈中观察到的每个参与者的行为，认为每个参与者的效用不仅取决于单次阶段博弈中自己获得的金额，也与对方所得的金额（或用等价的说法，就是当对方得到更多时，由嫉妒导致的负效用）有关。根据这一思路，任何程度的慷慨现象（无论正面还是负面）都可以通过适当地拓展决策者的效用函数来解释。就像前文已经指出的那样："如果偏好是社会性的，那么个人做出的选择就会关注他人。"这个科学假设中的"如果"被替换成了"当且仅当"。随着传统博弈论预测失败的情况不断增多，后一种假说被理论界和实验界广泛接受，但这样做的后果是，**学者们完全放弃了对人与人之间关系建模的任何尝试**。传统重复博弈理论中的无名氏定理（Folk Theorem）就是这样精确而简练地处理的：严格自利的参与者，会从他们相互纠缠的过往历史中内生出一个符合双方私利的合作结果。然而，这样的模型在单次博弈中只能预测背叛行为。更重要的是，在图10.1的信任博弈中，我们报告了一个稳健的结果，多达三分之二的后行者违反了模型对背叛行为的预测，同时有55%的先行者（陌生人）预期到了此类行为。一个临时拼凑的效用函数可以避免预测失败，却无法为我们在人类社会发展中探索行为根源提供线索。另外，没有把重复互动的作用纳入模型也是一个重大缺陷。

基于《道德情操论》重新思考单次博弈

亚当·斯密关于人的社会互动模型，需要另一种形式化的索贝尔理论框架。这个过程并不改变效用函数，但是需要修改有关人们如何随时间推移发生相互联系的假设。因此，这保留了传统的博弈思想，即互动与人们的相互关系而不是他们的偏好有关。人是自利的，但"没有人是一座孤岛"。过往情况是重要的，因为支配公平参与行为的规则取决于人们的意图，以及其他可选做法对受益者或受害者的影响。

在公式（1）中，如果 H 是"历史"，那么一个人的全部文化经验和过往社会互动经历必然会影响他所选的行动。只有在参考了过去的道德判断和预期的未来互动之后，行动才能被解读。斯密在《道德情操论》中提供了一个分析步骤，它包括了一个持续价值，可以用 $W_i(H(x))$ 表示，其中的阶段博弈将被重复，并且会通过共情来修改公式（1）中的第一项，即反映自身利益的 $u_i(x)$。此外，现在的 W_i 将取决于预期的未来行动，既包括自己的也包括他人的行动，而不只是结果。

在《道德情操论》中，个人在所有社会互动中的动机都包含追求被人赞扬和值得赞扬，以及避免受责备和应受责备。更重要的是，在判断自己的行为时，个人会下意识地想象自己的行为会受到一个公正的旁观者的检视。这个人的行动将会以其经历为基础，随环境而改变，但始终要求其行为举止符合个人在各种社交场景下的长期目的（声誉）。在完全不了解对手时，他可能会变得谨慎，更多地保持斯多葛式的自利。但是，当他知道博弈对手是从与自己没有太多不同的人群中招募而来的时候，他就会遵循过去对自己通常行之有效的自我克制原则。他的行动 x_i 会产生一个效用的现值，我们将它表示为 $U_i(x \mid H_i(0))$，其中 $H_i(0)$ 是 i 刚进入实验时（在读完实验指令之后）的个人历史状态。U_i 则是在采取了行动x_i之后的效用。该效用值的一部分来自行动带来的收益。然而，他获得的效用值取决于公正的旁观者对行动的合宜性所做的判断，包括他获得的收益在他所处的情境下是不是应得的和合理的。

我们对$U_i(x \mid H_i(0))$的描述包含了斯密采用的判断标准的若干基本元素，即一个审慎的人通过公正的旁观者的自我克制式判断对当前和未来进行取舍的标准。这些内容充分反映在以下引文中（《道德情操论》，第VI篇第I章，第314页）：

> 谨慎之人身上的那种坚持不懈的勤劳和俭朴，那种为了将来更遥远但更持久的舒适和享受而坚决牺牲眼前的舒适和享受的精神，总是因为公正的旁观者和这个公正的旁观者的代表，即内心的那个人的充分赞同而得到支持和报答。这个公正的旁观者既不会因为看到自己观察的那些人很劳累而感到筋疲力尽，也不会因为看到他们对一些欲望追逐不休而受到诱惑。对他来说，他们现在的处境和他们将来可能会有的处境几乎是一样的：他几乎以同样的距离来看待这两种处境，以几乎相同的方式受到它们的影响。然而，他知道，对那些当事人来说，两者绝不是相同的，必然以截然不同的方式影响他们。因此，他不能不赞同甚至赞赏对这种自我克制的合理运用。在现今和未来的处境中，这种自我克制会影响那些当事人，其方式与影响这个旁观者的方式几乎相同。

我们现在用一个由共情推导的行为标准来取代公式（1）：

$$S_i(x) = (1-d)U_i(x \mid H_i(0)) + dW_i(H(x)) \quad (2)$$

在典型的单次阶段博弈中，W_i=0，但是$\max S_i(x)$并不会被简化为$\max Z_i(x)$；那只在一种情况下会发生，即i是在隔离环境中成长起来的，没有任何与其他人类接触的经历，或者因为别的原因而与社会隔绝："对一个刚刚来到人间就同社会隔绝的人来说，引起其强烈感情的对象，使他欢乐或受到伤害的外界事物，都会占据他的全部注意力。"（《道德情操论》，第III篇第I章第I节，第162页）

当$W_i > 0$时，等式（2）允许人们在知道互动是重复的情况下调整自己的行动。此时，人们知道博弈要重复进行，与对方的关系会受到未来可能性的影响。双方会共同创造未来，依据的原则会超越单次互动中适用的自我克制规则——根据上文引用的《道德情操论》的内容，单次互动中已包含了对未来的基本考虑。而在重复博弈的情况下，根据每个人如何理解对方在序贯博弈中传达的意图，每个人的公正的旁观者在共同互动中会更新其判断。

在上一部分中，我们通过假定个人在具有关心他人的社会偏好时，依然以效用最大化作为选择的标准，可以解释阶段信任博弈中发现的高合作水平。而我们在这里解释合作时，像斯密那样假设一个社会化的人在与有着类似成长经历的人互动，他的行动选择会参考他自身已然内化的依循规则与他人互动的历史。这个人的行动是关心他人的，因为他需要遵守与实验对手共同认可的规则。然而，为了确定适当的行为规则，他需要有一个共同知识，即他自己和互动对手都是自利的。

从博弈结构到行动：应用《道德情操论》的原理

设想个人 i 采取一个行动 a_i，它取决于在给定的情境下，i 对该行动的合宜性所做的判断：

$$a_i \text{（合宜性 } | \text{ } C\text{）} = a_i(C) \cdot PR + \beta_i(C) \cdot PR \cdot PW + \gamma_i(C) \cdot PW + \delta_i(C) \tag{3}$$

在这里，PR 和 PW 都是（0，1）二元变量，当这个行动受到他人赞扬时 $PR=1$，否则 $PR=0$，而当它值得赞扬时 $PW=1$，否则 $PW=0$；同时 α_i、β_i、γ_i 和 δ_i 都是非负权重函数，决定了 PR 和 PW 在判断行动合宜性时的权重。在第二项中，PW 影响 PR，而第三项则表示 PW 自身可能带来的有独立价值（自我克制）的情感，即使在没有赞扬时也是如此，这与 PR 不同。例如在双盲实验中，即使没有人知道你的决定，也仍然有一定的权重（Cox and Deck，2005）。通过对比自愿和非自愿两个版本的信任博弈，我们发现三分之一的后行者会与他们配对的先行者分享收益，即使他们没有收到任何有关先行者意图的信息。这样的结果更加表明 PW 应该有正的权重。参见第八章图 8.3 总结的麦凯比等人的研究。

我们用 $C(m_1, m_2)$ 来表示相关的情境，包括博弈结构、可选决策和所有节点的收益向量，以便解读行动传递的信号。行动的基础是在给定的情境中合宜的行为规则，此时，被选中的行为能够最好地满足或符合社会认可的标准。独立于各种社会指标的可加函数 $\delta_i(C)$ 可以表示未被社会因素减弱的"个人利益"，在《道德情操论》中，这一动机总是扮演着重要的斯多葛派的角色（不会感情用事）。在 i 无法推断他人的意图从而无从决定是否对善行做出回报时，将有 $\alpha_i(C) = \beta_i(C) = 0$，并且

$\delta_i(C)$对决策选择的影响比其他时候更大,但此时仍会受到权重为正的影响。[1]

一个类似于(3)式的表达式可以用来解释损害他人的行为(即受责备或应受责备的类型)。

(3)式定义了i的行事规则,也就是说,在给定的$C(m_1, m_2)$,以及i依照自我克制而赋予PR和PW的相应权重时,i对行动的选择。同时,在i的社交世界中还存在一种习俗(监督者),它界定的是,在相同的给定条件下,如何选择α_i,β_i,γ_i和δ_i才是"人们习以为常的做法"。如果i的选择违反了习俗,他就会收到纠正的反馈(不赞许)。因此,《道德情操论》主要探讨的就是个人如何适应"合适与恰当"的规则。关于社会习俗的需求如何在历史上出现并随时间变化的惯性过程,这个模型并没有定论("模糊的"),但它对理解习俗演化和适应过程仍有一定的启发意义。

基于对规范的有效性的一致认可,《道德情操论》给出了在规则空间上达到均衡的抽象定义:给定行动的外部环境,如果任何一个公正的旁观者、任何一个不相关的局外人,以及任何一个通情达理的人都完全接受和同意这个行动者是感激的合适对象,因而也是值得奖赏的合适对象,那么行动者就理应得到奖赏。并且基于同样的道理,当上述所有人都一致认为这个行动者是怨恨的合适对象时,他就应该受到惩罚(《道德情操论》,第II篇第I章第II节)。

---

[1] 参见McCabe,Rigdon and Smith(2003,第273页)和第八章图8.3(b),其中33%的后行者选择了向右,这与值得赞扬的预测相一致。

是公平均衡，还是对仁慈命题1和不正义命题1的共识？

作为对20世纪80年代的最后通牒博弈和其他博弈实验结果的回应，马修·拉宾（Matthew Rabin，1993）的研究提出了如何从公平均衡概念来解释这些结果的理论和方法。公平均衡的概念由拉宾本人提出，并且与纳什均衡有关。拉宾的主要思路基于吉纳科普洛斯等人（Geanakoplos，Pearce and Stacchetti，1989）的研究，该研究修改了传统的博弈论设定，使参与者的收益不仅取决于其行动，也取决于他们的信念。请注意，从效用维度上寻求突破有悖于《道德情操论》的思想，但是这样做可以保留博弈论中将行动与效用相联系的理论逻辑：行动→结果→效用，这里的结果和效用混合了信念与物质两方面的后果。于是，拉宾的形式化描述是从两个典型事实开始的：（1）人们愿意牺牲自己的物质福利来帮助那些善良之人；（2）人们愿意牺牲自己的物质福利来惩罚那些不仁之人（Rabin，1993，第1282页）。

拉宾的两个事实（1）和（2）可以分别理解为对仁慈命题1和不正义命题1的粗略表达，这两个命题是斯密从更基本的思想出发推导出来的，并用于解释一个（自由）社会的文明秩序的典型特征。在拉宾看来，公平涉及信念（1）和（2），而他的分析展示了"相互最大化"的结果，即在给定对方的行为时，每个人都试图最大化对方的物质收益。但同时也存在"相互最小化"的结果，即在给定对方的行为时，每个人都试图最小化对方的物质收益。无论是相互最大化结果或相互最小化结果，纳什均衡都是公平均衡。人们认为奖赏好的行为、惩罚坏的行为是"公平的"。因此，在图10.2的基础信任博弈中，如果先行者将决策权交给后行者，那么后行者会选择合作（最大化先行者的收益）。而在图 10.4 的对不正义行为施加惩罚的博弈中，如果后行者背叛了先行者的合作提议，先行者就会最小化后行者的收益。与此对应的是在《道德情操论》中，走向成熟意味着学会遵守规则；不遵守规则就是违背公平均衡。

拉宾的方法是通过将他人和自己的收益都放进每个人的效用函数（一种形式化的"利他主义"），来对实证发现做理性化解释。他的研究与《道德情操论》类似的地方是，在修改博弈结果带来的效用时引入了社会信念的作用。然而，拉宾没有系统地探讨信念改变的根源及其采取的形式。与《道德情操论》中所说的一样，人们必须是严格自利的，因为在拉宾的模型中，构成牺牲或善意的因素必须成为社会的共同知识。

均衡，昨日之我与今日之我

以伯格、迪克哈特和麦凯比（1995）设计的信任博弈为基础，学者们又开展了一批实验，针对不同（平均）年龄的受试者（分别为 8 岁、12 岁、16 岁、22 岁、32 岁和 68 岁）。[1]结果表明，提议者送出的平均金额随他们的年龄单调上升（68 岁除外），而回应者回报的平均金额也有类似的情况。这些结果与斯密的社会成熟度的作用相符，他明确提出儿童属于例外情形。例如在"论良心的影响与权威"中（《道德情操论》，第 III 篇第 III 节，第 203—204 页），他断言非常年幼的孩童是没有自我克制能力的，虽然父母可

---

① Sutter and Kocher（2007，表 2，第 372 页）。

能会为了自己的安逸而限制孩子撒泼哭闹，但通常来说，父母对孩子较为纵容。当儿童的年龄达到可以上学或可以与同辈交往后，他们很快就得不到那种宠溺了。不过，这孩子

> 自然想得到其他孩子的好感，避免被他们怨恨或轻视。甚至对自己安全的关心也告诫他要这样做；并且不久他就发现：要做到这一点，只有一个办法，那就是不仅把自己的愤怒，而且把自己的其他一切激情压抑到小朋友和小伙伴大概乐意接受的程度。这样他就进入了自我克制的大学校，越来越努力地控制自己，开始约束自己的感情，当然，即使最长期的生活实践也不足以十全十美地实现这种约束。

用博弈论的术语来讲，斯密描述的是一个人和他人之间发生的互动，通过由情境映射到结果的通用规则，各人的声誉得以形成和记录，并通过感激之情带来的奖赏和怨恨之情引起的惩罚，在整个人生博弈中不断塑造自己。

米尔顿和奥尔特曼（1996）率先指出，《道德情操论》深入分析了自利者的行为会受到声誉的规诫。当你的社交活动由不受控制的消极情绪（如憎恶与仇恨）而不是积极的慷慨之情与恻隐之心控制时，这会给你带来机会成本；因此，自我克制是从经验的熔炉中产生的。他们的理论把自我克制的理性解释为声誉均衡，认为积极原则最终可以在行动选择中压倒激情带来的有害影响。他们明确地将模型建立在斯密提出的"两个自我"碰撞的概念上："昨日之我与今日之我"对自己早前行为的评判，依据的"收益"

基础是赞扬和值得赞扬，以及避免责备和避免应受责备。米尔顿和奥尔特曼的互动博弈则是发生在"今日之我"和"明日之我"之间，通过互动博弈，孩子们的成长变化发生在自我克制的大学校里。这是我们学习与朋友和邻居相互为善的机制。这个过程中除了成功，也会遇到谬误、瑕疵和失败。一个静态的效用函数并不能很好地反映这个过程，随着时间的推移，它会涉及动态的、不确定的、相互转变的关系，但这和自利的个人并不矛盾。

第十二章
实验经济学与叙事

> 人类之所以制定行为规则，不是因为他们知道，而是因为他们不知道某一特定行为的全部后果会是什么。

> ——哈耶克（1976，第20—21页）

＊　＊　＊

生活本身是由叙事组成的，而叙事是我们当作经历来讲的故事。很多经验阐述涉及环境和背景，因为我们认为这对于传达一种对生活经验的准确感知是必不可少的。我们根据自己的经历和记忆来创造叙事，事实上，它是由事后留下的东西构成的。

现代的理论建模传统是从生活场景中提取行为和现象中的"本质"，我们试图用（与情景无关的）一般元素来描述它们。例如，在把运动学和我们的直觉经验相分离方面，牛顿物理学取得了惊人的成功，爱因斯坦又继续推进了这一传统。在经济学上，我们从19世纪末就开始遵循这一理论建模传统。我们研究某个假想的个人在边际机会成本情景下的决策模型，得出了关于市场、价格、拓展合作顺序以及均衡的新观点。实验经济学的发展始于这些模型。我们有关于市场的故事，但它们被简化成了某种理论精华。然后，我们带着简单严格的说明去实验室，把注意力放在这些抽象本质上，我们认为这样做是合情合理的，因为希望尽量去除本质之外的噪声。幸运的是，在多方参与的非人格化交易市场上，我们得到了稳健的结果。事实上，我们在实验中似乎已经掌握了一些本质。"运气"给我们带来了丰富的信息，尤其是在随后的实验中。在实验室里，将市场浓缩为一个抽象的供求结构显示了其强大的预测力；受试者并没有把太多"来自生活经验的东西"带进实验室，没有颠覆这种理论结构的强大预测力。①

　　然而，所有这些都随着对双人博弈的研究而发生了变化，例如20世纪八九十年代开展的最后通牒博弈和信任博弈。在市场供求结构中非常有效的效用最大化原理，却在我们认为远比市场更简单和透明的博弈里失效了。在实验中受试者运用来自生活的经验，而且一般来说，其效果比效用最大化理论好得多。一夜之间，情境变得很重要，尽管理论术语没有改变，讨论的议题也仍然是效用最大化理论的遗留物，即"决策和行为"。《道德情操论》最引人注目的地方在于，它的思维框架、它使用的语言以及叙事的作用都与现代经济学的传统大相径庭，却是一个与"简单"的最后通牒博弈和信任博弈中的复杂行动模式非常契合的

----

① 所有早期在实验室里做的市场实验都是关于物品交换的，这种物品带有易腐品不可再交易的特征，用术语来讲，就是非耐用商品和服务。这类市场无论在实验室还是在现实经济中都很稳定。在这类市场上，不可能存在使用价值或消费价值与再售价值之间的差别。然而，当实验者着手研究资产，即耐用且可以再交易的物品交易时，如果拿汉堡包或理发市场与住房或证券市场比较的话，我们之前习惯的稳定性，在实验室里就变得和现实经济中一样难以捉摸。参见Gjerstad and Smith（2014）第二章对两类市场实验的总结。

理论框架。《道德情操论》提出了一个严谨的模型，包含复杂而丰富的叙事。这与它的核心思想密切相关，因为与传统的理论框架不同，它的一个主要分析前提就是情境非常重要。结果会受到同感的驱使，而同感来自人们对别人可能产生什么感受的想象。它不是从现代意义上的选择和决策去探讨行为，而是把人们的行动当作行为举止的一个部分。"行为举止"表示一种模式、一种态度，以及人们遵循的模式与预期的模式之间的某种契合。结果和目标都不是仅由收益领域中的一个特定点来定义的。"行动"一词则表示，与包含他人在内的环境有关的参与、再现以及活动。即使某个行动是一维属性的，但在当前和将来仍有其他选择，具体取决于现在采取的与他人相关的行动。将情境纳入模型使人们可以用过去经历的记忆作为实例，激发人们对行为举止合宜性的认识；行动给未来造成的后果部分取决于行为人与他人的关系。

典型的双人单次序贯博弈实验把"收益和行动"作为需要研究的本质：谁在何时行动，谁会得到什么。这种机械式的"本质"并没有将博弈视为人际关系中的一个实例，它往往是错综复杂的，并且与叙事性记忆有关。当然我们知道，不能期望实验参与者像实验者和经济学家那样看待问题。我们只是关心，这两类视角在观察中是否等效。实际上，它们并不等效，所以试图修补效用函数或模型而不是探寻其他的理论框架，这是一条危险的道路。亚当·斯密已经为我们提供了另外的理论框架。此外，他还致力于构建一套与人类的社会性现象相一致的思想体系，而非满足于一系列补救性质（和传闻轶事性质）的事后合理化。

对信任博弈的叙事式描述

作为理解人类有关信任、值得信任和怨恨概念的首要近似方法，经济学家首先假定，行为人对所有的随机情况都拥有完全对称的信息，这能适用一个简洁的逻辑并给出充分解释。然而在人们日常使用这些概念时，并不限于上述假设的情况。我们并不只是在知道有什么回报的时候才信任某人，而是将信任作为通用规则。这就是我们所说的把我们的生命托付给某人。同样，我们说某人值得信任，不仅是因为他没有在某个特定场合利用我们，而是因为在不可预见的情况下，不管发生什么，他都具备值得信任的品质。通常而言，这正是我们从一开始就信任他的原因。但是，那些我们不认识的人如何在初次见面时就得到我们的信任呢？这取决于具体的时间和地点，取决于这个人的特征，也取决于导致这场邂逅的故事。难道不是这样吗？

博弈论将叙事分解为行动和结果的因果结构，即简化为追求效用最大化。在博弈中，参与方采用基于眼前收益或未来预期收益的策略。在对抗式的零和博弈中，将问题简化到这个程度，可以很好地做出预测，因为行动与随之而来的收益构成了叙事的主要内容。即使在这种情况下，正如本书第九章所述，通过引入自愿行动这个简单的斯密式处理方法，对抗式的定和最后通牒博弈的结果仍发生了显著变化。而在一个存在信任可能性的正和博弈世界中，由人们的头脑创造的叙事通常太过丰富，以至于无法简化为博弈者、行动以及从行动到收益的映射。人类的心智需要依靠行为规则来应对这些变化无常的情况，特别是当我们不了解行动的确切后果时，更需如此。

奥斯本等人（Osborn，Wilson and Sherwood，2015）的研

究采用了对不正义行为施加惩罚的博弈（见图10.4）中的收益和行动顺序，并将之嵌入一个叙事博弈中。实验参与者需要阅读一个故事。在互动关系中，机会将在稍后的时候出现，而在此之前他们并不知道会有什么收益。这里的信息状态不同于通常的拓展式博弈树，而且实验参与者是一则公开故事的组成部分。奥斯本等人的这项研究做了如下比较分析：人们在本书第十章介绍的普通扩展式博弈环境下会有怎样的行为方式，他们作为叙事参与者、作为故事中的角色在做决策时，又会有怎样的行为方式。

实验设计与程序

在扩展式博弈中，参与者能够看到所有潜在结果和实现这些结果的路径。与之不同，叙事式博弈实验每次只显示一个决策节点，从而消除了逆向归纳的可能。参与者置身其中，成为正在发生的故事中的人物。当这些角色做出决策时，他们不知道那样做有可能导致博弈结束，或者会将随后的决策权传递给另一个角色。他们知道的全部内容，只是自己正在按照三页纸的简短说明推动故事发展：

欢迎词（第1页）

今天你将担任故事中的一个角色。这个故事将随着两个角色所做的决策而展开。你和坐在这个实验室里的另一个人所做的决策将共同决定你能挣多少钱。你的收入将在故事结束时以现金形式私下支付给你。

故事情节（第2页）

你和另一个角色将共同决定故事情节，由此会产生一系列收益。等到做决策的时候，会出现两个按钮，每个按钮指向要在故事中采取的一项行动。

在故事结束时，你将得到如下酬劳：故事中获得的每1 000美元将换算为1美元真实货币支付给你。例如，如果在故事结束时你在其中获得了9 000美元，那么你将得到9美元的实际报酬。

你的故事有可能在周围其他参与者之前或之后结束。当你的故事结束时，请安静地等待，直到有人叫你到窗口去领取报酬。

准备开始（第3页）

如果你有任何问题，请举手，现场人员会过来回答。如果你已看完这份说明，请点击"开始"按钮。这些说明文字将一直显示在屏幕上，直到所有人都点击了开始按钮。我们需要每个人都点击开始按钮，才启动故事。

在一个典型的扩展式博弈实验中（就像本书第八章到第十章中的例子），两个没有互动经历的陌生人参与博弈，他们可能会也可能不会对这个过程做情境化的设想。而在叙事式博弈中，首先要做的决策就是选择故事发生的场景。奥斯本等人的研究分别讨论了将场景设置为陌生人之间的互动，以及两个熟人之间的互动。他们推测，熟人之间的互动会比拓展式博弈更容易实现（18美元，30美元）的结果，由此把场景设置为两个在过去有过互动的人。如果在此情境下不能观察到更多（18美元，30美元）的结果，就会带来更丰富的信息。[1]

---

[1] 本章故事叙述中的货币单位是千美元，由于受试者在实验结束之后获得的金额奖励是其在实验中所得金额的千分之一，所以在不影响主旨的情况下，为使形式更为简洁，略去了"千"，一律以美元表示。

奥斯本等人将两个彼此熟悉的角色放到一条故事线中，故事很容易与大学生参与者的身份联系起来。接下来，他们要求先行者在两种行动中选择：一种行动是以（12美元，12美元）的结果结束故事，另一种行动是将决策权交给后行者。他们没有给阅读这个故事的参与者指定某个名字，无论男女，都只简单地称呼为"你"。然而，每个参与者的对手都被称为"泰勒"，这个名字没有指定性别。图12.1显示了第一个决策节点的故事。博弈中的先行者视角如上边的图文框所示，后行者的视角如下边的图文框所示。

在扩展式博弈中，参与者只需要确定是以"我们共同参与"还是以"我自己参与"的态度来遍历博弈树。与之不同的是，奥斯本等人的研究将两个角色安排成了同事协作关系。为了进一步强调协作，图12.1叙述了两个角色在工作之余共同开发一款App（应用程序）的故事。这两个角色平等地参与App的开发，每个角色负责研发App的特定部分。因此，这款App的总价值是通过协作产生的。请注意，我们特意说明了这款App的价值可能会增加，但没有提供任何金额细节。与扩展式博弈不同的是，这个故事只暗示了App有可能卖出更高的价格。两个角色必须在博弈过程中尝试发现这款App的总价值。在扩展式博弈中，大家知道先行者可能会因为一开始没结束博弈而获得更低的收益。因此在没有意识到收益可能减少的情况下，相比在扩展式信任博弈中先行者选择向下的情形，我们推测，在这个叙事式博弈中，会有更大比例的先行者选择"让泰勒带着这款App去参展"。

你是一家技术公司MobileSpace的工程师，你努力工作，并和同事泰勒在过去6个月里一直在利用业余时间开发一款智能手机App，你们在下班后和周末一起设计这款产品。你主要负责编程和产品功能，而泰勒作为资深的营销人员，负责用户界面和产品的外观设计。你们设计了这款产品，而且两个人都确信它有利可图。你们都很自豪，预期这款产品会让你们劳有所得。

MobileSpace公司看过这款产品，并提议将它放在各个智能手机平台上销售。如果你们现在打算出手，他们愿意出24 000美元购买这款产品的产权。你和泰勒可以平分这笔钱，你将得到12 000美元。

泰勒了解到本周末有一个科技展览会，一些想要投资科技创新的机构将在那里寻找合适的产品。在展览会上，泰勒有机会向其他公司介绍这款产品，吸引关注，并且有可能提高它的售价。只有得到你的同意，泰勒才能带这款产品去展览会。

你可以选择将这款产品卖给MobileSpace公司，也可以选择让泰勒带着它去参加展览会。

（卖给MobileSpace公司）　　　（让泰勒拿去参展）

你是一家技术公司MobileSpace的营销人员，你努力工作，并和同事泰勒在过去6个月里一直在利用业余时间开发一款智能手机App，你们在下班后和周末一起设计这款产品。泰勒是软件工程师，主要负责编程和产品功能，而你负责用户界面和产品的外观设计。你们设计了这款产品，而且两个人都确信它有利可图。你们都很自豪，预期这款产品会让你们劳有所得。

MobileSpace公司看过这款产品，并提议将它放在各个智能手机平台上销售。如果你们现在打算出手，他们愿意出24 000美元购买这款产品的产权。你和泰勒可以平分这笔钱，你将得到12 000美元。

你了解到本周末有一个科技展览会，一些想要投资科技创新的机构将在那里寻找合适的产品。在展览会上，你有机会向其他公司介绍这款产品，吸引关注，并且有可能提高它的售价。只有得到泰勒的同意，你才能带这款产品去展览会。

泰勒可以选择将这款产品卖给MobileSpace公司，也可以选择让你带着它去参加展览会。

（准备继续）

图12.1　先行者的决策节点上的叙事

图 12.1 的按钮中的说明文字总是以动词开头，以便让博弈参与者有身临其境的感受，很像在"选择你自己的冒险"系列游戏的页面之间做切换的选项。对于每一对参与者，计算机会随机决定呈现给他们的行动选项顺序。第一个（第二个）选项始终在左（右）按钮上显示，并且我们会用深灰色或浅灰色填充每一对选项的左按钮。没有决定权的角色只能点击白色的"准备继续"按钮。只有在两个参与者都点击了一个按钮之后，故事才会同时推进。

后行者的决策是如何分配从另一家公司那里获得的新报价（见图 12.2）。博弈参与者始终可以单击"返回上一步"，重新读取他们如何到达后续的决策节点。

请注意在这个决策节点上，博弈路径和收益结果与基础信任博弈中的情形完全相同（见图 10.1）。先行者已放弃了（12 美元，12 美元）的选项，后行者正考虑在（18 美元，30 美元）和（6 美元，42 美元）之间做出选择。上面的故事通过明确指出新报价是由于后行者在产品上的独特设计，从而使得对善行的认可变得更为复杂。因此，这个叙事式博弈不同于简化的扩展式博弈，它解释了为何后行者能在奖赏善行的回报结果（18 美元、30 美元）中获得更多的钱。但它能否合理地解释（6 美元，42 美元）的结果呢？在没有惩罚的扩展式信任博弈中，双方此时都知道这个决定是最终结果。相反，在带有惩罚选项的扩展式信任博弈（对不正义行为施加惩罚的博弈，见图 10.4）中，双方都知道，在下一个决策节点，先行者将不得不以（4 美元，4 美元）的选项，对后行者选择（6 美元，42 美元）予以惩罚。而在叙事式博弈中，两位参与者只知道后行者将在（18 美元，30 美元）和（6 美元，42 美元）之间做出选择，而且这个故事

用户1

　　你选择放弃把这款App卖给自己工作的公司，而同意让泰勒拿去参加科技展览会。通过周末的营销，泰勒接到了一些报价。

　　一家叫Appazon的公司对这款App中泰勒负责设计的用户界面非常喜欢，他们愿意出两倍于MobileSpace的价格。现在轮到泰勒来签订48 000美元的合同，并决定如何分配这笔钱。泰勒的选择是以下两者之一：（1）6 000美元给你，42 000美元给泰勒；（2）18 000美元给你，30 000美元给泰勒。

（准备继续）

（返回上一步）

用户2

　　泰勒选择放弃把这款App卖给自己工作的公司，而同意让你拿去参加科技展览会。通过周末的营销，你接到了一些报价。

　　一家叫Appazon的公司对这款App中你负责设计的用户界面非常喜欢，他们愿意出两倍于MobileSpace的价格。现在轮到你来签订48 000美元的合同，以及决定如何分配这笔钱。你的选择是以下两者之一：（1）6 000美元给泰勒，42 000美元给你自己；（2）18 000美元给泰勒，30 000美元给你自己。

选择（1）　　　　选择（2）

（返回上一步）

图12.2　后行者的决策节点上的叙事

可能结束也可能不会结束。那么在此时，仁慈命题1适用于后行者吗？

　　这是一个有现实意义的中间状态的例子，扩展式博弈不能很好地给出解释。当然，我们可以创建一个不可形式化的新拓展式博弈实验，在该实验中，如果后行者点击（6美元，42美元）的结果，一个新的先行者决策节点就会突然出现在他面前：哎呀，你以为自己选择（6美元，42美元）就好了，可是不，现在轮到先行者来做决策了。但是，我们如何才能在不欺骗参与者的情况下，解释博弈树中包含的决策过程呢？即使假设我们可以找到这样微妙但不歪曲事实的说法来解释这种没有故事背景的操作，实验受试者们也会在私下里质疑：见鬼！发生了什么？为什么会有这种事？他们对这种安排将毫无头绪。而在叙事式博弈中，我们可以预先排除这类令人困惑的疑问，使参与者能够专注于关键的决策。故事给参与者们提供了一个基础，以此来影响他们的思考。

如果后行者选择（18美元，30美元），这两个角色将在屏幕中看到一句话作为故事的结束（见图12.3）。

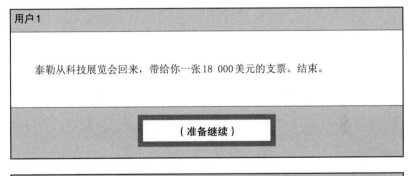

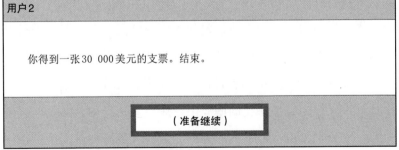

图12.3　故事以（18美元，30美元）的结果结束

如果后行者选择（6美元，42美元），故事会继续，此时先行者将有另一个决策要做（见图12.4）。在故事的这个关头，叙事设计的关键原则是为先行者提供一个看似不可预见的有利机会，以惩罚后行者不选择（18美元，30美元）的行动。请注意，他们的雇主在这个时候也加入进来，并愿意代表先行者把后行者告上法庭。这将是一种有意识且有明确含义的泄愤行动。诉讼费用将使这两个角色损失40美元。与前面的决策节点一样，两个行动将以随机顺序呈现给两个角色，只有一个人能看到带色块的选择按钮。

该决策节点的结果及其路径与对不正义行为施加惩罚的博弈中的第三个决策节点和最终决策节点的结果相同。不正义命题1预言：由于后行者在损害先行者（给予其低于18美元或12美元的回报），所以后行者应该受到先行者的惩罚。我们回忆一下，在图10.4中，只有25%的先行者选择了（4美元，4美元）的惩罚结果。

在第十章中，我们的事后推测是，甚至在先行者选择向下之前，两个参与者都知道后行者也可以选择向下。因此当轮到后行者做决策时，他可能会赌先行者不敢选择（4美元，4美元）。换言之，后行者并没有伤害先行者，因为先行者从一开始就知道后行者可能会选择向下。但在我们的叙事中，情况并非如此。先行者不知道后行者有一个可以伤害先行者的选择，后行者也不知道先行者之后还有机会惩罚后行者选择（6美元，42美元）。还要注意，在对不正义行为施加惩罚的博弈中，后行者选择的其实是博弈树中的一个分支，但在叙事式博弈中，后行者选择的其实是一份支付（6美元，42美元）协议。问题在于，相比有惩罚的扩展式信任

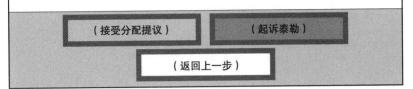

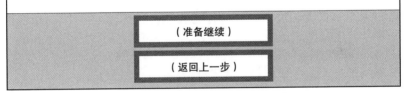

图12.4　先行者在第三个决策节点上的叙事

博弈，叙事式博弈中是否会有更大比例的先行者对自己遭受的伤害感到怨恨，并在一时冲动之下，决定选择（4美元，4美元）而不是（6美元，42美元）来惩罚后行者？这里很明显还有一个关键区别，叙事式博弈的故事可能还会继续，而在扩展式博弈中则不会。这个区别是我们正在探索的议题之一。那么不正义命题1是否适用于先行者呢?

如果先行者将泰勒告上法庭,他(后行者)将会读到故事的以下结论:"你(泰勒)起诉了泰勒(你)。MobileSpace公司拥有了该App,你收到了金额为4 000美元的支票。故事结束。"如果先行者接受了提议,故事将以如下方式结束:"你接受了提议,收到了6 000美元的支票。故事结束。"相应地,后行者的故事也将以如下方式结束:"泰勒接受了提议,你收到了一张42 000美元的支票。故事结束。"

为了同时测试结果的稳健性,以及对叙事的轻微修改是否会改变参与者的行为,在其他条件保持不变的情况下,奥斯本等人给出了第二个叙事版本(以下用叙事2指代,前一个版本用叙事1指代)。叙事2只是在第二个决策节点上,用几个新词汇替换了原有词汇。由于在第一个决策节点用的是相同的叙事,我们可以借助另一组参与者来评估第一页的决策的稳健性。图12.5说明了故事的细微变化。其目的是,在假设其他情况相同时,将App的成功归因于先行者的努力,以此作为收购报价加倍的原因,从而将未来的情况引入第二个决策节点的愿望表达中。奥斯本等人推测,根据仁慈命题1,在此情形下将有更多的后行者选择(18美元,30美元)。

这种条件控制是实验的核心主题,不应将它误判为经济学家通常草率地忽略的一种框架效应。框架效应是一种判断模式,意指人们经常对逻辑上等价的不同假设情境做出不同的反应。[1]叙事2的这种修改不属于框架效应,因为两种叙事在逻辑上并不对等。

---

[1] Tversky and Kahneman(1981).

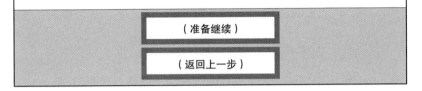

用户1

你选择放弃把这款App卖给自己工作的公司，而同意让泰勒拿去参加科技展览会。通过周末的营销，泰勒接到了一些报价。

一家叫Appazon的公司对这款App中你负责设计的编程部分非常喜欢，他们愿意出两倍于MobileSpace的价格。现在轮到泰勒来签订48 000美元的合同，并决定如何分配这笔钱。泰勒的选择是以下两者之一：（1）6 000美元给你，42 000美元给泰勒；（2）18 000美元给你，30 000美元给泰勒。

（准备继续）

（返回上一步）

用户2

泰勒选择放弃把这款App卖给自己工作的公司，而同意让你拿去参加科技展览会。通过周末的营销，你接到了一些报价。

一家叫Appazon的公司对这款应用软件中泰勒负责设计的编程部分非常喜欢，他们愿意出两倍于MobileSpace的价格。现在轮到你来签订48 000美元的合同，以及决定如何分配这笔钱。你的选择是以下两者之一：（1）6 000美元给泰勒，42 000美元给你自己；（2）18 000美元给泰勒，30 000美元给你自己。

选择（1）　　选择（2）

（返回上一步）

图12.5　叙事2所做的关键修改

参与者面临的收益是相同的，可能的行动也是相同的，但刚刚发生的事情导致的当前情况是不同的。此时有待回答的研究课题是：在第二个决策节点上，仁慈命题1是否会以不同的方式将未来引入当前行为的表达之中。

结果

我们比较了参与者基于叙事式博弈做出的决策和本书第十章的博弈决策。在第十章中，参与者除了博弈的基本结构之外，没有其他信息可供参考。在基础信任博弈中，45%的先行者会立即结束博弈。而在两个版本的叙事式博弈中，分别只有约23%（11/48）和17%（8/48）的先行者选择了"将App卖给MobileSpace公司"作为博弈终局。在知道产品可能有更大的共同价值，而且不能确切地知道自己可能得到比12美元更差结果的情况下，更多先行者采取了冒险做法，让后行者采取下一步行动。叙事在这个节点上建立了一种关系，两个角色生活在一个共同参与开发App的环境中，这促进了相互之间的信任，即便在潜在结果未知的情况下也是如此。

在看到实验的后续结果后，人们经常会宣称："'果然，事情必然是这样的。'但我们其实应该思考：它可能是这样的，但也可能会是其他样子的"（Wittgenstein，1980，第37页）。于是接下来，奥斯本等人采取了非传统的方法，利用读者对其实验对象的行动所做的预测，综合整理实验结果。换言之，读者们会在结果中选择自己的探险路径，最终得到实验中给出的八个可能的教训之一。

通过这样的方式展示实验结果，我们能从中学到什么？如果此时此刻你无法预测将从这个实验中学到什么，因为你甚至不知道有哪些可能的结果，也不知道需要采取什么行动去实现这些结果，那么焦点问题就变成了你希望自己在下一页看到什么样的故事？对于不可预见的未来，你将如何做决策？你如何看待亚当·斯密的命题？在这个实验中，我们不仅要去理解亚当·斯密的仁慈命题1和不正义命题1如何发挥作用或者不起作用，我们还将学习如何反转经济学对博弈的思考方式，也就是说，我们要学习像亚当·斯密那样从人性的角度思考博弈。与亚当·斯密一样，我们首先会把感受、思考和理解融入叙事，然后再考虑如何应用他的命题。在这一点上，关注实际结果的读者可能会忽略项目的要点和相关介绍：在实验参与者面对不可预见的未来而采取行动的叙事中，适用何种抽象的行为规则？在经济学领域的读者思考行为规则的叙事中，又适用何种抽象的行为规则？

如果你认为叙事1中有46%的后行者、叙事2中有70%的后行者选择了（18美元，30美元），请翻到第226页。

如果你认为叙事1中有46%的后行者、叙事2中有90%的后行者选择了（18美元，30美元），请翻到第228页。

如果你认为叙事1中有73%的后行者、叙事2中有70%的后行者选择了（18美元，30美元），请翻到第230页。

如果你认为叙事1中有73%的后行者、叙事2中有90%的后行者选择了（18美元，30美元），请翻到第232页。

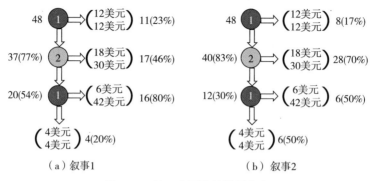

（a）叙事1　　　　　　　　　　（b）叙事2

图12.6　第一个可能的结果集合

第一个可能的结果集合如下：

尽管与扩展式博弈相比，在叙事1中有更大比例的先行者让后行者采取下一步行动，但后行者选择（18美元，30美元）的比例却较小（46%）。在扩展式博弈实验中，约67%的后行者选择了向右。最终的结果是，在叙事1和扩展式博弈中，几乎有相同比例的成对受试者（分别为35%和33%）实现了双方的收益都有改善，叙事1中的先行者在无意中结束了故事，扩展式博弈中的先行者却是有意地结束了故事。

对两种叙事方式的比较发现，文字的微小变化对选择（18美元，30美元）的后行者的比例有很大影响。**在叙事2中，70%的后行者（提高了24个百分点）选择奖赏先行者的善意倾向。**显然，谁的工作使App的售价翻番，这一点至关重要。[①] 追求完美结果的人可能会认为，这是因为叙事2重现了在扩展式信任博弈实验中观察到的选择（18美元，30美元）的后行者比例，而在扩展式信任博弈中，后行者有动机奖赏先行者为"做大馅饼"所做的贡

---

① 这也展现了参与者对故事的阅读有多认真，是否注意到有多少字被修改了。

献。但这个推测忽略了叙事式博弈与拓展式博弈的不同认知条件，无法解释为什么在叙事1中仍然有46%的人选择（18美元，30美元）。我们的叙事实验揭示了如下可能性：扩展式博弈中的两个人可能在谁促使馅饼翻倍的"功劳"上存在分歧。[①] 到底是先行者还是后行者？信息的缺失影响巨大。

当我们叙事中的后行者不知道先行者选择向下可能使收益增加50%的时候，与扩展式博弈中提前看到收益的情形相比，他们的行为截然不同。先行者决定不立即出售时，他们不知道未来会如何发展，而当后行者了解先行者不知道将来会有什么收益时，后行者就不那么愿意在有可能的情况下用（18美元，30美元）去奖赏先行者。在扩展式博弈的实验中，先行者之所以选择向下，是因为他们看到后行者可以将自己的收益增加50%——我们显然不认为，先行者希望自己的收益减少50%。然而当这一决定在叙事1中被传递给后行者时，后行者知道先行者不清楚未来会发生什么，于是，多出了 21 个百分点（67%-46%）的后行者觉得没有必要用（18美元，30美元）去奖赏先行者，而代之以（6美元，42美元）。对于54%的后行者来说，仁慈命题1似乎不适用。当然，另一家公司对后行者在App设计上的贡献尤其看重，因此愿意将购买价格翻倍，这使得情况变得更为复杂。在接受1号提议——"泰勒6 000美元，你42 000美元"——的时候，仁慈命题1无法预测这些参与者的行为方式，因为现在先行者的收益甚至低于最初的12 000美元。那么实验中相应的20位先行者会如何对待这份（6美元，42美元）的提议呢？给出（6美元，42美

---

① Wilson（2010）.

元）这样的提议是不是一种具有伤害倾向的行动？

在叙事1中，20位先行者中只有4人（20%）在第三个决策节点对给出（6美元，42美元）这一提议的后行者进行惩罚。而在叙事2中，我们发现当更小比例的后行者选择（6美元，42美元）的提议时，12个先行者中有6人（50%）惩罚了后行者。与叙事1不同，叙事2同时支持仁慈命题1和不正义命题1。先行者对App设计的贡献使得其售价比MobileSpace的出价翻番，此时后行者选择（18美元，30美元）而不是（6美元，42美元），就是奖赏先行者的仁慈倾向。对先行者的感激导致后行者选择为先行者提供最高收益的方案。减少先行者的收益则显然是一种伤害倾向，因为正是先行者的贡献使他们赚到了更多的钱。斯密的理论预言，这种行为作为一种被大家认可的怨恨对象，会受到惩罚。这里的故事符合不正义命题1的预测，即在一半的情形下，先行者对后行者选择（6美元，42美元）实施惩罚。

请翻到第235页。

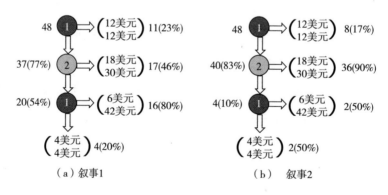

（a）叙事1   （b）叙事2

图12.7　第二个可能的结果集合

第二个可能的结果集合如下：

尽管与扩展式博弈相比，叙事1中有更大比例的先行者让后行者采取下一步行动，但只有更少比例（46%）的后行者选择（18美元，30美元）。在扩展式博弈中，约67%的后行者选择了向右。最终结果是，在叙事1和扩展式博弈中，几乎有相同比例的成对受试者（分别为35%和33%）实现了双方的收益改善，叙事1中的先行者在无意中结束了故事，扩展式博弈中的先行者却是有意地结束了故事。

措辞上的微小变化对选择（18美元，30美元）的后行者的比例产生了巨大影响。在叙事2中，有90%的后行者（提高了44个百分点）选择奖赏先行者的善意倾向。谁的工作使App的售价翻番，这一点至关重要。[①]

此前介绍的四个扩展式信任博弈实验都发现，大约三分之二的后行者会奖赏先行者的善行。在叙事2中，则有90%的后行者遵循仁慈命题1。实验经济学中很少出现这类结果：在事先不能确定结果的情况下，40个参与者中有36个做出了同样的决定。此外，75%（48对中的36对）的配对实验者得到的最终结果是（18美元，30美元）。在扩展式信任博弈中有多少对参与者实现了相当于（18美元，30美元）的结果呢？只有三分之一。叙事2产生了参与者一致选择福利改善型行为的结果，而扩展式博弈则没有做到。通过与叙事1对比，它还充分表明，扩展式博弈的实验结果出现更大方差是源于对价格翻番应该归功于谁这个问题的分歧。[②]是先行者还是后行者呢？信息的缺失影响巨大。

在叙事1的第三个决策节点上，20位先行者中只有4人

---

① 这也展现了参与者对故事的阅读有多认真，是否注意到有多少字被修改了。
② Wilson（2010）。

（20%）因为后行者选择了（6美元，42美元）而实施惩罚。叙事2在第二个决策节点上出现了截然不同的选择结果，同时导致第三个节点处缺少数据。只有4名后行者选择（6美元，42美元），最后有2名先行者（50%）决定实施惩罚。

叙事2的设定清楚地支持了仁慈命题1在故事世界中的作用。先行者对App设计的贡献使得售价比MobileSpace的出价翻番，此时后行者选择（18美元，30美元）而不是（6美元，42美元），就是奖赏先行者的仁慈倾向。对先行者的感激导致后行者选择为先行者提供最高收益的方案。减少先行者的收益则显然是一种伤害倾向，因为正是先行者的贡献使他们赚到了更多的钱。斯密的理论预言，这种行为作为一种被大家认可的怨恨对象，会受到惩罚。这里的故事符合不正义命题1的预测，即在一半的情形下，先行者对后行者选择（6美元，42美元）实施惩罚。

请翻到第235页。

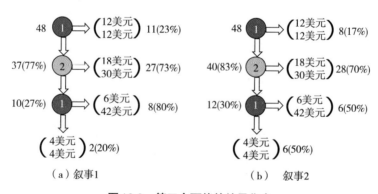

图12.8　第三个可能的结果集合

第三个可能的结果集合如下：

与扩展式博弈相比，叙事1中有更大比例的先行者让后行者采取下一步行动，但选择（18美元，30美元）的后行者的比例却差不多（73%）。在扩展式博弈中约有67%的后行者选择向右。最终结果是，叙事1中有56%的配对受试者实现了双方收益都得到改善的结果，高于扩展式博弈中的33%，叙事1中的先行者在无意中结束了故事，扩展式博弈中的先行者却有意地结束了故事。

叙事1中的后行者之前不知道先行者在选择向下时，收益可能会增长50%，他们对自己的行为设定与扩展式博弈中预先知道收益时一样。先行者在决定不立即出售时，他们并不知道未来会有多少收益，当后行者了解到先行者不知道未来会有什么收益时，他们仍在有可能的情况下用（18美元，30美元）奖赏先行者。在一个扩展式博弈实验中，先行者选择向下是因为他们看到后行者可以让自己的收益增加50%，同时后行者的收益也会增加250%——我们显然不认为，先行者选择向下是希望自己的收益减少50%。当这个决定在叙事1中被传递给后行者时，后行者了解先行者不知道将会发生什么，但他们中仍有73%的人会用（18美元，30美元）奖赏先行者，而没有选择（6美元，42美元）。尽管故事有更复杂的情节设定，即另一家公司对后行者在App设计上的贡献特别感兴趣，因此愿意付出翻倍的价钱收购，可是除27%的少数群体，仁慈命题1似乎依然适用于其他后行者。

文字上的微小变化对选择（18美元，30美元）的后行者的比例几乎没有产生影响。在叙事2中，有70%的后行者奖赏了先行者的善意行为。谁的工作使App的售价翻番，这一点似乎关系不大。

在叙事1中，只有20%（2/10）的先行者在第三个决策节点惩罚了选择（6美元，42美元）的后行者。在叙事2中，当同样比例的后行者选择（6美元，42美元）时，先行者中实施惩罚的比例变大了，即12人中有6人（50%）惩罚了后行者。当App的售价翻番归功于先行者时，怨恨似乎会增加。总之，除了先行者决定让后行者采取行动，我们的两个叙事之间几乎没有任何区别，我们的叙事式博弈实验和传统的扩展式博弈实验也几乎没有区别。[①] 这是否意味着故事设定在信任博弈中无关紧要？答案取决于：（1）你是否相信收益是唯一重要的因素，未来不可预见也无关紧要；或者（2）你是否认为，这个故事对这个博弈来说并不重要。

请翻到第235页。

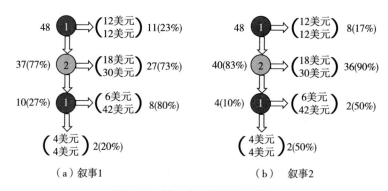

（a）叙事1　　　　　　（b）叙事2

图12.9　第四个可能的结果集合

第四个可能的结果集合如下：

与扩展式博弈相比，在叙事1中，有更大比例的先行者让后行者采取下一步行动，但选择（18美元，30美元）的后行者的比例差不多（73%）。在扩展式博弈实验中约有67%的后行者选择向右。

---

① 预计叙事2的变化无关紧要的评论者可能会说，这表明参与者在两个实验中对故事的阅读都不认真。他们是否注意到有多少个字词被修改了？

最终的结果是，叙事1中有56%的配对受试者实现了双方收益都得到改善的结果，高于扩展式博弈中的33%。叙事1中的先行者在无意中结束了故事，扩展式博弈中的先行者却是有意地结束了故事。

叙事1中的后行者之前不知道先行者在选择向下时，收益可能会增长50%，他们对自己的行为设定与扩展式博弈中预先知道收益时一样。先行者在决定不立即出售时，他们并不知道未来会有多少收益。当后行者了解到先行者不知道未来会有什么收益时，他们仍会在有可能的情况下用（18美元，30美元）奖赏先行者。在一个扩展式博弈实验中，先行者选择向下是因为他们看到后行者可以将自己的收益增加50%，同时后行者的收益会增加250%——我们显然不认为，先行者选择向下是希望自己的收益减少50%。当这个决定在叙事1中被传递给后行者时，后行者了解先行者不知道将会发生什么，但他们中仍有73%的人会用（18美元，30美元）奖赏先行者，而没有选择（6美元，42美元）。尽管故事有更复杂的情节设定，即另一家公司对后行者在App设计上的贡献特别感兴趣，因此愿意付出翻倍的价钱收购，但是除27%的少数群体，仁慈命题1似乎依然适用于其他后行者。

文字上的微小变化对选择（18美元，30美元）的后行者的比例有巨大的影响。在叙事2中，90%的后行者选择奖赏先行者的善行。[1] 显然，谁的贡献使App的价值翻番至关重要。[2]

之前的四次拓展式信任博弈实验都发现，三分之二的后行者会奖赏先行者的善意行为。在叙事2中，90%的后行者的做法符合仁慈命题1。在实验经济学中很少出现这样的结果：40个参与者

---

① 等比例的零假设（z=1.9，p=0.0265，单边检验）被拒绝了。

② 这也展现了参与者对故事的阅读有多认真，他们注意到有多少字词被改动了。

中有36个人在事先不能确知结果的情况下做出了同样的决定。此外，75%（48对中的36对）的受试者最终选择了（18美元，30美元）。在扩展式信任博弈中，有多少对受试者实现了相当于（18美元，30美元）的结果呢？只有三分之一。叙事2产生了参与者一致选择福利改善型行为的结果，而扩展式博弈却没有。并且与叙事1的比较还明确地表明，扩展式博弈的实验结果之所以出现更大方差，是因为在App价格翻倍应该归功于谁这个问题上存在分歧。[1] 到底是先行者还是后行者呢？信息的缺失影响巨大。

在叙事1的第三个决策节点上，10位先行者中只有2人（20%）因为后行者选择了（6美元，42美元）而实施惩罚。叙事2在第二个决策节点处出现截然不同的结果，并且导致第三个决策节点处缺少数据。我们发现只有4名后行者选择（6美元，42美元），但仍有2名先行者（50%）决定实施惩罚。

叙事2的设定清楚地支持了仁慈命题1在故事世界中的作用。先行者对App设计的贡献使得售价比MobileSpace的出价翻番，此时后行者选择（18美元，30美元）而不是（6美元，42美元），就是奖赏先行者的善意倾向。对先行者的感激导致后行者选择为先行者提供最高收益的方案。减少先行者的收益显然是一种伤害性倾向，因为正是先行者的贡献使他们赚到了更多钱。斯密的理论预言，这种行为作为一种被大家认可的怨恨对象，会受到惩罚。这里的故事符合不正义命题1的预测，即在一半的情形下，先行者对后行者选择（6美元，42美元）实施了惩罚。

请翻到第235页。

---

① Wilson（2010）.

如果你是从第四个可能的结果集合翻到本页的，那说明你正确地预测了这两种叙事式博弈实验的实际结果。图12.10总结了两种叙事式博弈实验的实际结果。如果你不是从那里跳转来的，则可以查阅我们在"第四个可能的结果集合"中对两个实验的结果所做的总结。

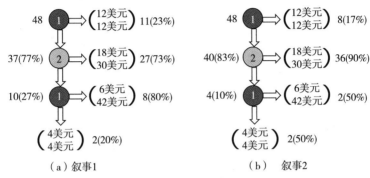

（a）叙事1　　　　　　　（b）叙事2

图12.10　两种叙事式博弈实验的实际结果

生活无限，变化无常

人类有能力通过相互行善而和睦共处，他们同样有能力谋划并实施恶行。为了应对人类的反复无常，小团体或部落中逐渐产生了建立在经验和传统基础上的行为规则，以规范人类之间的互动。[1] 面对不可知的未来，我们在瞬息万变的现实面前还需要依靠行为规则来指导。人类表现出的不仅仅是行动，即像烧瓶里的化学分子在特定条件下的运动；事实上，我们一旦认识到自己所处的环境状况，还会遵循相应的行为规则。如果我们开展实验室检验的目标是了解人类在纷繁芜杂的情境下的行为规范，那么经

---

① Hayek（1973，1988）.

济学就应该包含与人的本质相关的内容，即那些我们讲给自己以使人生经历具有意义的故事，而不仅仅是一门充斥着金钱利益的学科。

此外，经济学家在观察实验参与者的行为时，相比进入实验室的参与者，并不需要更多地抛开自己的人性。实验结果并不会向读者说明什么，是读者自己发现了这些观察结果的意义，并让他们用自己的解读去回应实验的结果。这就是奥斯本等人向读者展示实验成果时秉持的精神。经济学实验的最终目的是检验我们的预期、我们解释事实的方式，以及我们对世界运行方式的叙事。因此，我们遇到的每一个意想不到的事实，都为我们拓展看待事物的方式提供了机会。无论是为了得到真实和可观的回报而阅读互动故事的实验参与者，还是经济学文献的读者，他们得到的发现都是不可逆转的。发现会改变叙事，改变人们的认知。这里没有回头路，不变的只是适用于特定情境的行为规则。当然，对于研究那些获得发现的时刻与相应的人类行为来说，严格的逻辑推理是可逆的，因此也是可对照的。行为规则是我们在无法预料的现实生活中处世的立足点。

第十三章

从仁慈和正义到《国富论》

亚当·斯密对改善人类经济状况的研究

斯密关于正义的理论是由他对不正义的两个命题发展而来的。这两个不正义命题分别与两个仁慈命题相反。仁慈与合宜性相关，不正义则与不合宜性相关。首先，我们得到不正义命题1，认为包含有害倾向和不正当动机的行为理应受到惩罚，因为此类行为会导致受害者以及任何公正的旁观者的怨恨。其次，我们得到不正义命题2，认为不实施前面提到的有害行为本身并不应该获得奖赏。在某个特定行动中未能做出善行，或者说"缺乏仁慈"，本身并不是招致怨恨、受到惩罚的理由。同样的道理，不故意实施伤害他人的行动，或者说"没有不正义"，这本身也不应该得到任何奖赏。

如不正义命题1所示，我们通过经验在感受和思考中产生了正义与合宜性的概念，而怨恨为此提供了基础。斯密在构建仁慈命题2时，开始阐释"怨恨"的本质和作用。也同样是在这一论述中，斯密解释了为什么我们并不会因为别人只是没有表现出善意就希望对他施以惩罚。我们天然地懂得用"怨恨"保护自己，这也是"怨恨"独有的疏通功能。怨恨能维护正义，保护无辜之人，激励我们阻止和报复恶行，让无礼之人心怀愧疚，并警告他人避免类似错误。怨恨这种情绪之所以得到保留，为的就是如下目的："如果怨恨情绪被用于除上述之外的其他任何目的，旁观者将无法忍受。"（《道德情操论》，第II篇第II章第I节，第113页）[①]因此，得出"仅仅是缺乏美德虽然可能让我们失望，让我们得不到合理期待范围内的好处，但缺乏美德本身并不会给我们造成伤害，或者说，缺乏美德的人不会刻意伤害我们，我们也没有必要采取防卫措施"（《道德情操论》，第II篇第II章第I节，第113—114页）。

之前我们报告的"对缺乏善意施加惩罚的信任博弈"（图10.2）的检验结果表现为在陌生的环境中观测到的行动。根据假设，这种陌生环境符合斯密理论的适用范围。实验数据则再次证明了斯密的信念：行为模式是由经验深刻地灌输给我们的一种道德信念。在信任博弈中，没有任何一位后行者会因为先行者不合作而施加惩罚。

正义与仁慈的美德形成了鲜明对比。若正义遭到践踏，则会产生真实而确定的伤害（并且伴随着不正当的动机），也会引起人们心中的怨恨。斯密是从交互主观性起源的角度评估人类行动的：

[①] 斯密在《法理学讲义》中阐释了这一观点："多年以前，英国一直抱有这么一种想法（这个想法其实挺异想天开的）：英国的财富与国力完全取决于繁荣的羊毛纺织品贸易。如果开放羊毛出口，那么羊毛纺织品贸易将无法持续繁荣。为了避免这种情况发生，英国制定法律，规定凡出口羊毛者均判死刑。出口羊毛根本算不上犯罪，甚至本质上是一种公平交换，在大众眼里，这种行为不应该受到如此严厉的惩罚。尽管法律已经规定了惩罚，但是法庭找不到陪审团和检举者。本就没有什么错的行为，没有人会接受如此严厉的惩罚。最后英国被迫减轻刑罚，只没收货物和轮船。"（Smith，1766，第104—105页）

行动造成的伤害有多大，引起的怨恨就有多强。这样一来，斯密就颠覆了从结果到内部负效用的功利主义思路，而回归"行动的根源"。塞缪尔·亚历山大（1933，第249—250页）将斯密的思路概括如下：

> 我们反对盗窃，是因为我们希望保护自己的财产；我们同情遭遇盗窃的人，但不同情强盗，是因为我们自己不想抢劫他人。公正的旁观者代表着一个假想出来的理想人物，他是所有人的愿望与冲动可以参照的"基调"（pitch）（这个词是亚当·斯密的原话）……我可以肯定，斯密已经触及问题的核心，任何一个思考"为什么盗窃是错的"这一问题的人，都可以自己去验证这一点。他是会首先想到这种行为带来的不确定性和痛苦，还是会因为感受到他人的怨恨而反对盗窃行为……总之，任何人只要探索这种行动背后的推动因素，他就触及了行动的根源，而不是停留在表面。

也正是因为这种交互主观性的过程，我们才得以用惩罚（制定刑罚）来控制行为。整个社会，而不仅仅是遭到掠夺的人，都赞同用暴力来报复那些蓄意不正义行为带来的伤害；当然，他们更愿意采取行动来避免和限制侵害者伤害周围的人（《道德情操论》，第II篇第II章第I节，第113页）。正如斯密在《法理学讲义》中说的，"正义的目的是避免伤害"（1766，第199页）。

上述原则带给我们一些重要的思想启示，即正义是一种消极的美德，是由限制和避免我们伤害周围人的机制从反面来界定的。

换句话说，正义指的是社会不赞成、不鼓励并会以惩罚作为报复的行动之外的无数其他行动。正义定义了合宜性的概念。正义意味着除了被特意排除的行动，人们可以自由采取其他任何行动。

惩罚的严厉性与怨恨程度相当

善行带给别人的好处越多，回报也就越多。同理，某个行动越不正义，遭到的怨恨越多，由此引起的惩罚也会越严重，这样才能避免未来再出现同样的行为。"恶行越大，造成的后果越不可恢复，作恶者遭到的怨恨越深；旁观者感受到的愤怒也越强烈，当事人内心的愧疚也会越深。"（《道德情操论》，第 II 篇第 II 章第 II 节，第 121 页）

死亡是一个人能承受的最大损失，谋杀是对他人犯下的最严重罪行。在先进社会中，这一恶行会被处以极刑。① 而偷盗或打劫他人财产的严重性则次于人身伤害，惩罚也稍轻。在这个排序的最后是违约造成的损害。

为什么斯密教导我们，对财产损失的惩罚要比对违约的惩罚

---

① 在内容更广泛的《法理学讲义》一书中，斯密认为，死刑标志着更大的社会内部形成了先进的公民秩序。斯密从演化和社会变化的独特视角强调政府在应对社会事务中的角色，我们在这里原封不动地引用了斯密的话。它讨论的是愤恨情绪如何上升到民法。"在野蛮国家，对谋杀的惩罚整体相对较轻，比如罚款。之所以存在这种现象，是因为在早期社会中政府相对较弱势，无力参与协调公民的个人事务。在这种情况下，政府首先以协调人的身份介入，以免受害者的朋友因为怨恨而做出恶行。那么在这个国家的民众眼中，惩罚罪行的目的是什么呢？惩罚对平民造成伤害的罪行，是为了维护社会稳定。罪行已经犯下，无可挽回。从整个社会的角度看，能做的就是避免之后的恶果。有了惩罚，人们才不会尝试再次犯罪。只有社会足够发达的时候，政府才能传唤罪犯，对他们做出判决。"（Smith，1766，第 106 页）接下来，斯密又用美洲易洛魁人的例子进行了说明。

更严厉？一个盗贼偷了我 1 000 美元，而某家商店收了我 1 000 美元，却卖给我一台不能看的电视，这两者为什么存在重要的区别？因为根据本书第五章的原理 2，我们的社会和经济福利中的收益和损失是不对称的，而这是源于我们经验中对好坏事物的更基本的普遍不对称感知。我们付出的劳动与投资获得的收益被他人剥夺，比起我们期待从交易中获得的好处被剥夺，前者带来的伤害更严重。一个人若伤害他人或剥夺他人财产，必须受到与其造成的伤害程度对等的惩罚，并因此不再做出同样的恶行。同样的道理，在斯密生活的时代，甚至一直到现在，偷盗和抢劫都是刑事犯罪行为，而违约仅被列为民事违法行为，虽然可被要求赔偿，但并不属于犯罪。

对斯密而言，公民社会的一个突出特点是在侵犯财产和违约之间有明确的法律界限，这一界限是由得失会产生不对称影响的原理决定的，该原理来自人类的普遍经验。该不对称原理是斯密通过观察人类对快乐与痛苦的体验直接得出的。卡尼曼与特沃斯基开展的行为研究也发现了同样的现象。这两个独立的发现互相给对方带来新的启示。从这方面（以及其他方面）看，《道德情操论》称得上一部永不过时的社会心理学著作。

《道德情操论》中的消极正义与《国富论》中的财产

根据我们对斯密《道德情操论》和《国富论》的思维模式及分析过程的梳理，在他的概念中，正义是指在引入惩戒恶行的措施之后，剩下的那些没有明确排除的大量行动。惩罚的力度应该与伤害程度相匹配，并且支持激励相容，但这不是人们实施惩戒的原因。[①]

公正的旁观者在现实生活中通过谴责和惩戒作恶者来实现公平，大家都认为作恶者非常可恨、不利于我们的社会经济进步。一个人必须学会控制自己的自利心，将它控制在

> 他人能承受的范围之内……在追求财富、荣誉和晋升机会的过程中，一个人可以能跑多快就跑多快，用尽全身力气，以超越竞争对手。但是假如他冲撞他人，把他人绊倒，那么旁观者们便不可再忍受。这就违背了公平竞争的原则，不能容忍。无论从哪一方面来说，这个人对于旁观者而言，都已经到了容忍的边界。(《道德情操论》，第 II 篇第 II 章第 II 节，第 120 页)[②]

但是，更大的经济效应鼓励人们在机会均等的规则下自由参与。

安娜·魏兹比卡（2006）曾指出，fair（公平）一词的反义词原本是 foul（出界、越界），并非 unfair（不公平），比如在棒球中人们说 fair ball（界内球）和 foul ball（界外球），英式英语中也有 "through means fair or foul"（用尽一切正当或不正当的手段）的

---

① 我们说的"激励相容"（incentive compatibility）是指个人激励与整个团体的经济福利增加相协调。

② 斯密没有摆脱时代的局限，在表述中总是以男性为对象。那么他对女性的观点又是怎样的呢？在《法理学讲义》中，斯密讨论了妻子通奸比丈夫通奸遭遇更严重刑罚的问题。一般的解释是，这是为了"避免丈夫硬生生地多一个私生子女……然而真正的原因在于，制定法律的是男人，他们通常会尽可能地限制女人，给自己多留一些余地"（1766，第 147 页）。

说法。人们的行动要么越界，要么没有越界。这和棒球中的击球一样，要么球落在界内，要么球落在界外。我们可以把公民生活想象成人们可以自由移动的一个竞技场，只要不触碰界线，他们想去哪里就去哪里，可以尝试任何新的行动。这样的公民生活就是斯密设想的自由秩序，它可以鼓励新产品、服务于技术创新。而在我们当下，互联网与社交媒体的发展证明，市场经济中对社会性表达的需求达到了空前的高度。

社会的两大支柱：正义为基，仁慈添彩

我们人类只能在社会中生存，这是天性。我们每一个人都需要他人的帮助。只有在互帮互助能得到感激和友谊，以及爱与尊重的支持时，社会才会繁荣（《道德情操论》，第 II 篇第 II 章第 III 节，第 124—125 页）。

即使上面说的这些在社会中都不存在，社会也可能以没有那么幸福和谐的形式而存续，只是依靠"功利考虑，让大家在约定好的价值之上做唯利是图的相互交换"（《道德情操论》，第 II 篇第 II 章第 III 节，第 124 页）。① 然而，没有任何一个社会能在"人人都随时准备伤害他人的环境中存续。伤害开始的时候，互相的怨恨和敌意就产生了，社会的所有联系由此被打破"（《道德情操论》，第 II 篇第 II 章第 III 节，第 124—125 页）。

因此对支撑社会的发展而言，仁慈没有正义那么重要。不正

---

① 回顾之前在讨论仁慈激情带来的和谐时，快乐远远超越了人们从那种状态中期许的"微小服务"。斯密在这里是指由互相约定交换此类服务定义的社会关系（《道德情操论》，第 I 篇第 II 章第 IV 节，第 53 页）。

义肆虐，社会将岌岌可危。"虽然人的本性向善……但是人的本性并不会通过严厉的惩罚来守护仁慈，鼓励人们多行善，以防人们忘记仁慈。仁慈只能起到锦上添花的作用，并非支撑社会这座大厦的支柱……我们推崇仁慈就够了，绝没必要强迫大家行善。相反，正义才是支撑整座大厦的支柱。"（《道德情操论》，第 II 篇第 II 章第 III 节，第 125 页）

均衡与实现合作的另一条路径：鼓励仁慈，还是惩罚不正义行为？

让我们先假设有这样一个环境：先行者可以在博弈均衡、仁慈和正义之间做选择。如果选择了博弈均衡，那就意味着放弃斯密提出的两大社会支柱。在本书第九章，我们在最后通牒博弈的情境中扩大了选择范围，发现自愿最后通牒博弈的结果同标准结果有很大差异。那些决定在人格化交换社会中博弈的人会在上述三个选项中如何选择呢？当事人的选择中隐含的信号会如何影响结果？我们的最终方案给先行者提供了三个选择：均衡解和另外两条通往合作的路径，也就是两条通往合作的子博弈路径。其中一条是以仁慈社会为基础的，涉及仁慈命题 1，另一条是以正义社会为基础的，涉及不正义命题 1。斯密认为它们是公民社会的两个决定性特征。后者是基础支柱，前者则是锦上添花的支柱。

我们的先验推理和预测如下。相比图 10.1 的基础信任博弈，在图 10.4 中，若允许对背叛先行者的合作提议施以惩罚，就会使合作提议中包含的内容变得模糊不清。由此导致的后果是合作提议（或者说"信任"）增多，但是可信任度会下降，因为人们有可能把合作中隐含的信号解读为"强迫性的"。在斯密的模型中，这是一种人们在社会关系中比较排斥的负面情感。假如这是正确的解读，那我们可以做如下检验：允许先行者选择信号清晰的路径来实现共同改善：要么是一条仁慈路径，要么是一条惩罚威胁的路径。在这一新情境中，收到合作提议的后行者可以观察到先行者在子博弈中面临的选择。与基础信任博弈相比，新情境下选择右侧路径的先行者更纯粹地表达了自己的善意，他们没有选择对不正义行为施加惩罚的子路径。这样一来，信任度和开展合作的比例应该会提高。同样的道理，选择左侧路径代表仁慈的人已经被过滤掉，其余人的合作是建立在可以选择对背叛行为施加惩罚的基础之上。因此相比对不正义行为施加惩罚的博弈，此时后行者的合作会减少，背叛现象应该会增加。先行者的威胁没有发挥作用，于是惩罚比例会提高。另外，我们还能首次测算出样本中某些类型的人所占的比例，包括希望展现善意的人，以及希望确保能惩罚有意行恶的人。

图 13.1 展现了新的实验设计和结果。它首先表明，先行者的均衡选择降到了最低的报告水平，只有 20%，这是我们已知文献中的最低水平（除了第十二章中关于信任博弈的叙事版本），也超出了我们的先验推理和预测。这带来了一个非常重要的启示，我们观察到更多的先行者试图实现互惠共赢，比以往观测到的多了三分之一。这多出的三分之一的人避开了安全的均衡选择。我们推测，他们预计自己的选择至少不会比均衡结果差。[1] 这背后代表着收益增加或者效率提升，因为均衡选择本身并不能实现收益

---

① 该选择是在社会大众普遍对这个博弈不了解的情况下做出的。也就是说，参与实验的人不具备信任博弈经验，完全依靠生活体验在三者中做出选择。

（或者共同价值）的最大化。提议合作的80%的先行者按照5∶3的比例划分，较多看重正义，较少看重仁慈。斯密认为，正义是比仁慈更重要的美德。实验参与者用实际行动证明了这一点。在正义的路径下，后行者中有一半是值得信任的。和预测一致，这个比例有所下降，但只略少于"对不正义行为施加惩罚的博弈"中的55%。另外一半的后行者选择了背叛，而且和预期的一样，承诺采用威胁手段的先行者在发现合作失败时会实施惩罚。这使得采用惩罚的比例从"对不正义行为施加惩罚的博弈"中的24%上升到引入了仁慈和对不公正行为施加惩罚两个选项的博弈中的50%。然而与预测相反的是，在仁慈这一路径上，后行者中值得信任的比例从基础信任博弈中的67%下降至53%。在增加选项的新情境下，清晰度更高的信号或者说基调并未被有效地注意到。

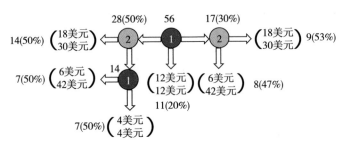

图13.1 引入仁慈和对不正义行为施加惩罚两个选项的博弈

在不同的两人微型社会中，即基础信任博弈、对不正义行为施加惩罚的博弈、引入仁慈和对不正义行为施加惩罚两个选项的博弈中，博弈参与者分别得到了什么样的收益呢?

收益是一个指标，可以衡量人们用来做选择的规则如何有效地帮助人们获得个人福利（用参与者的金钱收入衡量）。在基础信任博弈的仁慈路径下，先行者至少要从合作中获得12美元才算值得，如果后行者的背叛比例低于50%，平均来说就能够获得几美元。后行者在合作子路径中至少能获得30美元。而在对不正义行为施加惩罚的博弈中，如果选择不正义路径，先行者和后行者获得的收益都与没有惩罚的仁慈路径下一致。而如果背叛行为受到了惩罚，他们的收益将从（6美元，42美元）降到（4美元，4美元）。

如表13.1所示，我们计算了三种博弈下不同类型的参与者在合作子博弈中的收益。后行者在合作子博弈中的收益普遍比均衡结果更高。先行者的收益只有在引入仁慈和对不正义行为施加惩罚两个选项的博弈的正义子博弈中（图13.1分枝左侧）才更低（11.5美元）。各子博弈的条件效率是指配对组的总收入占48美元（最大值）的百分比。总效率是均衡与合作分支的总收入，由最后进入各个状态的人数比例加权得到。因此有：

效率（基础信任博弈）= [（22/49）（12 + 12）+ （27/49）（14 + 34）] /48 = 0.775

效率（对不正义行为施加惩罚的博弈）= [（26/81）（12 + 12）+ （55/81）（12.33 + 31.31）] /48 = 0.778

效率（仁慈 / 对不正义行为施加惩罚的博弈）= [（11/56）（12 + 12）+ （17/56）（12.35 + 35.65）+ （28/56）（11.50 + 26.50）] /48 = 0.798

表13.1　在仁慈、正义与引入仁慈/对不正义行为施加惩罚的子博弈中，博弈参与者的收益与效率

人格化交换博弈	先行者收益	后行者收益	子博弈效率	总效率
仁慈（基础信任博弈）	14.00	34.00	100.0%	77.5%
正义（对不正义行为施加惩罚的博弈）	12.33	31.31	90.9%	77.8%
善行（引入仁慈/对不正义行为施加惩罚的博弈：右）	12.35	35.65	100.0%	79.8%
正义（引入仁慈/对不正义行为施加惩罚的博弈：左）	11.50	26.50	79.2%	

从道德情操到市场、专业化和财富创造的扩展秩序

在《国富论》第一章中，斯密将"劳动分工"，即专业化作为一个社会财富创造的源泉。专业化"并不是人类智慧本身的产物，尽管人类智慧预见了专业化带来的普遍富裕，并想利用它来实现普遍富裕"（《国富论》，第25页）。人类经济行为的这条基本原理带来了一些预料不到的结果，其驱动力不为广大民众所知，但正是人们的合作助其实现了目的。这一驱动力便是斯密在《国富论》中提出的基本公理："它是人性中的某种不以这种广泛效用为目标的倾向缓慢渐进地达致的必然结果。这种倾向就是互通有无、物物交换和相互交易。"斯密意识到了交换本身不言自明的本质。他在接下来的一句话中透露出自己已经意识到这种本质，并对其原因做了更深入的思考："无论这种倾向是不是人性中原本就有的因而无法给出进一步解释的信念，或者是否更可能是理性与言语的必然结果，都不属于我们当前需要探究的课题。"

斯密不需要进一步解释，而只需要把这些思想元素扩展即可，因为他之前对此已有著述："出于恰当动机的善意倾向，似乎本身就要求得到奖赏；因为这种倾向本身就是被认可的感激对象，或者说能够激起旁观者心中的感激之情。"（《道德情操论》，第Ⅱ篇第Ⅱ章第Ⅰ节，第112页）① 所谓交换是一种互惠的行为。你把商品A给我，我就把商品B给你，也就是以有形的实物来表达我的"感激"。本书第六章的推论做了替换式的重新解读：人会以善行回报善行。

在《国富论》中，斯密把市场上的商品和服务交易看作《道德情操论》中人类社会性的延伸。只不过在市场交易中，对于他人提供给我们的商品和服务，我们会马上支付款项或根据合同约定做出支付承诺。与之相似的是，我们在为他人提供商品或服务之后，也期待得到他人的回馈。由于这是自愿的，所以不需要以"感激"为中介才能带来未来的回报。每个人都觉得自己得到的要比放弃的多，因而同时在心里产生感激之情。所有的此类交易都是从仁慈角度出发的互惠交换，每个人都必须放弃一些东西以获得其他东西。确实，斯密本人也是这么说的："把我想要的给我，你就能得到你想要的，这就是每个这样的提议的意义所在；正是

① 斯密在《国富论》中没有提到《道德情操论》。在对《国富论》进行概要介绍时，编辑添加了一部分衔接内容，说斯密的"经济学著作应该与他对道德和法理的认识一脉相承，而且应该能为我们理解社会中的人类活动增添一些新的见解。从一定意义上说，这三个主题（道德、法理和经济学）应该是相互关联的。当然我们也可以说，每个学科体系中都包含了与其他学科完全不同的内容。斯密的一部分成就就是把这些不同学科看作整体中的一部分，同时也区分了经济学与其他学科。从这个角度看，我们可以发现，经济学分析需要高度的抽象化。我们从很多方面都能发现这一点。比如，在斯密的经济学作品中，他的关注点仅仅放在了人的心理的某些方面，仅关注自利倾向"（《国富论》，第18—19页），而我们表述中的视角则更加全面。

以这种方式，我们相互从对方那里得到了自己需要的大部分帮助。"①（《国富论》，第26页）斯密并没有说："让我从你这里拿走我想要的东西，你可以从我这里拿走你想要的东西"。②

《国富论》从《道德情操论》中继承的东西远不止有关仁慈的理论，我们也需要正义。我们需要象征斯密的古典自由秩序思想的一切概念。斯密的古典自由秩序是一个巨大的竞技场，有着明确划定的犯规界限，在界限之内，人们有探索的自由。古典自由秩序的概念来自消极正义的定义，而后者是在《道德情操论》中探讨的。只有当我们把这两本书当成一个有机的整体来看待时，才能挖掘出古典自由秩序概念最丰富的内涵和意义。斯密在对《国富论》做总结时也是这么告诫我们的："任何人，只要不违背正义原则，都可以完全按照自己的方式去追求自身利益，通过个人的努力和资本与任何人和阶层竞争。"（《国富论》，第687页）要想理解他所说的"正义""自身利益""自己的方式"的含义，要想明白他为什么把正义作为这个论述的限定条件，就有必要研究《道德情操论》。在21世纪，关于经济改善（economic betterment）的科学研究要想成为对人类总体的研究，就必须同时覆盖社会改善（social betterment）的内容。

---

① 我们曾用实验来检验人们能否在较少的信息条件下发现交易机会。参与者仅仅被告知怎样移动有价值的东西以及如何得到金钱回报。有些群体确实发现了交易，但他们村子里的聊天室记录显示，这些人在双方达成交易时，用的是"给予"，而不是"交易"一词。你给我红色的（东西），我给你蓝色的（东西）。同样的道理，在没有达成一致意见的条件下，"拿走"别人的东西，会立即被当成"偷窃"（Kimbrough，Smith and Wilson，2010，第213—214页）。

② 想要了解这一点的实验，可参见Kaplan，Schniter，Smith and Wilson（2018）。

参考文献

第一章

Alexander，Samuel.1968[1933].*Beauty and Other Forms of Value*. New York:Thomas Y. Crowell Company.

Buckle，Stephen. 1991. *Natural Law and the Theory of Property: Grotius to Hume*. New York: Oxford University Press.

Camerer，Colin F. 2003. *Behavioral Game Theory: Experiments in Strategic Interaction*. Princeton，NJ: Princeton University Press.

Davis，Douglas D. and Charles A. Holt. 1993. *Experimental Economics*. Princeton，NJ: Princeton University Press.

Dixon，Thomas. 2008. *The Invention of Altruism: Making Moral Meanings in Victorian Britain*. Oxford: Oxford University Press.

Falk，Armin，Ernst Fehr，Urs Fischbacher. 2008. "Testing Theories of Fairness–Intentions Matter，" *Games and Economic Behavior* 62（1）: 287–303.

Fleischacker，Samuel. 2004. *On Adam Smith's "Wealth of Nations": A Philosophical Companion*. Princeton，NJ: Princeton University Press.

Hanley，Ryan Patrick. 2009. *Adam Smith and the Character of Virtue*. New York: Cambridge University Press.

Hayek，F. A. 1945. "The Use of Knowledge in Society，" *American Economic Review* 35（4）: 519–530.

Hayek，F. A. 1988. *The Fatal Conceit: The Errors of Socialism*. Chicago: University of Chicago Press.

Howey，RichardS. 1989.*The Rise of the Marginal Utility School, 1870–1889*. New York: Columbia University Press.

Hume，David. 2000 [1740]. *A Treatise of Human Nature*，David Fate Norton and Mary J. Norton（eds.）. New York: Oxford University Press.

Jaworski, Taylor, Vernon L. Smith, and Bart J. Wilson. 2010. "Discovering Economics in the Classroom with Experimental Economics and the Scottish Enlightenment," *International Review of Economics Education* 9 (2): 10–33.

Jevons, William Stanley. 1862. "Notice of a General Mathematical Theory of Political Economy," Abstract of paper read to the British Association for the Advancement of Science.

Jevons, William Stanley. 1888 [1871]. *The Theory of Political Economy*, 3rd edition. London: Macmillan.

Johnson, Samuel. 2005 [1755]. *A Dictionary of the English Language*. CD-ROM. Oakland, CA: Octavo.

Kahneman, Daniel and Cass R. Sunstein. 2005. "Cognitive Psychology of Moral Intuitions," in *Neurobiology of Human Values,* Jean-Pierre Changeux, Antonio R. Damasio, Wolf Singer, and Yves Christen (eds.) Berlin-Heidelberg: Springer Verlag, 91–105.

Locke, John. 1967 [1690]. *Two Treatises of Government.* Cambridge: Cambridge University Press.

Mandeville, Bernard. 1989 [1705]. *The Fable of the Bees: Or Private Vices, Publick Benefits.* New York: Penguin Classics.

McCabe, Kevin, Mary L. Rigdon, and Vernon L. Smith. 2003. "Positive Reciprocity and Intentions in Trust Games," *Journal of Economic Behavior and Organization* 52(2): 267–75.

McCloskey, Deirdre N. 2006. *The Bourgeois Virtues: Ethics for an Age of Commerce.* Chicago: University of Chicago Press.

McCloskey, Deirdre N. 2016. *Bourgeois Equality: How Ideas, Not Capital or Institutions, Enriched the World.* Chicago: University of Chicago Press.

Montes, Leonidas. 2003. "Das Adam Smith Problem: Its Origins, the Stages of the Current Debate, and One Implication for Our Understanding of Sympathy," *Journal of the History of Economic Thought* 25 (1): 63–90.

Montes, Leonidas. 2004. *Adam Smith in Context A Critical Reassessment of Some Central Components of His Thought.* London: Palgraves Macmillan.

North, Douglass C. 1990. *Institutions, Institutional Change, and Economic Performance.* Cambridge: Cambridge University Press.

North, Douglass C. 2005. *Understanding the Process of Economic Change.*

Princeton, NJ: Princeton University Press.

Piketty, Thomas. 2014. *Capital in the Twenty-First Century.* Cambridge, MA: Harvard University Press.

Simon, Fabrizio. 2016. "Adam Smith and the Law," in *The Oxford Handbook of Adam Smith.* Christopher J. Berry, Maria Pia Paganelli, and Craig Smith (eds.). New York: Oxford University Press.

Smith, Adam. 1853 [1759]. *The Theory of Moral Sentiments; or, An Essay towards an Analysis of the Principles by which Men naturally judge concerning the Conduct and Character, first of their Neighbours, and afterwards of themselves. To which is added, A Dissertation on the Origins of Languages. New Edition. With a biographical and critical Memoir of the Author, by Dugald Stewart.* London: Henry G. Bohn. Available online and in electronic formats at http://oll.libertyfund .org/titles/2620.

Smith, Adam. 1981 [1776]. *An Inquiry into the Nature and Causes of the Wealth of Nations. Vol. I & II.* Indianapolis: Liberty Fund.

Smith, Adam. 1976 [1790]. *The Theory of Moral Sentiments.* London: A.Millar. Liberty Fund edition authorized by Oxford University Press. Available online at http:// www.econlib.org/library/Smith/smMS0.html.

Smith, Vernon L. 1962. "An Experimental Study of Competitive Market Behavior," *Journal of Political Economy* 70(2): 111–37.

Smith, Vernon L. 1982. "Markets as Economizers of Information: Experimental Examination of the 'Hayek Hypothesis,' " *Economic Inquiry* 20(2): 165–79.

Smith, Vernon L. 2008a. *Discovery – A Memoir.* Bloomington, IN: AuthorHouse.

Smith, Vernon L. 2008b. *Rationality in Economics Constructionist and Ecological Forms.* New York: Cambridge University Press.

Smith, Vernon L. and Bart J. Wilson. 2014. "Fair and Impartial Spectators in Experimental Economic Behavior," *Review of Behavioral Economics* 1(1–2): 1–26.

Viner, Jacob. 1991. *Essays on the Intellectual History of Economics.* Princeton, NJ: Princeton University Press.

Wilson, Bart J. 2017. "The Meaning of Property in Things," Available at SSRN: https:// ssrn.com/abstract=2867734 or http://dx.doi.org/10.2139/

ssrn.2867734.

第二章

Brouwer, René. 2015. "Stoic Sympathy," in *Sympathy: A History*. Eric Schliesser (ed.). New York, NY: Oxford University Press, 15–35.

Camerer, Colin F. 2003. *Behavioral Game Theory: Experiments in Strategic Interaction*. Princeton, NJ: Princeton University Press.

Cogan, Thomas. 1821 [1800]. *A Philosophical Treatise of the Passions*. Boston, MA: Wells and Lilly. (1821).

Collins Cobuild English Language Dictionary. Available at https://www. collinsdictionary. com /dictionary/english.

Damasio, Antonio. 2005. *Descartes' Error: Emotion, Reason, and the Human Brain*. New York, NY: Penguin Books.

Dixon, Thomas. 2003. *From Passions to Emotions: The Creation of a Secular Psychological Category*. Cambridge, UK: Cambridge University Press.

Emilsson, Eyjólfur. 2015. "Plotinus on *Sympatheia*," in *Sympathy: A History*. Eric Schliesser (ed.). New York, NY: Oxford University Press, 36–60.

Hutton, James. 1794. *Dissertations upon the Philosophy of Light, Heat, and Fire*. Edinburgh, UK: Cadell, Junior, and Davies.

Kames, Lord. 1855 [1762]. *Elements of Criticism*. New York, NY: F. J. Huntington, and Mason Brothers.

Schliesser, Eric. 2015. "Introduction: On Sympathy," in *Sympathy: A History*. Eric Schliesser (ed.). New York, NY: Oxford University Press, 3–14.

Schliesser, Eric. 2017. *Adam Smith: Systematic Philosopher and Public Thinker*. New York, NY: Oxford University Press.

Schmitter, Amy M. 2014. "Passions, Affections, Sentiments: Taxonomy and Terminology," in *The Oxford Handbook of British Philosophy in the Eighteenth Century*, James A. Harris (ed.). New York, NY: Oxford University Press, 197–225.

Smith, Adam.1982[1755]. "Review of Johnson's Dictionary," in *Essays on Philosophical Subjects*. Indianapolis, IN: Liberty Fund, 232–41.

Smith, Adam. 1982 [1795]. "The History of Astronomy," in *Essays on Philosophical Subjects*. Indianapolis, IN: Liberty Fund, 33–105.

Smith, Charles John. 1894. *Synonyms Discriminated: A Dictionary of*

Synonymous Words in the English Language. New York, NY: Henry Holt and Company.

Wierzbicka, Anna. 1996. *Semantics: Primes and Universals*. New York, NY: Oxford University Press.

Wierzbicka, Anna. 1999. *Emotions across Languages and Cultures: Diversity and Universals*. New York, NY: Cambridge University Press.

Wierzbicka, Anna. 2010. *Experience, Evidence, and Sense: The Hidden Cultural Legacy of English*. New York, NY: Oxford University Press.

第三章

Alexander, Samuel. 1968 [1933]. *Beauty and Other Forms of Value*. New York, NY: Thomas Y. Crowell Company.

Battalio, Raymond C., John H. Kagel, Howard Rachlin, and Leonard Green. 1981. "Commodity Choice Behavior with Pigeons as Subjects," *Journal of Political Economy* 84: 116–51.

Berg, Joyce, John Dickhaut, and Kevin McCabe. 1995. "Trust, Reciprocity, and Social History," *Games and Economic Behavior* 10: 122–42.

Camerer, Colin F. 2003. *Behavioral Game Theory: Experiments in Strategic Interaction*. Princeton, NJ: Princeton University Press.

Camerer, Colin and Keith Weigelt. 1988. "Experimental Tests of a Sequential Equilibrium Reputation Model," *Econometrica* 56 (1) : 1–36.

Charness, Gary and Matthew Rabin. 2002. "Understanding Social Preferences with Simple Tests," *Quarterly Journal of Economics* 117 (3) : 817–69.

Cherry, Todd, Peter Frykblom, and Jason F. Shogren. 2002. "Hardnose the Dictator," *American Economic Review* 92 (4) : 1218–21.

Cox, James C. and Cary A. Deck. 2005. "On the Nature of Reciprocal Motives," *Economic Inquiry*, 43: 623–35.

de Waal, Frans. 2009. *The Age of Empathy: Nature's Lessons for a Kinder Society*. New York, NY: Crown Publishing.

Fehr, Ernst and Urs Fischbacher. 2002. "Why Social Preferences Matter: The Impact of Non-selfish Motives on Competition, Cooperation, and Incentives," *Economic Journal* 112: C1–C33.

Fehr, Ernst, Georg Kirchsteiger, and Arno Riedl. 1993. "Does Fairness Prevent Market Clearing? An Experimental Investigation," *Quarterly*

Journal of Economics 108（2）: 437–59.

Forsythe, Robert, Joel L. Horowitz, N. E. Savin, and Martin Sefton. 1994. "Fairness in Simple Bargaining Experiments," *Games and Economic Behavior* 6（3）: 347–69.

Güth, Werner, Rolf Schmittberger, and Bernd Schwarze. 1982. "An Experimental Analysis of Ultimatum Bargaining," *Journal of Economic Behavior and Organization* 3（4）: 367–88.

Hanley, Ryan Patrick. 2017. "Practicing PPE: The Case of Adam Smith," *Social Philosophy and Policy* 34（1）: 277–95.

Hockett, Charles F. 1973. *Man's Place in Nature.* New York, NY: McGraw-Hill.

Hoffman, Elizabeth, Kevin McCabe, Keith Shachat, and Vernon L. Smith. 1994. "Preferences, Property Rights, and Anonymity in Bargaining Experiments," *Games and Economic Behavior* 7（3）: 346–80.

Jarman, Peter J. and Hans Kruuk. 1996. "Phylogeny and Spatial Organization in Mammals," in *Comparison of Marsupial and Placental Behaviour*, David B. Croft and Udo Ganslosser（eds.）. Fiirth, Germany: Filander Verlag, 80–101.

Kagel, John H., Raymond C. Battalio, Howard Rachlin, and Leonard Green. 1981. "Demand Curves for Animal Consumers," *Quarterly Journal of Economics* 96（1）: 1–16.

McCabe, Kevin and Vernon L. Smith. 2000. "A Comparison of Naïve and Sophisticated Subject Behavior with Game Theoretic Predictions," *Proceedings of the National Academy of Arts and Sciences* 97（7）: 3777–81.

Oxoby, Robert and John Spraggon.2008. "Mine and Yours: Property Rights in Dictator Games," *Journal of Economic Behavior and Organization* 66: 703–13.

Paganelli, Maria Pia. 2017. "We Are Not the Center of the Universe: The Role of Astronomy in the Moral Defense of Commerce in Adam Smith," *History of Political Economy* 49（3）: 451–68.

Smith, Adam. 1853 [1759]. *The Theory of Moral Sentiments; or, An Essay towards an Analysis of the Principles by which Men naturally judge concerning the Conduc tand Character, first of their Neighbours, and afterwards of themselves. To which is added, A Dissertation on the Origins of Languages.*

New Edition. With a biographical and critical Memoir of the Author, by Dugald Stewart. London, UK: Henry G. Bohn. Available online and in electronic formats at http://oll .libertyfund.org/titles/2620.

Smith, Adam. 1981 [1776]. *An Inquiry into the Nature and Causes of the Wealth of Nations. Vol. I & II.* Indianapolis, IN: Liberty Fund.

Smith, Adam. 1982 [1795]. "The History of Astronomy," in *Essays on Philosophical Subjects.* Indianapolis, IN: Liberty Fund, 33–105.

Smith, Charles John. 1894. *Synonyms Discriminated: A Dictionary of Synonymous words in the English Language.* New York, NY: Henry Holt and Company.

Varian, Hal.2006. *Intermediate Economics:A Modern Approach*, 7th ed. NewYork, NY: W. W. Norton & Company.

Wilson, Bart J. 2010. "Social Preferences are not Preferences," *Journal of Economic Behavior and Organization* 73（1）: 77–82.

第四章

Andreoni, James and B. Douglas Bernheim. 2009. "Social Image and the 50–50 Norm: A Theoretical and Experimental Analysis of Audience Effects," *Econometrica* 77（5）: 1607–36.

Bénabou, Roland and Jean Tirole. 2006. "Incentives and Prosocial Behavior," *American Economic Review* 96（5）: 1652–78.

Bolton, Gary E. and Axel Ockenfels. 2000. "ERC: A Theory of Equity, Reciprocity, and Competition," *American Economic Review* 90（1）: 166–93.

Bortoft, Henri. 1996. *The Wholeness of Nature: Goethe's Way of Science.* Glasgow, UK: Floris Books.

Camerer, Colin F. 2003. *Behavioral Game Theory: Experiments in Strategic Interaction.* Princeton, NJ: Princeton University Press.

Camerer, Colin F. and George Loewenstein. 2004. "Behavioral Economics: Past, Present, Future," in *Advances in Behavioral Economics*, Colin Camerer, George Loewenstein, and Matthew Rabin（eds.）. New York, NY: Princeton University Press.

Cappelen, Alexander, Astri Drange Hole, Erik Sørenson, and Bertil Tungodden. 2007. "The Pluralism of Fairness Ideas: An Experimental

Approach," *American Economic Review* 97（3）: 818–27.

Charness, Gary and Matthew Rabin. 2002. "Understanding Social Preferences with Simple Tests," *Quarterly Journal of Economics* 117（3）: 817–69.

Cox, James C., Daniel Friedman, and Steven Gjerstad. 2007. "A Tractable Model of Reciprocity and Fairness," *Games and Economic Behavior* 59: 17–45.

Dufwenberg, Martin and Georg Kirchsteiger. 2004. "A Theory of Sequential Reciprocity," *Games and Economic Behavior* 47（2）: 268–98.

Falk, Armin and Urs Fischbacher. 2006. "A Theory of Reciprocity," *Games and Economic Behavior* 54: 293–315.

Fehr, Ernst and Klaus M. Schmidt. 1999. "A Theory of Fairness, Competition, and Cooperation," *Quarterly Journal of Economics* 114（3）: 817–68.

Frank, Adam. 1997. "Quantum Honeybees," *Discover Magazine*. Available online: http://discovermagazine.com/1997/nov/quantumhoneybees1263#. UXA6f0raix0.

Hayek, F. A. 1963. "Rules, Perception and Intelligibility," *Proceedings of the British Academy* 48: 321–44.

Kimbrough, Erik O. and Alexander Vostroknutov. 2016. "Norms Make Preferences Social," *Journal of the European Econonomic Association* 14（3）: 608–38.

Knight, Frank H. 1922. "Ethics and the Economics Interpretation," *Quarterly Journal of Economics* 36（3）: 454–81.

Knight, Frank II. 1997 [1924]. "The Limitations of Scientific Method in Economics," reprinted in *The Ethics of Competition*. New Brunswick, NJ: Transaction Publishers.

Knight, Frank H. 1925. "Economic Psychology and the Value Problem," *Quarterly Journal of Economics* 39: 372–409.

Krupka, Erin and Roberto A. Weber. 2009. "The Focusing and Informational Effects of Norms on Pro-social Behavior," *Journal of Economic Psychology* 30（3）: 307–20.

Krupka, Erin and Roberto A. Weber. 2013. "Identifying Social Norms Using Coordination Games: Why Does Dictator Game Sharing Vary?" *Journal of the European Economic Association* 11（3）: 495–524.

Levine, David K. 1998. "Modeling Altruism and Spitefulness in Experiments," *Review of Economic Dynamics* 1（3）: 595–622.

López-Pérez, Raúl. 2008. "Aversion to Norm-breaking: A Model," *Games and Economic Behavior* 64（1）: 237–67.

Mayo, Deborah G. 1996. *Error and the Growth of Experimental Knowledge.* Chicago: University of Chicago Press.

Rabin, Matthew. 1993. "Incorporating Fairness into Game Theory and Economics," *American Economic Review* 83（5）: 1281–302.

Roth, Alvin E. 1995. "Bargaining Experiments," in *The Handbook of Experimental Economis*, John Kagel and Alvin Roth（eds.）. Princeton, NJ: Princeton University Press, 253–91.

Schoeck, Helmut. 1987 [1966]. *Envy: A Theory of Social Behaviour.* Indianapolis, IN: Liberty Fund.

Smith, Kip and John Dickhaut. 2005. "Economics and Emotion: Institutions Matter," *Games and Economic Behavior* 52: 316–35.

Tversky, Amos and Daniel Kahneman. 1991. "Loss Aversion in Riskless Choice: A Reference-Dependent Model," *Quarterly Journal of Economics* 106（4）: 1039–61.

Watson, John B. 1913. "Psychology as the Behaviorist Views It," *Psychological Review* 20: 158–77.

Wilson, Bart J. 2010. "Social Preferences Are Not Preferences," *Journal of Economic Behavior and Organization* 73（1）: 77–82.

Wilson, Bart J. 2012. "Contra Private Fairness," *American Journal of Economics and Sociology* 71（2）: 407–35.

第五章

Camerer, Colin F. 2003. *Behavioral Game Theory: Experiments in Strategic Interaction.* Princeton, NJ: Princeton University Press.

Fehr, Ernst and Urs Fischbacher. 2002. "Why Social Preferences Matter: The Impact of Non-selfish Motives on Competition, Cooperation, and Incentives," *Economic Journal* 112: C1–C33.

Hume, David. 2000 [1740]. *A Treatise of Human Nature*, David Fate Norton and Mary J. Norton（eds.）. New York, NY: Oxford University Press.

Kahneman, Daniel and Amos Tversky. 1979. "Prospect Theory: An Analysis of Decision under Risk," *Econometrica* 47（2）: 263–91.

Rendua, William, Cédric Beauval, Isabelle Crevecoeur, Priscilla Bayle, Antoine Balzeau, Thierry Bismuth, Laurence Bourguignon, Géraldine Delfour, Jean-Philippe Faivre, François Lacrampe-Cuyaubère, Carlotta Tavormina, Dominique Todisco, Alain Turq, and Bruno Maureille. 2014. "Evidence Supporting an Intentional Neandertal Burial at La Chapelle-aux-Saints," *Proceedings of the National Academy of Sciences* 111（1）: 81–6.

Smith, Adam. 1853 [1759]. *The Theory of Moral Sentiments; or, An Essay towards an Analysis of the Principles by which Mennaturally judge concerning the Conduct and Character, first of their Neighbours, and afterwards of themselves. To which is added, A Dissertation on the Origins of Languages. New Edition. With a biographical and critical Memoir of the Author, by Dugald Stewart*. London, UK: Henry G. Bohn. Available online and in electronic formats at http://oll.libertyfund.org/titles/2620.

Smith, Adam. 1981 [1776]. *An Inquiry into the Nature and Causes of the Wealth of Nations. Vol. I & II*. Indianapolis, IN: Liberty Fund.

Smith, Vernon L. 2008. *Rationality in Economics*. Cambridge, UK: Cambridge University Press.

第六章

Annas, Julia. 2011. *Intelligent Virtue*. New York, NY: Oxford University Press.

Berg, Joyce, John Dickhaut, and Kevin McCabe. 1995. "Trust, Reciprocity, and Social History," *Games and Economic Behavior* 10: 122–42.

Fehr, Ernst and Bettina Rockenbach. 2003. "Detrimental Effects of Sanctions on Human Altruism," *Nature* 422: 137–40.

Gintis, Herbert and Dirk Helbing. 2015. "*Homo Socialis*: An Analytical Core for Sociological Theory," *Review of Behavioral Economics* 2: 1–59.

Hankins, Keith. 2016. "Adam Smith's Intriguing Solution to the Problem of Moral Luck," *Ethics* 126（3）: 711–46.

Hoffman, Elizabeth, Kevin A. McCabe, and Vernon L. Smith. 1998. "Behavioral Foundations of Reciprocity: Experimental Economics and Evolutionary Psychology," *Economic Inquiry* 36（3）: 335–52.

Hume, David. 2000 [1740]. *A Treatise of Human Nature*, David Fate Norton and Mary J. Norton (eds.). New York, NY: Oxford University Press.

McCabe, Kevin, Vernon L. Smith, and Michael LePore. 2000. "Intentionality Detectionand 'Mindreading': Why Does Game Form Matter," *Proceedings of the National Academy of Sciences* 97 (8): 4404–9.

Rietz, Thomas A., Roman M. Sheremeta, Timothy W. Shields, and Vernon L. Smith. 2013. "Transparency, Efficiency and the Distribution of Economic Welfare in Pass-Through Investment Trust Games," *Journal of Economic Behavior and Organization* 94: 257–67.

Smith, Adam. 1853 [1759]. *The Theory of Moral Sentiments; or, An Essay towards an Analysis of the Principles by which Men naturally judge concerning the Conduct and Character, first of their Neighbours, and afterwards of themselves. To which isadded, A Dissertation on the Origins of Languages. New Edition. Witha biographical and critical Memoir of the Author, by Dugald Stewart.* London, UK: Henry G. Bohn. Available online and in electronic formats at http://oll.libertyfund.org/titles/2620.

Smith, Adam. 1982 [1766]. *Lectures on Jurisprudence*. Indianapolis, IN: Liberty Fund.

Smith, Vernon L. 2008. *Rationality in Economics Constructionist and Ecological Forms*. New York: Cambridge University Press.

Wierzbicka, Anna. 2006. *English: Meaning and Culture*. New York, NY: Oxford University Press.

第七章

Ashraf, Nava, Colin F. Camerer, and George Loewenstein. 2005. "Adam Smith, Behavioral Economist," *Journal of Economic Perspectives* 19 (3): 131–45.

Falk, Armin, Ernst Fehr, Urs Fischbacher. 2008. "Testing Theories of Fairness – Intentions Matter," *Games and Economic Behavior* 62 (1): 287–303.

Fehr, Ernst and Klaus M. Schmidt. 1999. "A Theory of Fairness, Competition, and Cooperation," *Quarterly Journal of Economics* 114: 817–68.

Ferguson, Adam. 1792 [2005]. "Of Man's Progressive Nature," in *Selections from the Scottish Philosophy of Common Sense*, George A. Johnston (ed.). Chicago, IL: The Open Court Publishing Company.

Hayek, F.A.1973. *Law, Legislation and Liberty, Volume1:Rules and Order*. Chicago, IL: University of Chicago Press.

Hayek, F. A. 1988. *The Fatal Conceit: The Errors of Socialism*. Chicago, IL: University of Chicago Press.

Hume, David. 2000 [1740]. *A Treatise of Human Nature*, David Fate Norton and Mary J. Norton (eds.). New York, NY: Oxford University Press.

Latour, Bruno. 1999. "Give Me a Laboratory and I Will Raise the World," in *The Science Studies Reader*, M. Biagioli (ed.). New York, NY: Routledge.

Simon, Herbert A. 1956. "A Comparison of Game Theory and Learning Theory," *Psychometrika* 3: 267–72.

Smith, Adam. 1853 [1759]. *The Theory of Moral Sentiments; or, An Essay towards an Analysis of the Principles by which Mennaturally judge concerning the Conduct and Character, first of their Neighbours, and afterwards of themselves. To which isadded, A Dissertation on the Origins of Languages. New Edition. Witha biographical and critical Memoir of the Author, by Dugald Stewart*. London, UK: Henry G. Bohn. Available online and in electronic formats at http://oll.libertyfund.org/titles/2620.

Smith, Adam. 1982 [1795]. "The History of Astronomy," in *Essays on Philosophical Subjects*. Indianapolis, IN: Liberty Fund, 33–105.

Smith, Vernon L. 2008. *Rationality in Economics: Constructivist and Ecological Forms*. New York, NY: Cambridge University Press.

Wilson, Bart J. 2012. "Contra Private Fairness," *American Journal of Economics and Sociology* 71: 407–35.

第八章

Ariely, Dan. 2012. *The Honest Truth about Dishonesty: How We Lie to Everyone—Especially Ourselves*. New York: HarperCollins.

Berg, Joyce, John Dickhaut, and Kevin McCabe. 1995. "Trust, Reciprocity, and SocialHistory," *Games and Economic Behavior* 10: 122–42.

Casari, Marco, and Timothy N. Cason. 2009. "The Strategy Method Lowers Measured Trustworthy Behavior," *Economics Letters* 103 (3): 157–9.

Cox, James C. and Cary A. Deck. 2005. "On the Nature of Reciprocal Motives," *Economic Inquiry* 43, 623–35.

Falk, Armin, Ernst Fehr and Urs Fischbacher. 2008. "Testing theories of fairness – Intentions matter," *Games and Economic Behavior* 62（1）: 287–303.

Gillies, Anthony S. and Mary L. Rigdon. 2017. "Plausible Deniability and Cooperationin Trust Games," Working paper, Rutgers University.

Gunnthorsdottir, Anna, Kevin A. McCabe and Vernon L. Smith. 2000. "Using the Machiavellian Instrument to Predict Trustworthiness in a Bargaining Game," *Journal of Economic Psychology* 23: 49–66.

Johnson, Noel and Alexandra Mislin. 2011. "Trust Games: A Meta-analysis," *Journal of Economic Psychology* 32: 865–89.

Mayo, Deborah. 1996. *Error and the Growth of Experimental Knowledge.* Chicago: University of Chicago Press.

McCabe, Kevin, Stephen Rassenti, and Vernon L. Smith. 1994. "Forward and Backward Rationality in the Achievement of Cooperation," Mimeo, Economic Science Laboratory, University of Arizona.

McCabe, Kevin, Stephen Rassenti, and Vernon L. Smith. 1996. "Game Theory and Reciprocity in Some Extensive Form Experimental Games," *Proceedings of the National Academy of Arts and Sciences* 93: 13421–28.

McCabe, Kevin, Mary L. Rigdon, and Vernon L. Smith. 2003. "Positive Reciprocity and Intentions in Trust Games," *Journal of Economic Behavior and Organization 52*（2）:267–75.

McCabe, Kevin and Vernon L. Smith. 2000. "A Comparison of Naïve and Sophisticated Subject Behavior with Game Theoretic Predictions," *Proceedings of the National Academy of Arts and Sciences* 97（7）: 3777–81.

McCabe, Kevin, Vernon L. Smith, and Michael LePore. 2000. "Intentionality Detection and 'Mindreading': Why Does Game Form Matter?" *Proceedings of the National Academy of Sciences* 97（8）: 4404–9.

Ortmann, Andreas, John Fitzgerald, and Carl Boeing. 2000. "Trust, Reciprocity, and Social History: A Re-examination," *Experimental Economics* 3（1）: 81–100.

Rietz, Thomas A., Roman M. Sheremeta, Timothy W. Shields, and Vernon L. Smith. 2013. "Transparency, Efficiency and the Distribution of

Economic Welfare in Pass-Through Investment Trust Games," *Journal of Economic Behavior and Organization* 94: 257–67.

Rigdon, Mary L., Kevin A. McCabe, and Vernon L. Smith. 2007. "Sustaining Cooperation in Trust Games," *Economic Journal* 117 (522) : 991–1007.

Smith, Adam. 1853 [1759]. *The Theory of Moral Sentiments; or, An Essay towards an Analysis of the Principles by which Men naturally judge concerning the Conduct and Character, first of their Neighbours, and afterwards of themselves. To which isadded, A Dissertation on the Origins of Languages. New Edition. With a biographical and critical Memoir of the Author, by Dugald Stewart.* London, UK : Henry G. Bohn. Available online and in electronic formats at http://oll.libertyfund.org/titles/2620.

Smith, Vernon L. 2008. *Rationality in Economics: Constructivist and Ecological Forms.* New York: Cambridge University Press.

第九章

Buchan, Nancy, Rachel Croson, Eric Johnson, and George Wu. 2005. "Gain and Loss Ultimatums," in *Advances in Behavioral and Experimental Economics*, John Morgan (ed.). San Diego, CA: Elsevier, 1–24.

Camerer, Colin F. 2003. *Behavioral Game Theory.* Princeton, NJ: Princeton University Press.

Cherry, Todd L., Peter Frykblom, and Jason F. Shogren. 2002. "Hardnose the Dictator," *American Economic Review* 92 (4) : 1218–21.

Ellsberg, Daniel. 1956. "Theory of the Reluctant Duelist," *American Economic Review* 46 (5) : 909–23.

Falk, Armin, Ernst Fehr and Urs Fischbacher. 2003. "On the Nature of Fair Behavior," *Economic Inquiry* 41 (1) : 20–6.

Fehr, Ernst and Urs Fischbacher. 2002. "Why Social Preferences Matter– The Impact of Non-Selfish Motives on Competition, Cooperation and Incentives," *Economic Journal* 112 (478) : C1–C33.

Forsythe, Robert, Joel L. Horowitz, N. E. Savin, and Martin Sefton. 1994. "Fairness in Simple Bargaining Experiments," *Games and Economic Behavior* 6 (3) : 347–69.

Fouraker, Lawrence and Sidney Siegel. 1962. *Bargaining Behavior.* New

York, NY: McGrawHill.

Güth, Werner and Martin G. Kocher. 2014. "More than Thirty Years of Ultimatum Bargaining Experiments: Motives, Variations, and a Survey of the Recent Literature," *Journal of Economic Behavior and Organization* 108: 396–409.

Güth, Werner, Rolf Schmittberger, and Bernd Schwarze. 1982. "An Experimental Analysis of Ultimatum Bargaining," *Journal of Economic Behavior and Organization* 3 (4): 367–88.

Hoffman, Elizabeth, Kevin McCabe and Vernon L. Smith. 1996. "On Expectations and the Monetary Stakes in Ultimatum Games," *International Journal of Game Theory* 25 (3): 289–301.

Knight, Simon J. G. 2012. "Fairness or Anger in Ultimatum Game Rejections?" *Journal of European Psychology Students* 3: 2–14.

List, John A. and Todd L. Cherry. 2000. "Learning to Accept in Ultimatum Games: Evidence from an Experimental Design that Generates Low Offers," *Experimental Economics* 3: 11–29.

O'Connor, Kathleen M. Carsten K.W. De Dreu, Holly Schroth, Bruce Barry, Terri R. Lituchy, and Max H. Bazerman. 2002. "What We Want to Do Versus What We Think We Should Do: An Empirical Investigation of Intrapersonal Conflict," *Journal of Behavioral Decision Making* 15 (5): 403–18.

Oxoby, Robert J. and John Spraggon. 2008. "Mine and Yours: Property Rights in Dictator Games," *Journal of Economic Behavior and Organization* 65 (3–4): 703–13.

Pecorino, Paul and Mark Van Boening. 2010. "Fairness in an Embedded Ultimatum Game," *Journal of Law and Economics* 53: 263–87.

Pillutla, Madan M. and J. Keith Murnighan. 1996. "Unfairness, Anger, and Spite: Emotional Rejections of Ultimatum Offers," *Organizational Behavior and Human Decision Processes* 68 (3): 208–24.

Salmon, Timothy C. and Bart J. Wilson. 2008. "Second Chance Offers Versus Sequential Auctions: Theory and Behavior," *Economic Theory* 34: 47–67.

Sanfey, Alan G., James K. Rilling, Jessica A. Aronson, Leigh E. Nystrom, and Jonathan D. Cohen. 2003. "The Neural Basis of Economic Decision-making in the Ultimatum Game," *Science* 300 (13): 1755–8.

Smith, Adam. 1853 [1759]. *The Theory of Moral Sentiments; or, An Essay towards anAnalysis of the Principles by which Men naturally judge concerning the Conduct and Character, first of their Neighbours, and afterwards of themselves. To which is added, A Dissertation on the Origins of Languages. New Edition. Witha biographical and critical Memoir of the Author, by Dugald Stewart.* London, UK: Henry G. Bohn. Available online and in electronic formats at http://oll.libertyfund.org/titles/2620.

Smith, Vernon L. and Bart J. Wilson. 2017. "Sentiments, Conduct, and Trust in the Laboratory," *Social Philosophy and Policy* 34（1）: 25–55.

Van't Wout, Mascha, René S. Kahn, Alan G. Sanfey, and André Aleman. 2006. "Affective State and Decision-Making in the Ultimatum Game," *Experimental Brain Research* 169（4）: 564–68.

Xiao, Erte and Daniel Houser. 2005. "Emotion Expression in Human Punishment Behavior," *Proceedings of the National Academy of Sciences* 102（20）: 7398–401.

第十章

Fehr, Ernst and John List. 2004. "The Hidden Costs and Returns of Incentives – Trust and Trustworthiness among CEOs," *Journal of the European Economic Association* 2: 743–71.

Fehr, Ernst and Bettina Rockenbach. 2003. "Detrimental Effects of Sanctions on Human Altruism," *Nature* 422: 137–40.

Hayek, F. A. 1973. *Law Legislation and Liberty. Vol. I, Rules and Order.* Chicago, IL: University of Chicago Press.

Knight, Frank H. 1925. "Economic Psychology and the Value Problem," *Quarterly Journal of Economics* 39（3）: 372–409.

McCabe, Kevin, Stephen Rassenti, and Vernon L. Smith. 1998. "Reciprocity, Trust and Payoff Privacy in Extensive Form Experimental Games," *Games and Economic Behavior* 24: 10–23.

McCabe, Kevin and Vernon L. Smith. 2000. "A Comparison of Naïve and Sophisticated Subject Behavior with Game Theoretic Predictions," *Proceedings of the National Academy of Sciences* 97: 3777–81.

Ostrom, Elinor, James Walker and Roy Gardner. 1992. "Covenants with and without a Sword: Self-Governance Is Possible," *American Political Science*

Review 86（2）: 404–17.

Smith, Adam. 1982 [1795]. "The History of Astronomy," in *Essays on Philosophical Subjects*. Indianapolis, IN: Liberty Fund, 33–105.

Smith, Adam. 1853 [1759]. *The Theory of Moral Sentiments; or, An Essay towards an Analysis of the Principles by which Men naturally judge concerning the Conduct and Character, first of their Neighbours, and afterwards of themselves. To which is added, A Dissertation on the Origins of Languages. New Edition. With a biographical and critical Memoir of the Author, by Dugald Stewart*. London, UK: Henry G. Bohn. Available online and in electronic formats at http://oll. libertyfund.org/titles/2620.

Smith, Vernon L. 2008. *Rationality in Economics: Constructivist and Ecological Forms*. New York, NY: Cambridge University Press.

Smith, Vernon L. and Bart J. Wilson. 2017. "*Sentiments*, Conduct, and Trust in the Laboratory," *Social Philosophy and Policy* 34（1）: 25–55.

第十一章

Berg, Joyce, John Dickhaut, and Kevin McCabe. 1995. "Trust, Reciprocity, and Social History," *Games and Economic Behavior* 10: 122–42.

Camerer, Colin F. 2003. *Behavioral Game Theory*. Princeton, NJ: Princeton University Press.

Cherry, Todd L., Peter Frykblom, and Jason F. Shogren. 2002. "Hardnose the Dictator," *American Economic Review* 92（4）: 1218–21.

Cox, James C. and Cary A. Deck. 2005. "On the Nature of Reciprocal Motives," *Economic Inquiry* 43, 623–35.

Falk, Armin, Ernst Fehr, and Urs Fischbacher. 2003. "On the Nature of Fair Behavior," *Economic Inquiry* 41（1）: 20–6.

Forsythe, Robert, Joel L. Horowitz, N. E. Savin, and Martin Sefton. 1994. "Fairness in Simple Bargaining Experiments," *Games and Economic Behavior* 6（3）: 347–69.

Geanakoplos, John, David Pearce, and Ennio Stacchetti. 1989. "Psychological Games and Sequential Rationality," *Games and Economic Behavior* 1: 60–79.

Hoffman, Elizabeth, Kevin McCabe, Keith Shachat, and Vernon L. Smith. 1994. "Preferences, Property Rights, and Anonymity in Bargaining

Experiments," *Games and Economic Behavior* 7（3）: 346–80.

Hoffman, Elizabeth, Kevin McCabe and Vernon L. Smith. 1996a. "Social Distance and Other Regarding Behavior in Dictator Games," *American Economic Review* 86（3）: 653–60.

Hoffman, Elizabeth, Kevin McCabe and Vernon L. Smith. 1996b. "On Expectations and Monetary Stakes in Ultimatum Games," *International Journal of Game Theory* 25（3）: 289–301.

McCabe, Kevin, Mary L. Rigdon, and Vernon L. Smith. 2003. "Positive Reciprocity and Intentions in Trust Games," *Journal of Economic Behavior and Organization* 52（2）: 267–75.

Meardon, Stephen J. and Andreas Ortmann. 1996. "Self-Command in Adam Smith's Theory of Moral Sentiments: A Game-Theoretic Reinterpretation," *Rationality and Society* 8（1）: 57–80.

Oxoby, Robert J. and John Spraggon. 2008. "Mine and Yours: Property Rights in Dictator Games," *Journal of Economic Behavior and Organization* 65（3-4）: 703–13.

Rabin, Matthew. 1993. "Incorporating Fairness into Game Theory and Economics," *American Economic Review* 83（5）: 1281–302.

Smith, Adam. 1853 [1759]. *The Theory of Moral Sentiments; or, An Essay towards an Analysis of the Principles by which Men naturally judge concerning the Conduct and Character, first of their Neighbours, and afterwards of themselves. To which is added, A Dissertation on the Origins of Languages. New Edition. With a biographical and critical Memoir of the Author, by Dugald Stewart.* London, UK: Henry G. Bohn. Available online and in electronic formats at http://oll .libertyfund.org/titles/2620.

Sobel, Joel. 2005. "Interdependent Preferences and Reciprocity," *Journal of Economic Literature* 93: 392–436.

Sutter, Matthias and Martin G. Kocher. 2007. "Trust and Trustworthiness across Different Age Groups," *Games and Economic Behavior* 59: 364–82.

第十二章

Gjerstad, Steven and Vernon L. Smith. 2014. *Rethinking Housing Bubbles: The Role of Household and Bank Balance Sheets in Modeling Economic Cycles.* New York, NY: Cambridge University Press.

Hayek, F. A. 1973. *Law, Legislation and Liberty, Volume 1: Rules and Order.* Chicago, IL: University of Chicago Press.

Hayek, F. A. 1976. *Law, Legislation and Liberty, Volume 2: The Mirage of Social Justice.* Chicago, IL: University of Chicago Press.

Hayek, F. A. 1988. *The Fatal Conceit.* Chicago, IL: University of Chicago Press.

Osborn, Jan, Bart J. Wilson, and Bradley R. Sherwood. 2015. "Conduct in Narrativized Trust Games," *Southern Economic Journal* 81（3）: 562–97.

Tversky, Amos, and Daniel Kahneman. 1981. "The Framing of Decisions and the Psychology of Choice," *Science* 211（4481）: 453–8.

Wilson, Bart J. 2010. "Social Preferences are not Preferences," *Journal of Economic Behavior and Organization* 73: 77–82.

Wittgenstein, Ludwig. 1980. *Culture and Value.* Peter Wench（trans.）and G. H. von Wright and H. Nyman（eds.）. Chicago, IL: University of Chicago Press.

第十三章

Kaplan, Hillard S., Eric Schniter, Vernon L. Smith, and Bart J. Wilson. 2018. "Experimental Tests of the Tolerated Theft and Risk-Reduction Theories of Resource Exchange," *Nature Human Behaviour* 2（6）: 383–8.

Kimbrough, Erik O., Vernon L.Smith, and Bart J. Wilson. 2010. "Exchange, Theft, and the Social Formation of Property," *Journal of Economic Behavior and Organization* 74（3）: 206–29.

Smith, Adam. 1853 [1759]. *The Theory of Moral Sentiments; or, An Essay towards an Analysis of the Principles by which Men naturally judge concerning the Conduct and Character, first of their Neighbours, and afterwards of themselves. To which is added, A Dissertation on the Origins of Languages. New Edition. With a biographical and critical Memoir of the Author, by Dugald Stewart.* London, UK: Henry G. Bohn. Available online and in electronic formats at http://oll .libertyfund.org/titles/2620.

Smith, Adam. 1982 [1766]. *Lectures on Jurisprudence.* Indianapolis, IN: Liberty Fund.

Smith, Adam. 1981 [1776]. *An Inquiry into the Nature and Causes of the Wealth of Nations. Vol. I & II.* Indianapolis, IN: Liberty Fund.

Wierzbicka, Anna. 2006. *English: Meaning and Culture.* New York, NY: Oxford University Press.

比较译丛

《贸易的真相》

《国家、经济与大分流》

《希特勒的影子帝国》

《暴力的阴影》

《美国增长的起落》

《欧元的思想之争》

《欧洲何以征服世界》

《经济学规则》

《政策制定的艺术》

《不平等，我们能做什么》

《一种经济学，多种药方》

《历史上的企业家精神》

《人为制造的脆弱性》

《繁荣的真谛》

《债居时代》

《落后之源》

《21世纪资本论》

《债务和魔鬼》

《身份经济学》

《全球贸易和国家利益冲突》

《动物精神》

《思考,快与慢》

《强权与富足》

《探索经济繁荣》

《西方现代社会的经济变迁》

《萧条经济学的回归》

《白人的负担》

《大裂变》

《最底层的10亿人》

《绑在一起》

《下一轮伟大的全球化》

《市场演进的故事》

《在增长的迷雾中求索》

《美国90年代的经济政策》

《掠夺之手》

《从资本家手中拯救资本主义》

《资本主义的增长奇迹》

《现代自由贸易》

《转轨中的福利、选择和一致性》